Svenja Hofert

Hört auf zu coachen!

W0242122

Svenja Hofert

Hört auf zu coachen!

Wie man Menschen wirklich weiterbringt

Kösel

Der Verlag weist ausdrücklich darauf hin, dass im Text enthaltene externe Links vom Verlag nur bis zum Zeitpunkt der Buchveröffentlichung eingesehen werden konnten. Auf spätere Veränderungen hat der Verlag keinerlei Einfluss. Eine Haftung des Verlags ist daher ausgeschlossen.

MIX
Papier aus verantwortungsvollen Quellen
FSC® C083411

Verlagsgruppe Random House FSC® N001967

Copyright © 2017 Kösel-Verlag, München,
in der Verlagsgruppe Random House GmbH,
Neumarkter Str. 28, 81673 München
Umschlag: Weiss Werkstatt München
Umschlagmotiv: Weiss Werkstatt München
Typografie: Farnschläder & Mahlstedt, Hamburg
Druck und Bindung: CPI books GmbH, Leck
Printed in Germany
ISBN 978-3-466-34675-2
www.koesel.de

Dieses Buch ist auch als E-Book erhältlich.

Inhalt

Vorwort 7

Prolog: Eine Party-Diskussion über Coaching 11

Warum Menschen immerzu auf einer inneren Reise sind 13
Persönlich wachsen 28
Die Phasen der Ich-Entwicklung 59
Denklogik und Handlungslogik 72
Ein neues Coaching-Verständnis 92
Wie Sie als Coach Schritt für Schritt flexibler werden 126
Grundregeln des Flexi-Coaching 143
Wie Sie Menschen helfen, über Brücken zu gehen 159
Wollen, Dürfen, Können 184
LifeStory-Forming: Menschen mit Geschichten zu neuem Denken führen 193

Schlusswort und Dank an Sie 215

Anhang
Interview zum Mindset 219
Fragebogen zur Fremdeinschätzung 236
Literatur 250

Vorwort

Liebe Leserin, lieber Leser,
hört auf zu coachen – und fangt an, wirklich zu helfen.

Coaching ist ein Geschäft geworden, an dem viele verdienen. Jeder glaubt, das »goldene« Tool oder den ultimativen Ansatz gefunden zu haben. Solche Versprechungen verkaufen sich gut. Darüber geht oft das Menschliche verloren. Wir sind so darauf fixiert, mit unserem Coaching-Hammer Nägel in die Wand zu schlagen, dass wir nicht wahrnehmen, was unser Klient aufnehmen kann – und was nicht. Wir sind so damit beschäftigt, die richtige Anwendung von neu erlernten Techniken und Tools zu üben, dass wir aus den Augen verlieren, wer uns gegenübersitzt: Menschen, die geprägt sind von ihrer Persönlichkeit, ihrer individuellen Reife und dem jeweiligen Kontext, zu dem auch Sie als Coach gehören.

Das muss sich ändern. Wir müssen uns wirklich auf die Menschen einstellen, mit denen wir zu tun haben. Und damit meine ich mehr als aktives und geduldiges Zuhören – selbst wenn bereits das eine Kunst ist, die nicht viele beherrschen.

Genau so wichtig ist ein tiefes Verstehen: Aus welchem Modus heraus denken und handeln Menschen? Das ist höchst unterschiedlich und abhängig von der persönlichen Reife, die weder mit Alter noch mit Bildung sehr viel zu tun hat.

Mit der persönlichen Reife beschäftigt sich die Entwicklungspsychologie. Sie sagt uns, wie sich das Denken und Handeln von Menschen schrittweise erweitert. Sie erklärt auch, warum einige Menschen bestimmtes Denken und Handeln noch gar nicht »produzieren« können. Die Entwicklungspsychologie ist allerdings eine recht komplexe Angelegenheit. Deshalb wird sie in Coaching-Ausbildungen und auch im Psychologiestudium gern vergessen.

Ich möchte es Ihnen einfach machen. Deshalb habe ich die vielschichtige Thematik der sogenannten Ich-Entwicklung stark vereinfacht. Ich habe sie auf die allerwichtigsten Aspekte reduziert und die von einigen Wissenschaftlern als problematisch empfundene Wertung durch das Stufenbild so weit wie möglich herausgenommen. Aus diesem Grund spreche ich von »Modus« und »Phase« statt von »Stufen«, das ist weniger absolut. Der Modus ist je nach Entwicklung des Ichs unterschiedlich. Er umfasst Denken *und* Handeln – nicht nur eines von beidem! Das ist wichtig, denn manche Menschen können etwas denken, aber daraus keine Handlungen ableiten. Um den jeweiligen Grad der Ich-Entwicklung zu erfassen, unterscheide ich zwischen Wir-, Richtig-, Effektiv- und Flexibel-Modus. Zu jedem Modus gibt es eine entsprechende Phase. »Phase« besagt, dass etwas von einem bestimmten Denken und Handeln geprägt ist, dass der Modus dort also vorherrscht.

Um diesen Aspekt zu veranschaulichen, habe ich Piktogramme entwickelt, die es Ihnen erleichtern, das Wesentliche der einzelnen Phasen mit einem Blick zu erfassen: Das Icon symbolisiert Entwicklungsstand und Selbstverständnis eines Menschen.

Die Modi und Phasen bestehen nicht zeitgleich, sondern folgen aufeinander. In der Regel ist bei einem Menschen ein Modus vorherrschend und handlungsleitend. Dieser Modus sagt etwas über die innere Logik aus, der eine Person folgt. Wenn ein Coach diese Logik nachvollziehen kann, versteht er besser, wie und wodurch er helfen kann. Während manche Klienten nach »objektiver Wahrheit« suchen, erwarten andere von ihrem Coach neue Perspektiven. Während die einen nach Selbstverbesserung streben, haben die anderen noch nicht erfahren, was sie als Mensch im Unterschied zu anderen überhaupt ausmacht … Unterschiedliche Logiken erfordern jeweils völlig andere Hilfsansätze – und oftmals bedeutet dies den Verzicht auf genau das, was wir gemeinhin unter Coaching verstehen.

Wir gehen im Coaching davon aus, dass alle Erwachsenen eine voll entwickelte Identität besitzen, dass sie einen gesunden inneren Kern haben. Dieser ist bei vielen Menschen jedoch nicht oder nur rudimentär vorhanden oder ist von Glaubenssätzen und Überzeugungen des Umfelds überspielt. Auch Menschen mit bester Bildung, beruflich weit gekommen, fehlt dieser Persönlichkeitskern oft. Eine ausgereifte Persönlichkeit zieht Grenzen gegenüber anderen und kann trotzdem mit ihnen in Beziehung treten. Sie kennt ihre Bedürfnisse. Sie weiß, wer und was sie ist. Sie ist aber auch jederzeit bereit, die eigene Haltung zu überdenken. Eine solche Persönlichkeit hat Seltenheitswert. Dennoch setzen wir sie im Coaching – vor allem, wenn es nicht therapienah, sondern zielorientiert ist – oftmals voraus.

Wer mit Menschen arbeitet, ob als Coach, Pädagoge oder Führungskraft, sollte unterscheiden können: Ist mein Gegenüber eine Persönlichkeit mit starkem innerem Kern oder ist es noch auf dem Weg dahin? Wenn diesbezüglich Klarheit herrscht, lassen sich Menschen wirksamer dabei unterstützen, ihren Kern zu entdecken und zu entwickeln. Dies macht es auch leichter, den Coaching-Hammer – also gängige Methoden und Tools – beiseitezulegen, um manche Dinge auch einmal *nicht* zu tun. Oder »verrücktere« Dinge zu wagen.

Vorher aber braucht es den Blick auf sich selbst. Entscheidend ist Ihre Haltung als Coach oder Helfender, nicht »festhaltend« an einer bestimmen Denkrichtung oder Schule, sondern frei, flexibel und am Menschen orientiert.

Mit diesem Buch möchte ich Ihnen ein komplexes Thema auf einfache Weise nahebringen. Zahlreiche Fallbeispiele aus meiner eigenen jahrzehntelangen Praxis geben Ihnen, so hoffe ich, einige Impulse und Denkanstöße. Viel Spaß beim Entdecken!

Mein besonderes Dankeschön geht an Dr. Thomas Binder, der ein unglaubliches Fachwissen zu diesem Thema angesammelt und mich ausgebildet hat. Weitere Mitdenker und Feedbackgeber würdige ich im Schlusskapitel.

Ihre
Svenja Hofert

Prolog
Eine Party-Diskussion über Coaching

Tolle Party. Das Buffet lecker, der Wein gut. Die meisten Gäste sind schon nach Hause gegangen. Theresa, Theo, Axel und Sabine diskutieren über Coaching.

Theresa: Kennt jemand einen guten Coach?

Sabine: Ich habe gerade eine schlechte Erfahrung gemacht.

Theo: Wieso?

Sabine: Nach der langen Auszeit ist mir noch deutlicher bewusst geworden, dass kleine Korrekturen an meinem Leben nicht mehr reichen. Es ist etwas Neues dran! Ich habe Ideen, aber ist es das? Eigentlich wollte ich ein Feedback zu meinen Gedanken, wollte diese einmal in ihrer Tiefe beleuchten, darüber reflektieren. Ich habe so viele Fragen! Warum gehen mir diese Dinge im Kopf herum? Warum handeln viele Menschen völlig anders als ich? Bin ich richtig so? Aber der Coach hat gar nicht verstanden, was ich wollte. Er verstehe sich als Prozessgestalter – was immer das ist. Dann wollte er mit mir eine Aufstellung machen und eine Zielvereinbarung treffen. Das fand ich richtig blöd! Ich suche nun nach einem neuen Coach. Kennt einer von euch jemanden, mit dem man einfach mal so sprechen kann, ohne dass er gleich seine ganzen Tools auspackt?

Theresa: Einfach nur sprechen kannst du auch mit mir. Wieso Coaching?

Sabine: Nein, mit dir ist es etwas anderes, du bist nicht neutral.

Theo: Ich sehe das mit dem Coaching inzwischen auch kritisch. Meine Frau hatte ebenfalls ein Coaching. Ihr wisst, sie ist Bankerin. Sie nahm zehn Stunden, das zog sich über Monate hin. Sie erarbeitete mit dem Coach, dass sie in einem Kirchenbüro beschäftigt sein wollte. Das fand sie kurze Zeit gut, aber dann … wurde sie wütend. Das Coaching war völlig am Ziel vorbei. Da verdient man doch nichts! Sie hat sich dann auch über das herausgeworfene Geld geärgert. Jetzt sucht sie seit mehr als zwei Jahren nach einem Job und alle sagen, sie sei schon zu lange arbeitslos. Das verschlechtert ihre Situation. Schuld ist der Coach.

Axel: Seid doch nicht so negativ. Mir hat es sehr geholfen, als ein Coach mit mir konkret besprochen hat, was ich meinem Chef sagen soll, wenn der mich kritisiert. Das hat viel gebracht.

Sabine: Das war doch kein Coaching! Coachs sagen dir doch nicht, was du machen sollst! Da kann ich ja gleich meine Mutter fragen …

Axel: Der hat Psychologie studiert und eine Coaching-Ausbildung. Er arbeitet schon lange in dem Job. Er hat das gelernt! Mir hat es jedenfalls geholfen. Wozu suchst du denn einen Coach, Theresa?

Theresa: Ich will wissen, ob noch mehr für mich drin ist. Das kann doch nicht alles gewesen sein.

Theo: Kann es eigentlich sein, dass jeder von euch vom Coach etwas ganz anderes erwartet?

Axel: Ich will jemand, der mir konkret zeigt, wie etwas geht.

Theresa: Ich brauche wohl einfach nur ein neues Ziel.

Sabine: Für mich ist es ein Sparring. Mir hilft es am meisten, wenn mir jemand kluge Fragen stellt. Wenn Raum für neue Gedanken entsteht, ist das toll. Ich will aber auch ein klares Feedback. Ein Coach muss doch auch einen Standpunkt haben!

Warum Menschen immerzu auf einer inneren Reise sind

Mein Großvater war ein sehr christlicher Mensch. Er wurde Dominikanermönch, dann lernte er meine Großmutter kennen. Sie verliebten sich, meine Mutter kam auf die Welt; er verließ den Orden und heiratete meine Großmutter. Das war während des Zweiten Weltkriegs. Für manche Ohren hört sich das nach einer bezaubernden Liebesgeschichte an. Doch für meine Familie war es eine große Schande. Ich kann erst jetzt darüber schreiben, da ich weiß, dass niemand mehr lebt, der unter der Veröffentlichung leiden könnte – 13 Jahre nach dem Tod meines Großvaters. Er empfand sein Tun als Sünde. Das Leben meiner Großeltern war durch das Ringen um die Anerkennung ihrer Ehe gekennzeichnet. Bis zu ihrem Tod ging es vor allem um eines: Buße. Der Tod meiner Großmutter veränderte meinen Großvater nochmals. Er begann sich von Konventionen zu lösen, mir sah er eine Schwangerschaft außerhalb der Ehe nach. Er entwickelte sich also von einem durch die Konventionen seiner Bezugsgruppe geprägten Menschen zu einem Mann, der seine eigenen Wertmaßstäbe über die der Kirche stellen konnte. Was für ein Wandel! Mich hat diese Familiengeschichte sehr geprägt. Die Veränderungen von Menschen faszinierten mich früh. So bin ich selbst jemand geworden, der sich immer wieder stark verändert hat. Und so arbeite ich heute ganz besonders gern mit Menschen, die auf einer inneren Reise sind.

Einer dieser Menschen ist Sabine, die wir gerade eben im Party-Gespräch kennengelernt haben. Sie hat sich in ihrem Leben mehrmals »transformiert«. Heute verfügt sie über ein großes Netzwerk und fühlt sich vielen Menschen verbunden. Früher spielten sich ihre

Beziehungen oft an der Oberfläche ab. Sie mochte es, wenn ihre Bekannten ähnlich dachten wie sie. »Gleich und gleich gesellt sich gern«, war ihr Motto. Mittlerweile findet sie Menschen bereichernd, die vollkommen anders ticken als sie.

Alles hat sich verändert, auch ihr Kritikverhalten. Früher war es ihr peinlich, wenn jemand sie korrigierte oder Fehler aufdeckte, und sei es nur ein fehlendes Komma. In Diskussionen hat sie nicht auf andere Standpunkte gehört, sondern nur an sich gedacht, ist entweder stumm geworden oder hat sich verteidigt. Sabine kommuniziert nun viel klarer und ohne in einer permanenten Verteidigungshaltung zu sein. Sie ist beim anderen und zugleich bei sich, hört zu, ohne schon nach einer Antwort zu suchen. Sie stellt viele Fragen und muss nicht immer für alles eine Lösung finden. Privat und beruflich sorgt sie für sich selbst, aber auch für andere. Es ist noch gar nicht lange her, da konnte sie weniger Grenzen ziehen. Die kleine blonde Frau wirkt auf mich heute sehr reif.

Niemand ist von Anfang an so. Als junge Frau, in der ehemaligen DDR aufgewachsen, tat Sabine alles, um von ihren Eltern und den Lehrern anerkannt zu werden. Sie strebte danach, dem kleinen, elitären Kreis der Turner anzugehören. Die Anerkennung durch die Sportförderung war wie Liebe für sie. Ihr Vater, Lehrer und Sportfanatiker, hatte die große Karriere nicht geschafft und hoffte, seiner Tochter gelänge dies an seiner Stelle. Sie fühlte, was er wollte, als wären es ihre eigenen Wünsche.

In jener Zeit war Sabine zierlich und zart, mit 1,58 Metern hatte sie die ideale Turnergröße. Eine Lehrerin lobte ihre besondere Begabung. Sie übte noch mehr. Olympia winkte. Die damit verbundenen Regeln – Trainieren, keine Freizeit, keine Freunde – hinterfragte sie nicht. Die Teilnahme an den Olympischen Spielen wäre der größte Lohn, die maximale Anerkennung für Sabine gewesen. Doch so weit kam es nicht. Die DDR und die Bundesrepublik vereinigten sich, und alles war auf einmal anders.

Die Zeit der Wende veränderte auch sie. Sie wurde rebellischer, trainierte von einem Tag auf den anderen ab. Sie löste sich abrupt vom

Sport, dem sie sich bisher so zugehörig gefühlt hatte, und stieß damit auch ihren Lebensinhalt ab. Es blieb das Gefühl, keine Identität mehr zu haben, ein Niemand zu sein. Sie fiel in ein tiefes Loch, neue Freunde richteten sie auf. So gestärkt, wollte sie etwas Eigenes finden.

»Was interessiert mich?«, war eine Frage, die sie nun sehr beschäftigte; der Mauerfall lag zwei Jahre zurück und Sabine hatte das Abitur in der Tasche. »Was kann ich gut außer Turnen?« Sabine wollte etwas finden, womit sie glänzen konnte – auch um es den anderen zu beweisen. Sie war gut in Mathe, sie war fleißig, sie konnte reden.

Der Vater bezahlte eine Studienberatung. Sie habe eine überdurchschnittliche mathematische Begabung. Außerdem sei sie extrovertierter als andere. Die Beraterin empfahl ein Wirtschaftsstudium. »Die ist ja kompetent und wird es wissen«, dachte Sabine und folgte dem Rat.

So studierte Sabine Wirtschaftswissenschaften und machte danach Karriere im Vertrieb. Sie wollte alles richtig machen. Sie war sich ihrer Stärken bewusst, etwa ihrer Verhandlungsstärke und Durchsetzungskraft. Sie kämpfte leidenschaftlich dafür, die besten Lösungen für die Kunden zu finden. Statt 100 Prozent gab sie immer 150 Prozent. Das erkannte sie damals als eine Art Lebensmuster. Schon als Turnerin war sie so gewesen: keine halben Sachen! Als sie zur Vertriebsleiterin aufstieg, erwartete sie den gleichen Einsatz auch von ihren Mitarbeitern, deren Ergebnisse sie oft kontrollierte. Und manchmal machte sie die Dinge lieber gleich selbst …

Dass andere sich weniger anstrengten als sie, bereitete ihr Magenschmerzen. Die Firma bezahlte ihr ein Coaching, damit sie ihre Führungsfähigkeiten ausbauen und Ziele besser erreichen könnte. Tatsächlich verbesserte dieses Business Coaching ihr Selbstmanagement. Doch nach einigen Jahren verstärkte sich das Gefühl, dass irgendetwas fehlte. »Im Grunde war ich nach wie vor ein von anderen beschriebenes Blatt Papier. Ich hatte keine eigene Identität. Ich glaubte, meine Stärken zu kennen, fühlte aber auch, dass man viel in mich hineinprojizierte, was gar nicht ich war. ›Wer bin ich und was macht mich aus?‹ Darüber grübelte ich ergebnislos.« So analysiert Sabine heute ihre damalige Situation.

Es folgte ein Burnout, und damit eine erzwungene Auszeit von einem Jahr. Danach war nichts mehr war wie vorher. Sabine musste sich selbst herunterfahren wie einen Computer, sich »ausmachen«, wie sie es nennt. Eine Therapie verlangte den Blick nach innen. Sie war gezwungen, sich mit sich selbst zu beschäftigen, mit Mustern aus der Vergangenheit und vor allem mit den Fragen »Wer bin ich wirklich?« und »Was will ich eigentlich von diesem Leben?« Sabine bohrte tiefer: »Was ist mein Kern, meine Identität? Was bleibt, wenn ich die Prägungen meiner Familie und meines Umfeldes abschüttele wie ein Hund nassen Regen? Was, wenn ich Dinge nur mache, weil ich sie möchte, aus eigenem Antrieb – egal, was andere sagen, denken, wünschen, erwarten?« Das war für sie ein ganz neuer Gedanke. Egal, was andere sagen? Nach etwas suchen, das vor allem sie selbst wollte? Was »Sinn« ist, war für sie immer klar gewesen. Eine gute Arbeit, Freunde, Sicherheit. Plötzlich stellte sie diesen Sinn infrage. Konnte es mehr geben? Das eigene Ding? Ihr eigenes Ding.

In jener Zeit absolvierte sie ein Coaching zur beruflichen Orientierung. Erst hatte sie den Eindruck, dass es viel brachte, doch am Ende war sie verwirrt. »Ich hatte das Gefühl, der Coach wollte mich aus der schlimmen Arbeitswelt befreien«, sagt sie. »Der Coach hat gar nicht verstanden, dass ich eigentlich mich selbst suchte.« Sie nahm sich einen anderen Coach. Dieser brachte sie auf die Selbstständigkeit.

Endlich frei! Nach einigen Anlaufschwierigkeiten arbeitete sie ein paar Jahre erfolgreich als Vertriebstrainerin. Dabei konnte sie ihre Vorstellungen von nachhaltigem Verkauf einbringen. Doch auf die Anfangseuphorie folgte Ernüchterung. Irgendwann kam ihr das, was sie tat, leer und hohl vor. Es gab keine Impulse mehr. Sie nahm sich ein Jahr Auszeit und reiste mit ihrem Partner um die Welt, um den Kopf leer zu bekommen. Danach kamen die Ideen wieder. Die wollte sie sortieren, schärfen. Wieder suchte sie Unterstützung. Der erste Coach wollte sie auf Ziele festlegen, der nächste bearbeitete sie mit einer »Wink-Technik«, bei der man mit scheibenwischerartigen Bewegungen vor den Augen Blockaden lösen soll, und der dritte stellte ihr lauter Fragen, sodass sie sich wie bei einem Verhör fühlte. Und dann gab es noch einen, der sie auf verschiedene Stühle setzte. Danach hatte sie erst mal die Nase voll. Nun sitzt Sabine bei mir und weiß genau, was sie *nicht* will: Zielvereinbarungen, Übungen mit Stühlen, Winken, inquisitorisches Fragen. Sie will ihre Gedanken ordnen, nicht mehr und nicht weniger. Sie möchte auch meine Perspektive auf ihre Ideen kennenlernen: Ich soll mich bloß nicht »Coach-mäßig« zurückhalten.

Als Sabine über ihr Leben spricht, sagt sie, sie habe bisher »drei Leben« gelebt und suche nun das vierte: Ihr erstes Leben war die Sportkarriere, dann kam der Vertrieb und schließlich die Selbstständigkeit. Den Übergang von einem Leben ins nächste beschreibt sie wie eine dunkle Nacht, die langsam heller wird. Jetzt ist es wieder so weit: Sie spürt, dass etwas Neues kommt.

Menschen, die sich wandeln, können oft markante Ereignisse und Symbole benennen: einen Traum, eine Begegnung, ein Ereignis. Vor unserem ersten Termin hat Sabine mehrmals geträumt, sie könnte fliegen. Sie musste sich einfach nur hinstellen und sich bewusst entscheiden. Sie hatte auch viel über die Vergangenheit nachgedacht. So war das Bild mit den »drei Leben« in ihr entstanden.

Wieso Coachs zu sehr auf ihr Werkzeug und zu wenig auf den Menschen schauen

Ich war Sabines Coach, die Geschichte wird weitergehen. Sie zeigt, dass wir Coachs oft nicht verstehen, was unsere Klienten wollen. Wir holen unseren Werkzeugkoffer und dann legen wir los. So machen wir uns nicht selten zu Coaching-Sklaven und vergessen dabei die Menschen. Wir sollten ihnen helfen – und nicht bloß irgendwelche Werkzeuge einsetzen. Doch um zu helfen, müssen wir manchmal das Werkzeug beiseitelegen und uns mehr auf die Logik, die Denkweise unseres Gegenübers einstellen.

Unser kleiner Party-Dialog zeigt zum einen, dass jeder unter Coaching etwas anderes versteht. Und zum anderen, dass dahinter eine jeweils andere Denk- und Handlungslogik steht. Axel erwartet, dass der Coach konkret mit ihm übt. Er möchte lernen, was richtig ist. Theresa will wissen, was für sie »drin« ist. Für sie scheint es wichtig zu sein, etwas zu erreichen. Theos Frau hat mit ihrem Coach ein neues berufliches Ziel ausgearbeitet, das sich dann als »falsch« herausstellte. Sie wollte eine Lösung »kaufen«. Sabine schließlich wollte vor allem Ordnung in ihre Gedanken bringen. Ihr ging es um Klärung. Nur Axel hat bekommen, was er wollte. Und sein Coach wäre wahrscheinlich bei einigen Coach-Ausbildern durchgefallen, da er lediglich Ratschläge gegeben hat. Wir haben es beim Coaching mindestens mit Äpfeln und Birnen zu tun. Doch halt, dann wäre ja immerhin alles Obst. Im Grunde ist die Lage aber noch viel verwickelter, und in der Abteilung »Coaching« findet sich ein ganzer Supermarkt an Dienstleistungsangeboten. Daran sind nicht nur die Anbieter schuld, sondern auch die Konsumenten, die sich von werbewirksam ausgezeichneter Ware und Versprechungen besonders leicht reizen lassen.

Die Abteilung Coaching? Jetzt muss ich kurz erklären, was ich unter Coaching verstehe. Coaching bedeutet »Hilfe zur Selbsthilfe«. Es gibt im Wesentlichen zwei Richtungen. Die eine Richtung – nennen wir sie das Coaching-Verständnis A – interpretiert Coaching als Prozessgestaltung zur Zielerreichung und Leistungssteigerung. Das bedeutet, der Coach gibt dem Klienten einen Rahmen, der ihm hilft, seine Ziele zu erreichen. Ein wenig amerikanisch angehaucht wird das Ganze, wenn Motivation à la »Du schaffst das« dazukommt. Man trifft eine Zielvereinbarung und den weiteren Prozess gestaltet der Coach dann vor allem mit Fragen. Die andere Richtung – nennen wir sie Coaching-Verständnis B – interpretiert Coaching (auch) als therapienahe Form für leichtere »Dysfunktionalitäten« wie etwa geringes Selbstbewusstsein. Eine Variante davon nennt sich im angloamerikanischen Raum »Counseling«. Ziele sind hier nicht ganz so wichtig. Somit gibt es mindestens zwei Abteilungen in unserem Supermarkt, die wenig miteinander zu tun haben.

Coaching wirkt auf zwei unterschiedlichen Ebenen. Der Neurobiologe Gerhard Roth verortet Coaching auf der oberen limbischen Ebene. Dort geht es um Anpassung an gesellschaftliche Normen und Regeln. Für Coaching ebenfalls zugänglich hält er die mittlere limbische Ebene, wo der Kern der Persönlichkeit sitzt. Auf dieser tieferen Ebene unterscheidet sich Coaching kaum von Therapie. Nur dass die Patienten Klienten oder Kunden heißen und nicht unter einer Störung leiden, sondern ein Problem haben. Das Coaching-Verständnis A bildet sich also eher auf der oberen limbischen Ebene ab, das Coaching-Verständnis B auf der mittleren limbischen Ebene. Beide verbindet der Glaube an eine – oft unwissenschaftliche – Theorie, dazu gibt es passende Tools und Methoden. Beide verbindet auch die Überzeugung, dass die Lösung eines Problems im jeweiligen Menschen selbst liegt.

Ich arbeite seit mehreren Jahrzehnten in Beratung und Coaching und habe im Laufe der Zeit viele unterschiedliche Theorien, Methoden und Tools kennengelernt. Dabei sind mir zunehmend Zweifel gekommen. Ich habe immer mehr Einseitigkeit bemerkt, habe mich an blinden Flecken bei Coachs gestört, die fast verzweifelt um »ihren Ansatz« kämpften. Ich habe mich bemüht, durch viele Gespräche mit ganz unterschiedlichen Menschen meine eigenen Fenster zu öffnen. Ich habe mich mit immer neuen Aspekten beschäftigt. Mir ging ein Licht nach dem anderen auf und ich habe mein Coaching vollkommen individualisiert. Von verschiedenen Klienten habe ich gehört, wie unterschiedlich sie mich und die Art meiner Unterstützung wahrnahmen. Eine Frau sagte mir einmal, wenn sie mit anderen spreche, die bei mir waren, sei das so, als würde jeder von ihnen über einen völlig anderen Menschen sprechen, ich sei wie ein Chamäleon. Aus meiner Sicht ist die Erklärung eine andere: Ich habe gelernt, mich intuitiv auf unterschiedliche Logiken und die entsprechenden Verhaltensweisen – die zuweilen auch auf den Coach projiziert werden –, einzustellen. Einfach, weil ich spürte, dass ich auf diese Weise wirksamer sein kann. Die Entwicklungspsychologie, die im deutschsprachigen Raum so wenig beachtet wird, hat mir schließlich das passende Erklärungsmodell für dieses Phänomen geliefert.

Warum kamen zu mir so viele unterschiedliche Menschen? Sie alle sahen etwas anderes in mir. Sie alle suchten ihre eigene Form von Hilfe. Ich begann zu unterscheiden. Da waren Menschen, die aus meiner Beobachtung heraus vor allem im »Wir-Modus« agierten. Sie wollten, dass ich ihnen helfe, einen neuen Job zu finden, weil Arbeitslosigkeit für sie ein Makel war. Sie wollten unbedingt der arbeitenden Bevölkerung zugehören. Nur so hatte ihr »Ich« einen Wert. Als Teil des Wir. Ich sollte ihnen helfen, dazuzugehören. Das war für sie Coaching. Da waren Menschen, bei denen ich einen »Richtig-Modus« erkannte. Menschen im Richtig-Modus mochten Expertise. Und was ist ein größerer Kompetenzbeweis als eine eigene Buchveröffentlichung? Höchstens der Doktortitel. Diese Menschen wollten von mir Sicherheit und Bestätigung. Da waren auch Effektive. Menschen im »Effektiv-Modus« kamen oft, weil meine Publikationen für Selbstständige sie angeregt hatten oder sie an einer Neuorientierung interessiert waren. Sie wollten etwas erreichen. Und da waren Flexible. Menschen im »Flexibel-Modus« schätzten es, wenn sie Impulse und Anregungen bekamen, die gern etwas komplexer sein konnten. Diese Klientel sprach und spreche ich mit meinem Blog an. Jeder »Typ« hat also nicht nur einen eigenen Charakter, sondern auch eine eigene Eingangstür, um zu mir zu kommen. Das mag bei Coachs, die eine weniger heterogene Klientel ansprechen, anders sein.

Ich probierte vieles aus und machte entsprechend viele Erfahrungen. Vor allem aber merkte ich, was tatsächlich funktionierte – und es war oft nicht das, was man gemeinhin unter Coaching versteht. Bei Menschen im Wir- und im Richtig-Modus, aber auch bei den Flexiblen, kommt das zielorientierte, lösungsfokussierte Coaching oft gar nicht richtig an. Die Menschen im Wir-Modus brauchen viel mehr »Hands-on-Hilfe«, die im Richtig-Modus klare Ansagen, und den Effektiven hilft manchmal das Gegenteil von Zielorientierung, nämlich alles über Bord zu werfen.

Alle Menschen können Lösungen aus sich heraus generieren, natürlich. So predigen es manche Coaching-Lehrer. Aus einer bestimmten Perspektive haben sie recht. Schließlich kann jeder psychisch gesunde Mensch bewerten: gut/schlecht oder gefällt/gefällt nicht. Theos Frau beispielsweise gefiel die Arbeit in einem Kirchenbüro besser als der Job in der Bank. Doch Bewertungen, die nicht auf fundierter Erfahrung beruhen, sind oft klischeehaft und stereotyp. Es sind keine »richtigen« Bewertungen, sondern sogenannte Heuristiken, Abkürzungen und Verzerrungen des Denkens.

Ich erkannte Muster in der Art und Weise, wie meine Kunden sprachen und mit mir interagierten. Einige konnten – oft trotz Studium – auf der Gefühlsebene kaum differenzieren. Auch wenn sie sich selbst als empathisch bezeichneten – was fast alle tun –, vermochten sie nur sehr bedingt Emotionen zu erfassen, so empfand ich das jedenfalls. Man kann sich nur in etwas einfühlen und mitdenken, was man selbst annähernd kennt. Das bedeutet, dass manche Menschen die komplexeren Emotionen und Gedanken von anderen Menschen gar nicht voll erfassen können. Sie sind also für bestimmte Dinge blind. Menschen im Wir-Modus sehen beispielsweise nicht, was sie selbst wirklich wollen. Sie verhalten sich, ohne viel darüber zu reflektieren.

Diese Menschen gehen immer von sich aus und von »wir«, der Gruppe, der sie sich zugehörig fühlten. Wenn sie über andere reden, sehen sie deren Handeln. Sie sagen zum Beispiel »Mein Chef gibt mir nie Feedback«, »Ich sage, was ich denke« oder »Das ist bei uns so«. Wörter wie »immer«, Verallgemeinerungen und Klischees wie »Alle sind so« kommen oft vor. Es gibt erkennbares Gut und Böse, eindeutiges Richtig und Falsch. Moralische Standpunkte werden absolut formuliert, mit »So ist das« und ohne Offenheit für andere Sichtweisen. Zumindest ohne *echte* Offenheit. Sie sagen zwar mitunter, dass sie als Mensch offen seien, können aber kein Klima der Offenheit in ihrem Umfeld erzeugen.

Ein weiteres Muster zeigte sich in der Visionsarbeit, wenn es also darum geht, Menschen in ihrer Vorstellungswelt abzuholen. Im Kontext beruflichen Coachings ist dies geknüpft an die Frage »Wo will ich hin?«. Visionen sind für manche Menschen wie ein Fernsehfilm. Sie sehen sich das gern an. Sie malen in Berufsfindungskursen Bilder von Biobauernhöfen oder von sich selbst als Chef eines Inneneinrichtungsunternehmens. Doch dabei bleibt es. Sie haben teilweise genug Fantasie, um Bilder zu erschaffen, aber sie vollziehen nicht den Schritt, ihre eigenen Vorhaben umzusetzen.

Der Grund dafür wurde mir bald klar: Diese Menschen denken zu kurzfristig, können den Weg zum Ziel nicht von sich aus gestalten. Das liegt auch daran, dass die Ziele bei näherer Betrachtung oft gar nicht ihre eigenen sind. Sie scheinen ihnen eher eingepflanzt zu sein, von anderen Coachs, von den Medien, von Bezugsgruppen, die dem eigenen Statusempfinden oder der Herkunft entsprechen. Es ist also eher ein »auch so sein Wollen« als ein »Das will ich«. Andere Menschen spielen eine wichtige Rolle. Im Wir- und im Richtig-Modus ist die Bindung an eine Gruppe sehr groß, wenn auch auf unterschiedliche Art. Im Wir-Modus steht das Bestreben im Vordergrund, sich so zu verhalten wie die »Lieblingsgruppe«. Im Richtig-Modus ist es wichtiger, auch in der Gruppe ein Individuum zu sein. Aber richtig »sie selbst« sind diese Menschen nirgendwo.

Wenn man Udo Lindenbergs Song »Mein Ding« mit der Zeile »Ich mach' mein Ding, egal was die anderen sagen« hört, so singt da jemand, der seinen eigenen Grundsätzen folgt, auch gegen Widerstände. Das setzt Identität voraus, einen inneren Kern, der sich gegen das Außen abgrenzt. So weit sind Menschen in den genannten beiden Modi nicht. Auch wenn sie intellektuell in der Lage sind, sich Ziele zu stecken, können sie diese nicht selbst umsetzen; sie können die Zielerreichung zwar denken, aber sie nicht »produzieren«. Das liegt an zu wenig »Ich«. Sie sind noch zu stark an eine Gruppe gebunden. Nun muss nicht jeder ein extremer Selbstverwirklicher werden, doch eine eigene Identität und die damit einhergehende Kraft sind nötig, um eigene Vorhaben ohne allzu viel Selbstzweifel und mit entsprechender Prioritätensetzung realisieren zu können. Wer nicht für sich selbst Maßstäbe entwickelt und diesen folgt, macht das Ding der anderen, aber nicht sein eigenes. Kurzum: Wenn Menschen selbstgesetzte Ziele nicht erreichen, so liegt es häufig am Fehlen eines echten inneren Kerns.

Das Fehlen eines solchen Kerns macht es diesen Menschen so

schwer, den Weg zu ihren Zielen zu gestalten. Sie lassen sich immer wieder von anderen aus dem Konzept bringen. Diese Menschen profitieren von aktivierender, handlungsorientierter, ganz konkreter Hilfe, von direkter Begleitung, An-die-Hand-Nehmen, Neu-Entdecken. Sie sind weniger empfänglich für Fragen, Denkanstöße, überhaupt für Kopfarbeit. Vieles, was ich sagte, verstanden sie rational, konnten es aber für sich nicht in Handlung übersetzen. Ich musste Aussagen vereinfachen, klar gestalten und durfte nicht mehr als eine Möglichkeit zulassen. Wenn ich das schaffte, funktionierte die Zusammenarbeit gut. Am Ende hatte ich nicht gecoacht, sondern irgendetwas anderes gemacht. Danach war ich oft nass geschwitzt. Bitte verstehen Sie mich nicht falsch: Ich mag Menschen. Ich möchte helfen. Aber bei einigen war dies für mich deutlich anstrengender als in anderen Fällen. Vor allem, solange ich den Grund dafür nicht kannte.

Mit Michael war die Zielvereinbarung noch recht unkompliziert. Sie lautete »einen neuen Job finden«. Michael war immer wieder mit seinen Chefinnen angeeckt. Ich witterte ein Problem, das tiefer lag. Aber mit Fragen kam ich nicht an ihn heran. Als kaufmännische Führungskraft konnte er Eigenschaften von sich und anderen konkret benennen und beschrieb sich selbst mit den Worten: »Ich bin ein kooperativer Manager und kümmere mich um meine Mitarbeiter.« Vieles hörte sich allerdings wie auswendig gelernt an. Auf mich wirkte er gar nicht kooperativ. Er fragte nicht. Und hörte auch kaum zu.

Dafür pochte er auf die Einhaltung von Regeln. Er wollte explizit »systemisches Coaching wie in der Firma«, meinte aber, dass ich ihm Lösungen nahebringen sollte, ich sei ja vom Fach. Für das Problem mit seinen Chefinnen hatte er eine Erklärung: Er hielt sie für inkompetent und führte das auf eine – im Vergleich zu seiner eigenen – schlechtere Ausbildung und geringere Erfahrung zurück.

Aus seiner Sicht unklare Aussagen ohne »Handanweisung« verwirrten ihn. Beispiel Bewerbungsfotos: Manchmal sind sie sinnvoll, manchmal nicht. Teils empfehlen sich konservative Fotos, teils moderne; es gibt einen männlichen und weiblichen Blick auf Fotos. In männlich dominierten und konservativen Branchen ergeben deshalb andere Fotos Sinn als in weiblich dominierten und fortschrittlichen … In meinem Kopf schwirrten viele Aspekte herum, doch für Michael waren diese unterschiedlichen Perspektiven alles andere als einleuchtend. Bis ich im Laufe meiner Tätigkeit als Coach verstanden hatte, dass Menschen im Richtig-Modus nicht die Vielfalt der Welt begreifen, sondern nur *eine* Lösung wollen, überforderte ich meine Klienten manchmal sehr.

Bei Menschen im Richtig-Modus ist weniger aktivierende Hilfe in »Sozialarbeiter-Manier« nötig als im Wir-Modus. Im Gegenteil: Sie lieben die konkrete Empfehlung, am besten von »Frau Doktor« (ich habe keinen Doktortitel, aber meine zahlreichen Buchveröffentlichungen haben eine ähnliche Funktion). Dieser folgen sie, wenn sie ausreichend kompetent und untermauert wirkt. Ich übte mich darin, meine Sprache zu vereinfachen. Menschen im Richtig-Modus haben meist Schwierigkeiten mit verschiedenen Wahrheiten. »Man könnte so und so, aber auch so …« Das geht für sie gar nicht, es verwirrt. Eigene Bedürfnisse können sie noch wenig wahrnehmen, weshalb sie auch kaum selbst Handlungen ableiten können. Erst recht nicht auf Gebieten, für die ihnen die Kompetenz fehlt. Das Wahrnehmen von Bedürfnissen kann man sehr gut üben und diese Menschen dadurch erheblich weiterbringen. Man braucht von ihnen aber den Auftrag dafür. Michael würde später noch einmal wiederkommen, aber damals bekam ich diesen Auftrag nicht. Er brauchte von mir einen Leitfaden. Ich gab ihm, was er wollte: Tipps, die er umsetzen konnte. Das war Fachberatung, kein Coaching. Er lernte bei mir, aber entwickelte sich nicht.

Es gibt eine dritte Gruppe, die einzigen Menschen, die sich am ehesten mit Coaching-Werkzeug coachen lassen, also mit Fragen und Zielvereinbarungen. Sie erwarten keine Lösung von mir, sondern wollen diese selbst in sich finden. Das sind die Effektiven, die tough, aber natürlich auch zart besaitet sein können. Aber sie sind immer auf die eine oder andere Weise effektiv oder streben zumindest danach, es zu sein. Sie reflektieren ihre eigenen Ziele und können auch die eigenen Maßnahmen, die sie dorthin bringen sollen, hinterfragen. Sie kommen zum Coaching, um eine eigene Antwort auf ihre dringendsten Fragen zu finden. Sie suchen Klarheit – nicht Wissen oder Kompetenz. Sie fordern meine Sicht aktiv ein und können sie in die eigene integrieren. Sie denken und gestalten mit. Sie setzen sich langfristige Ziele und können auch den Prozess gestalten, sogar über längere Zeiträume. Coaching im Verständnis A ist für diese Menschen erfunden worden.

Eine vierte Gruppe, ich nenne sie die Flexiblen, ist wiederum viel weniger an Zielen orientiert, vor allem brauchen sie noch weniger Führung durch mich. Sie lieben den Dialog und »Sparring«. Sie sind meist reflektiert und offen für viele Aspekte und Möglichkeiten. Eine differenzierte Art finden sie toll. Sie verstehen Widersprüche, und Sowohl-als-auch-Denken empfinden sie als angenehm, nicht als verwirrend. Mit ihnen kann ich am ehesten sein wie ich bin. Ein Problem haben aber auch sie: Die Flexiblen können oft aus einer Vielzahl von Möglichkeiten nicht diejenige herausfiltern, die für sie passt. Sie relativieren zu sehr. Ihnen hilft ein strukturierender Dialog weiter. Zielvereinbarungen brauchen sie kaum. Wenn sie einmal die Gedanken ordnen und neu bewerten, geht der Rest von selbst. Auch das ist kein Coaching, sondern irgendeine andere Art der Hilfe. Nennen wir es Sparring?

Reisende haben oft kein Ziel

Wenn Sie Sabine nach ihrem Ziel fragen würden, so hat sie keines, das sich konkret formulieren ließe. Sie will sich austauschen. Ich habe oft Kunden beraten, »die nur mal in sich hineinschauen« wollten oder »über Ideen sprechen mit jemand, der die richtigen Fragen stellt«. Im strengen Coaching-Verständnis hätte ich sie nicht annehmen dürfen. Zu unkonkret. Doch diese Termine waren immer besonders fruchtbar. Natürlich frage ich immer, zum Beispiel: »Was wäre ein gutes Ergebnis, was würden Sie gerne mitnehmen?« Aber wenn jemand das nicht genau definieren kann, quäle ich ihn nicht weiter. Vielleicht kann man sich auf irgendetwas an der Oberfläche einigen: einen neuen Job, die berufliche Zufriedenheit steigern, was auch immer. Aber echte Ziele sind das nicht, vor allem stecken oft ganz andere Themen dahinter.

Coaching-Ausbilder erwarten eine genaue Zielklärung, wie im Management. Das ist eigentlich sonderbar, denn auch dort sind Ziele in den letzten Jahren aus der Mode gekommen, weil sie in komplexen Situationen einfach nicht funktionieren. Da muss man sich flexibel auf das einstellen, was kommt. Das nennt sich »agil«: schnell reagieren und sich laufend verändern und selbst aktualisieren.

Therapeuten waren in diesem Sinn schon immer »agiler«. Sie besprechen, worum es geht, beispielsweise um eine diffuse Angst. Und dann gibt es eine bestimmte Anzahl von Therapiestunden, in denen sich vieles fließend entwickelt. Natürlich ist das Ziel, dass der Patient gesünder wird, aber kein Therapeut vereinbart dies »smart«, also spezifisch, messbar, aktiv, realistisch und terminiert, wie ein Teil der Coachs es tut, vor allem im Coaching-Verständnis A. Der Patient muss sich normalerweise »nur« einlassen. Für Menschen, die auf ihrer inneren Reise an Grenzen stoßen, ist das oft besser. Es verlangt allerdings vonseiten des Coachs mehr Professionalität und Erfahrung. Man kann im Leben eines Menschen nicht einfach wild herumstochern. Das ist die Krux. Doch Coachs werden in der Regel zügig ausgebildet, teils in nur 150 Stunden. Kein Wunder, dass viele da sicherheitshalber ein »Tool« anwenden, mit dem möglichst wenig schiefgehen kann …

Ich frage auch danach, welche Form des Coachings gewünscht ist. Gibt es ein Bedürfnis nach Feedback? Das spreche ich offen an, wenn ich es heraushöre. Ich weiß einfach, dass viele das geheime Bedürfnis haben, Feedback zu erhalten, aber sich das nicht zu sagen trauen. Coaching ist ja Hilfe zur Selbsthilfe, und Feedback hat da nur bedingt etwas zu suchen. Ich bin aber auch hier undogmatisch. Ich weiß einfach, dass Feedback für Menschen extrem wichtig ist. Auf unterschiedliche Art und Weise: Einige brauchen es, um Sicherheit zu bekommen. Andere wollen sich selbst reflektieren. Viele Bedürfnisse sind nicht bewusst und können deshalb auch nicht ausgesprochen werden. Wer aber nicht genau sagen kann, welches Bedürfnis ihn wirklich zum Coach getrieben hat, kann kaum ein Ziel vereinbaren. Auch, weil es oft gar nicht um Ziele geht.

Persönlich wachsen

Jeder Mensch hat ein »Ich«. Dieses Ich verändert sich. Bildlich gesprochen geht es auf eine innere Reise. Dabei verändert es immer wieder seine Art zu denken und zu handeln – es erweitert sie, integriert immer mehr Aspekte. Kennen Sie einen Menschen, der länger auf Reisen war und viel gesehen hat? Oft ist so ein Mensch danach anders als vorher. In seinem Kopf ist dann viel mehr Inhalt, und es herrscht eine andere Ordnung. So ist es auch mit den Reisen des Ichs.

Sabines Erfahrungen veränderten sie sehr. Ich habe im ersten Kapitel nur ihre beruflichen Eckpunkte beschrieben. Je mehr wir uns kennenlernten, desto mehr gesellten sich private dazu. Sabine hatte für den Beruf auf Kinder verzichtet. In der Liebe ging nicht immer alles gut. Sie hatte eine enge Freundin an den Krebs verloren. Auch war sie viel unterwegs gewesen, nicht nur innerlich, auch physisch im Ausland. Ihr »Ich« ist mitgereist. Es wurde reifer und weiser.

Was war das für eine Erkenntnis, als sie begriff, dass nicht alles nur schwarz und weiß ist, richtig und falsch! »Frau Hofert, es gibt auch Grautöne. Sie glauben es nicht, das hat mich damals umgehauen. Es war doch viel leichter, in Schwarz und Weiß zu denken!« Sie fragte mich, was ich darüber dächte. »Man wird glücklicher, wenn man damit aufhört«, gab ich zurück. Das ist wirklich so – und Sabines Denken ist typisch für jemanden, der relativiert, also auf dem Weg in den Flexibel-Modus ist.

Mit der Reise hatte sich auch ihre Art zu denken verändert. Sie nahm Coaching jetzt ganz anders auf. Mittlerweile waren Ziele nicht mehr wichtig. Sie konnte eigene Bedürfnisse ganz genau wahrnehmen. »Früher habe ich genommen, was mir vorgesetzt wurde«, sagte sie. »Auch, wenn mich ein Coach gefragt hat, was mir wichtig ist: Ich habe im Grunde gar nicht gespürt, was es ist.«

Im letzten Kapitel habe ich über den Wir- und den Richtig-Modus, über Effektive und Flexible gesprochen. Das sind nicht nur Modi, es sind auch Phasen, die aufeinander folgen. Jede Phase schließt also die vorangegangene mit ein. Das bedeutet, dass immer mehr hinzukommt und das Alte neu gedeutet wird. Es ist, als würde unser Ich durch verschiedene Länder reisen – die Kenntnis der bisherigen Länder wirkt sich auf neue Erfahrungen aus. Auf dieser Reise lernt das »Ich« immer mehr Aspekte kennen – von sich selbst und von anderen. Vor allem aber reist es zu sich selbst. Es begreift dabei, dass es eigentlich nicht nur eins ist, sondern zwei: Da gibt es den inneren Kern, das, was uns im Wesen ausmacht, wenn wir alle sozialen Prägungen und Formungen einmal beiseitelassen. Und es gibt diese äußeren Prägungen, sei es durch die Eltern, Lehrer, Gleichaltrige, Pop-Idole oder was auch immer.

Der innere Kern ist dasjenige, was unsere Persönlichkeit ausmacht. Er umfasst biologische Prägungen, aber auch Bedürfnisse. Neurobiologisch betrachtet, beinhaltet er die untere limbische Ebene (das durch genetische und epigenetische Faktoren bestimmte Temperament) und die mittlere limbische Ebene (die Bedürfnisse). Aus Sicht der positiven Psychologie ist er alles, was es einem ermöglicht, ein gesundes und glückliches Leben zu führen. Aus meiner Sicht ist er das, was die gesunde und produktive Individualität eines Menschen ausmacht. Der innere Kern ermöglicht dem Menschen, sich weiterzuentwickeln und für sich selbst und andere fruchtbar zu sein.

Dieser Persönlichkeitskern wird in späten Phasen der Reise erschlossen. Dann gibt er Stabilität und verleiht Selbstsicherheit. Der innere Kern ist oft von sozialen und familiären Prägungen überdeckt. Er wird verborgen durch schädliche Glaubenssätze und Annahmen über den Zustand der Welt. Wenn wir einen Zugang zu unseren Emotionen finden, uns selbst reflektieren und uns unseres eigentlichen Kerns bewusst werden, können wir all den Ballast, der uns am Ich-Sein hindert, abwerfen und uns transformieren.

Im Wir-Modus ist der Kern noch ganz und gar verschüttet. Wir tun das, was die anderen von uns erwarten. In diesem Modus wird jeder von uns manchmal sein, da wir immer mal wieder »zurückfallen«. In der dazu passenden Wir-Phase ist Anpassung das prägende Element. Das erkennt man daran, dass die Vorstellungen des Umfelds gleichzeitig die eigenen sind. Da ist wenig Trennung. Das kennen wir von jungen Menschen. Viele Schüler und Abiturienten sind in der »Wir-Phase«, haben vielleicht eine eigene Persönlichkeit, jedoch noch keinen festen inneren Kern. Sie folgen im Grunde anderen, auch wenn sie bewusst gegen den Strom schwimmen und eigene Charaktere sind. Die Wir-Phase ist aber durchaus nicht nur jungen Leuten vorbehalten. Auch viele »Ältere« unterwerfen sich dem, was andere wollen – ohne es zu merken, denn sie halten es für das »Eigene«. Ihr Coaching-Bedürfnis lautet dann: »Ich will wissen, was ich machen soll – bitte sagen Sie es mir«. Doch nur wenige können dies so artikulieren.

Wie war das bei Ihnen? Sicher waren auch Sie in dieser Phase – zumindest als junger Mensch. Denken Sie einmal an Ihre Berufswahl zurück. Meist haben wir uns da an unseren »Peergruppen« orientiert, also an den Leuten, die uns umgeben haben. Und unsere Strategie hieß »das Gleiche« oder »etwas anderes«. Ob Sie auch Lehrer werden wollten, falls Ihre Eltern das waren, oder Sie in eine Gegenbewegung schwenkten – also gerade nicht Lehrer wurden: Mit dem Persönlichkeitskern hat das wenig zu tun. Deshalb sind Studienberatungen auf der Basis von Tests in dieser Phase sinnvoll. Es ist einfach zu wenig »Ich« da, als dass dieses eine Entscheidung wirksam steuern könnte. Nicht bei allen Menschen, aber bei vielen. Eine eigene Entscheidung, die den Persönlichkeitskern einbezieht, müsste Maßstäbe erkennen lassen, die unabhängig von anderen sind.

Im nächsten Reiseland suchte Sabine nach mehr »Ich«. In der dazugehörigen Richtig-Phase entdeckte sie, was sie als Persönlichkeit ausmachte. Sie fand einen kleinen eigenen Kern, der vor allem durch Stärken, Können und Talente beschrieben war. Ihr Selbstbild speiste sich daraus. Sie nahm es als »richtig« an und strebte danach, sich als Mensch mit eigener Persönlichkeit zu beweisen und möglichst viel zu lernen, was sie von anderen abhob. Das ist spezifisch für die ersten Berufsjahre, manchmal aber auch für das ganze Berufsleben. Die Gesellschaft arbeitet daran mit: Menschen sollen sich finden, ein Gespür für eigene Stärken bekommen. Auch die Schule versucht sich daran, meiner Meinung nach mit viel zu vielen Richtig-Methoden, die gar nicht zu den Schülern passen.

Beispielsweise geben Schulen deutschlandweit den sogenannten Profilpass® aus, der Interessen und Stärken dokumentieren soll. Doch wer Interessen und Stärken nicht selbst erlebt hat und sich innerlich noch gar nicht abgrenzen konnte, kommt mit dieser Herangehensweise kein bisschen voran. Es braucht eigenes Erleben und Erkennen, damit sich der Persönlichkeitskern herausschälen kann. Im anderen Fall werden Begriffe wie »kreativ« oder »kommunikativ« zu inhaltsleeren Worthülsen, die Personen herunterbeten können, aber für sich nicht als Inhalte integrieren können. Vielleicht ist Ihnen Carl Rogers ein Begriff, der durch sein »aktives Zuhören« auch unter Coachs bekannt ist. Er beschreibt in seinen Büchern auch seine eigene Entwicklung. Am meisten weitergebracht hatten ihn einige Monate in China, wo er ein ganz neues Denken erlebte. Ganz neues Denken und Erleben sind wichtig, nicht aber die frühe Zuschreibung von Eigenschaften.

Vieles wird auch stereotyp antrainiert. Ich kenne Menschen, die sehr klar benennen können, wer sie sind und was sie ausmacht – aber sie fühlen das nicht. Sie können auch keine Geschichten erzählen wie Carl Rogers. Vor allem sehen sie nicht, wann und wie sie sich verändert haben. Es ist alles noch sehr »richtig« und so, wie es sich gehört. Auf der »Richtig«-Stufe grenzen sich Menschen als Persönlichkeit über ihre Individualität ab. Sie können Werte benennen, die allgemeingültigen Charakter haben. Jedoch haben sie noch keine übergeordneten Maßstäbe, an denen sie ihr Handeln ausrichten, was sie so aber nicht erkennen können. Möglicherweise haben sie einen hohen Qualitätsanspruch oder ihnen ist ihre Gesundheit wichtig, aber sie verfolgen keine größeren und auf langfristige Ziele ausgerichteten »Pläne«. Deshalb sind Menschen in dieser Phase sehr gut darin, Dinge zu analysieren und Lösungen zu finden, aber sie sind oft nicht so geeignet, größere und weitreichende Vorhaben umzusetzen. »Damals fand ich systemisches Coaching toll, weil das akzeptiert war. Ich konnte mir aber nichts darunter vorstellen«, sagt Sabine über sich während der Richtig-Phase, als sie einen Business Coach hatte. Sie brauchte damals ein Etikett, das Sicherheit gab und die Kompetenz des »Wird schon gut sein, wenn das draufsteht« ausstrahlte. Das »Ich« ist in einem solchen Fall noch nicht vollständig. Was fehlt, sind ein größerer zeitlicher Maßstab und Sinn, der einen leitet.

Später war es Sabine wichtig, ihr eigenes Ding zu machen. Sie baute sich eine erfolgreiche berufliche Selbstständigkeit auf. Sie war in der Lage, sich eigene Ziele zu setzen, auch langfristig. Und sie konnte den Weg dahin, also den Prozess gestalten. Das setzt ein komplexeres »Zeitdenken« voraus. Wir nehmen immer an, dazu wäre jeder imstande. Doch so ist das nicht. Jeder kann von etwas träumen, das in der Zukunft liegt. Aber ein komplexeres Vorhaben selbst zu realisieren, setzt ein entsprechendes Denken und passendes Handeln voraus. Wie schon gesagt, beides gehört zusammen: Jemand muss die Dinge denken, aber auch umsetzen und in die Welt bringen können. Man könnte das als effektiv bezeichnen – im Unterschied zu »bloß« effizient. Effektiv bedeutet, im Sinne eines Zieles zu handeln und dazu alle notwendigen Maßnahmen zu ergreifen. Effizient ist im Gegensatz dazu die Art und Weise, wie ich eine Handlung gestalte. Effizient kann ich dem Kontext angemessene Lösungen entwickeln (denken) und diese mit passendem Aufwand ausgestalten (handeln). Effektiv kann ich mir größere Ziele stecken (denken) und diese auch erreichen (handeln). Fällt Ihnen ein Beispiel ein? Denken Sie einmal an Menschen, die nur dann funktionieren, wenn sie Ziele gesetzt bekommen. Dabei sind sie effizient. Und denken Sie demgegenüber an Menschen, die sich Ziele selbst setzen und diese auch erreichen. Die einen brauchen Anleitung, die anderen Impulse. Genau darin liegt ein entscheidender Unterschied. In der Effektiv-Phase stellte sich Sabine die Frage, was sie eigentlich selbst wollte. Für sie ging es nicht mehr nur darum, die Dinge richtig zu machen, sondern auch darum, die *für sie richtigen Dinge* zu tun. Sabine suchte eben keine Anleitung, sie brauchte Impulse.

Menschen in der Effektiv-Phase sind effektiv, aber auch effizient. Menschen in der Richtig-Phase sind vor allem effizient. Beide Typen können sich überlasten: Die Angehörigen der Richtig-Gruppe sind zum Beispiel zu genau und perfektionistisch in dem, was sie tun. Während die Angehörigen der Effektiv-Gruppe möglicherweise zu verkrampft größere Ziele erreichen wollen, etwa die eigene Selbstverwirklichung.

In der Effektivphase kommt die Frage nach dem Sinn und nach eigenen Werten hinzu. Sie stülpte sich bei Sabine über das bisherige Erleben: Tue ich wirklich das, woran ich glaube? Sabines Innenleben wurde komplexer, vielschichtiger. Es ging nicht mehr nur um ihre Stärken oder eigenes Können, sondern auch um tieferen Sinn und eigene Werte.

In der Flexibel-Phase, in der sich Sabine nun befand, lösen sich diese Werte und Standards wieder auf, sie werden durchlässiger. Sabine begann, eigene Maßstäbe zu relativieren. Sie fragte und hinterfragte, definierte mit neuem Wissen auch ihre Werte neu. Altes löste sich auf, gleichzeitig suchte sie nach Orientierung. Jetzt brauchte sie eine ganz andere Hilfe und Begleitung als vorher. Ganz sicher aber brauchte sie keinen Coach, der mit seinem Hammer Nägel in die Wand schlägt – also mit seinen Tools Lösungen fabrizieren möchte. Das war vorher passend, jetzt nicht mehr.

Sie brauchte auch keine Zielvereinbarung mehr, weil es ihr nicht um Ziele ging. Sie wollte mich nicht nur als Prozessgestalterin, sie wollte von mir auch Feedback und Anregung, Dialog. Das, was wir mit Coaching – vor allem dem Coaching-Verständnis A – verbinden, ist nicht für jeden und in jeder Phase hilfreich.

Deshalb plädiere ich in diesem Buch für ein neues Coaching-Verständnis, welches ich Flexi-Coaching nennen will. Das ist für mich der Oberbegriff für jede Form von Hilfe, die zu einem Menschen passt. Flexi-Coaching verbindet Coaching-Verständnis A und B und lässt noch mehr zu. Vor allem aber löst es sich von der Bindung an bestimmte Richtungen und Ansätze. Das eine ist nicht besser als das andere, es kommt vielmehr auf die Situation und die Reife des Coachees an.

Später stelle ich dazu einen umfassenden Katalog mit Hilfsmaßnahmen vor, von denen Ihnen viele vertraut vorkommen werden. Sie werden aber einige davon bislang nicht mit dem Begriff »Coaching« in Verbindung gebracht haben. Für mich steht über allem eine Haltung: Wir wollen Menschen helfen, ihre Probleme zu lösen. Dazu reicht es manchmal aus, durch einen guten Rat (der im Coaching verpönt ist) eine Bremse zu lösen. Dazu ist es oft nötig, die Denk- und Handlungslogik von Menschen zu entwickeln, weil sie ihre Probleme nicht mit den bisherigen Denk- und Handlungslogiken lösen können. Hilfe kann also sehr unterschiedlich aussehen.

Bevor ich dazu komme, möchte ich jedoch noch genauer auf die einzelnen Stationen der Reise eingehen. Denn diese müssen wir kennen und verstehen, um unsere Hilfe »flexi« anpassen zu können.

Stationen vom Wir zum Ich

Menschen unterscheiden sich in der Logik, nach der sie denken und handeln. Jeder Mensch kann seine Logik ändern. Das kann willentlich geschehen oder ungewollt. Seit zehn Jahren telefoniere ich alle paar Wochen mit Ella. Ella ist eine tolle Frau, die sich sehr für Menschen mit Behinderung einsetzt. Anfangs war sie dabei noch vollkommen mit dem Denken einer bestimmten Bewegung assoziiert. Dann merkte sie, dass diese in ihren Augen vieles falsch machte. Sie sagte sich los und erschloss sich Fachwissen, um die anderen zu widerlegen. Schließlich merkte sie, dass sie viel größer denken wollte und steckte sich anspruchsvolle Ziele. Sie wurde immer sicherer in sich selbst. Das machte sie auch wirksamer anderen gegenüber. Sie begann zum Beispiel, mehr auf die Perspektiven ihres Gegenübers zu schauen und Fragen zu stellen.

Auf dem Weg vom Wir zum Ich durchreisen wir drei Länder. Dabei weitet sich das Denken, und es fächern sich neue Handlungsmöglichkeiten auf. Während wir im Wir-Land vor allem uns und den anderen sehen, kommt im Ich-Land auch der Kontext hinzu. Das hört sich vielleicht ungewöhnlich an, aber meint, dass ich mich mehr vom eigenen Blickwinkel entferne, also eine Distanz aufbaue. Gerade diese stärkt das Ich. Danach verlassen wir das Ich-Gebiet wieder und kehren zum Wir zurück – jedoch auf eine reifere Art. Thomas, ein Informatiker, hat das neulich sehr schön ausgedrückt: »Plötzlich habe ich ganz viel Liebe in mir, auch für Menschen, die ich früher für dumm und auf dem falschen Dampfer hielt.«

Für die Stationen dieser Reise möchte ich den Begriff »Phase« verwenden, da dieser für mich am wenigsten Wertung beinhaltet. Entwicklungspsychologische Modelle kennen Stufen oder Levels. Das klingt nach niedrig und hoch, nach Hierarchie. Das möchte ich vermeiden. Ja, es ist gut, eine spätere Phase zu erreichen, weil Menschen dann gesünder sind. Es ist auch besser für die Welt, denn das Gewissen bildet sich erst in der Effektiv-Phase richtig aus – also bei voller Ankunft im »Ich«. Nur hat es einen Grund, dass so viele Menschen dort nicht ankommen. Unsere Gesellschaft fördert das nicht, denn Menschen in einem früheren Entwicklungsstand erweisen sich ihr als treue Diener. Arbeitgeber können Menschen im Entwicklungsstand einer früheren Phase viel leichter formen. Coaching im Verständnis A fördert maximal die Entwicklung zum »Ich«, aber nicht darüber hinaus.

Obwohl wir alle zeitweise und durch stressende Situationen bedingt in frühere Phasen zurückfallen können – also regredieren –, bleiben das einmal erreichte Denken und Handeln immer erhalten. Denken und Handeln nenne ich bewusst zusammen. Denn es gibt eine Reihe von Menschen, die etwas intellektuell nachvollziehen können. Sie können aber keine entsprechenden eigenen (also nicht anderen »nachgedachten«) Gedanken produzieren und somit auch kein Handeln daraus. Diese Menschen haben somit nicht wirklich die Phase vollzogen, auf die ihr Denken hinzudeuten scheint.

Dass Menschen unterschiedliche Positionen und Perspektiven haben können, wusste Ella schon lange. Sie selbst war aber in der Vergangenheit nicht in der Lage gewesen, darauf einzugehen, indem sie diese Positionen aktiv einholte und unvoreingenommen anhörte. Diese Fähigkeit erlangte sie erst, als sie verinnerlicht hatte, dass andere von ihrer eigenen Sichtweise genauso überzeugt sein können wie Ella von der ihren. Das ist ein Riesenunterschied! Wer einmal in der Lage ist, ein so fortgeschrittenes Denken und Handeln zu produzieren, wird diese Fähigkeit nicht mehr verlieren.

Die wissenschaftliche Forschung

Diese Form von Reifung wurde von der Entwicklungspsychologin Jane Loevinger als Ich-Entwicklung bezeichnet. Für Loevinger ist das »Ich« ein Prozess, der sich fortwährend in Entwicklung befindet und dabei bestimmten Mustern folgt. Diese Muster spiegeln sich in der Denk- und Handlungslogik wider. Sie zeigen sich in einem bestimmten Charakter. Die Muster bündeln sich zu einer Stufe, die sich von einer anderen Stufe durch eben diese Muster abgrenzt. Auf jeder Stufe reagieren Menschen auf bestimmte Dinge »allergisch«. Menschen in der Loevinger-Stufe E6 (meine Effektiv-Phase) verzweifeln zum Beispiel manchmal daran, dass sie ihre eigenen Vorstellungen vom Leben und von dessen Sinn nicht erfüllen.

Wenn es sich entwickelt, erklimmt das »Ich« eine neue Stufe. Diese schließt das Denken und Handeln der vorherigen Stufe mit ein. Es kommen also immer mehr Aspekte dazu, je höher man steigt – das Denken wird breiter und weiter, schließt immer mehr ein und immer weniger aus. Diesen Ablauf und die dahinterstehenden Muster hat die Forscherin in vier Jahrzehnten Forschung empirisch nachgewiesen. Sie fand neun solche Entwicklungsstufen. Die ersten beiden Stufen E1 und E2 sind spezifisch für die Kindheit. Die dritte Stufe E3 prägt die Jugend, kann aber auch weit ins Erwachsenenalter ragen. Susanne

Cook-Greuter hat das Modell von Loevinger weiterentwickelt und erhebt auch aktuell noch Daten. Sie konnte so eine zehnte Stufe nachweisen.

Weitere Wissenschaftler stießen in eine ähnliche Richtung vor. Lawrence Kohlberg teilte drei entwicklungspsychologische Ebenen ein: die vorkonventionelle, die konventionelle und die postkonventionelle. Die vorkonventionellen Stufen sind vor allem dem Kindesalter vorbehalten, nur wenige Erwachsene agieren auf vorkonventionellem Niveau. Aktuell forscht vor allem der Harvard-Professor Robert Kegan zu diesem Thema. In seinem Modell gibt es fünf Entwicklungsstufen, die er S 0 bis S 5 nennt – diese überschneiden sich zum großen Teil mit den Loevinger-Stufen, sind diesen also sehr ähnlich. Mittlerweile hat sich Kegan vom Stufenbild verabschiedet und die Idee einer Spirale entwickelt.

Im deutschsprachigen Raum hat sich Dr. Thomas Binder intensiv und aus wissenschaftlicher Perspektive mit der Ich-Entwicklung beschäftigt. Er hat in seiner Promotion untersucht, ob eine höhere Ich-Entwicklung der Ausbilder die Ich-Entwicklung der Lernenden fördert. Erwartungsgemäß trifft das zu. Andere Studien weisen nach, dass Führungskräfte mit höherer Reife wirksamer sind als solche mit niedriger Reife. Höhere Ich-Entwicklung scheint fast eine andere Form von Intelligenz zu sein.

Einerseits faszinieren die genannten Stufenmodelle. Sie sind unheimlich wertvoll für jeden, der mit Lernen und Entwicklung zu tun hat – und sei es nur für die Diagnostik. Sie helfen zu differenzieren und sich in andere hineinzudenken. Andererseits lösen sie Widerstände aus. Durch die Nummerierung von Loevinger und Kegan entsteht der Eindruck von »höher gleich besser«. Jemand auf einer »niedrigen« Stufe fühlt sich möglicherweise abgewertet, jemand auf einer höheren überlegen. In der Praxis ist dies die größte Schwierigkeit in der Arbeit mit diesen Modellen.

Doch erst spätere Stufen erkennen selbst, wie wichtig diese Differenzierung ist. Auf früheren Stufen empfinden Menschen möglicherweise Scham darüber, nicht »so weit« zu sein, oder aber die Stufen werden als Verstoß gegen ein verbreitetes »Gleichheitsdenken« wahrgenommen. Das ist natürlich Unsinn, wenn man verinnerlicht hat, dass sich jeder seine Welt konstruiert und es objektive Wahrheit nicht gibt. Modelle wie die Ich-Entwicklung helfen zu verstehen, wie die »Konstrukte« anderer Menschen aussehen. Das ist unendlich wertvoll – für Psychologen, Coachs, Lehrer, Berater, Sozialpädagogen und auch Führungskräfte.

Um Wertung zu vermeiden, habe ich mich für »weichere« und weniger abgrenzende Begriffe entschieden: den Modus und die Phase. Ich reduziere die eigentlich neun Stufen meistens auf vier Phasen. Wenn es sinnvoll ist, unternehme ich einen kurzen Abstecher zu der Phase davor und danach. Ich nenne meine Phasen Wir, Richtig, Effektiv und Flexibel. Die Menschen in diesen Phasen agieren entsprechend im Wir-, Richtig-, Effektiv- und Flexibel-Modus. Durch diese Einteilung erfasse ich vermutlich rund 90 Prozent meiner Leser, ob Coach oder Klient.

In jeder Phase herrscht ein bestimmter Modus vor. Die Modi sind nur abwärts kompatibel. Das heißt, ein Mensch in der flexiblen Phase kann den Richtig-Modus einschalten, ein Mensch in der Richtig-Phase aber nicht den Flexibel-Modus. Aufgrund von Lesefreundlichkeit und im Sinne der Einfachheit unterscheide ich an einigen Stellen etwas gröber nach Kohlberg zwischen vorkonventionellen, konventionellen und postkonventionellen Phasen. Konventionelle Phasen sind solche, in denen die Menschen noch wesentlich nach gesellschaftlichen Normen und Standards denken und handeln. Dabei kann auch ein Aussteiger einen gesellschaftlichen Standard erfüllen, nämlich den Standard, etwas genau anders zu machen. Um welche Normen und Standards es sich im Einzelnen handelt, ist also unwichtig. Menschen mit völlig gegensätzlichen inhaltlichen Positionen können sich in der gleichen Phase befinden – jeder hält seine für richtig, das ist das bindende Element, das ist die Grundstruktur. Und nur um diese geht es.

In der postkonventionellen Phase gehen Menschen über die eigene Position hinaus, werden immer flexibler und bilden langsam einen ei-

In diesem Buch		Bei Loevinger/ Binder*	Kennzeichen	Handlungslogik	Kennzeichen
Ego-Phase Ego-Modus		E3: impulsgesteuert 5 %	Streben nach Bedürfnis-befriedigung	Ich nehme mir, was ich brauche.	Orientiert an eigener Bedürfnis-befriedigung
Wir-Phase Wir-Modus	konventionell	E4: gemeinschafts-bestimmt 12 %	Streben nach Zugehörigkeit zu einer Gruppe	Ich möchte dazu-gehören.	Beschreibt Verhalten, verallge-meinert, eher klischeehaft, diffe-renziert Emotionen wenig
Richtig-Phase Richtig-Modus	konventionell	E5: rationalistisch 38 %	Streben nach etwas Eigenem	Ich möchte kom-petent/ein Indi-viduum sein.	Sucht »sein Eigenes«. Orientiert sich an Richtig und Falsch. Eher »aber«-Konstruktionen.
Effektiv-Phase Effektiv-Modus	konventionell	E6: eigenbestimmt 30 %	Streben nach selbst gesteckten Zielen	Ich möchte etwas Sinnvolles errei-chen.	Setzt sich Ziele und blickt dabei auch auf den Prozess und die Frage, wie diese Ziele zu erreichen sind. Eher »und«-Konstruktionen sowie vermehrt Fragen.
Flexibel-Phase Flexibel-Modus	postkonventionell	E7: relativierend 10 %	Erkennen auch von Widersprüchen und widerstre-benden Wahrheiten	Ich möchte flexi-bel im Denken sein und mich entwickeln.	Setzt sich Ziele, schaut auf den Prozess und bezieht andere Sicht-weisen aktiv ein
–	postkonventionell	E8: systemisch 4 %**	Annehmen von Widersprüchen sowie widerstrebenden Wahr-heiten und Einnehmen einer von anderen unabhängigen Haltung	Ich möchte der/ die Beste sein, der/die ich sein kann.	Berücksichtigt unterschiedlichste Aspekte und Positionen, auch von anderen. Orientiert sich an Meta-kriterien

* Prozentzahlen nach Cook-Greuter und Torbert/Rooke ** E9 »integriert« und E10 »fließend«: weniger als 1 %

genen Maßstab aus, der im gesellschaftlichen Kontext so nicht mehr abgebildet ist. Sie haben in diesem Sinn eigene Gedanken. Brauchen Sie ein Beispiel, dann denken Sie etwa an den verstorbenen Roger Willemsen oder den Autor Richard David Precht. Solche Personen können eigene Maßstäbe entwickeln, die überindividuell sind. Sie müssen dafür aber natürlich nicht berühmt sein. In späteren postkonventionellen Phasen leben sie oft sogar sehr zurückgezogen.

Die Wissenschaftler David Rooke und William R. Torbert haben über 25 Jahre in enger Zusammenarbeit mit Susanne Cook-Greuter Tausende Datensätze von Fach- und Führungskräften europäischer und amerikanischer Unternehmen untersucht und diese den Stufen nach Loevinger zugeordnet. Die Tabelle auf Seite 39 fügt meine Bezeichnungen und die von Loevinger, Kohlberg und Binder zusammen. Die Prozentzahlen beziehen sich auf die Forscher.

Warum wir Lernen von Entwicklung unterscheiden müssen

Jetzt haben Sie einen Einblick in die wissenschaftliche Forschung bekommen, die unserem Thema zugrunde liegt. Diesen möchte ich nun ein wenig vertiefen. Wenn wir uns mit dem »Ich« auseinandersetzen, sollten wir nicht nur wissen, *dass* es sich entwickelt, sondern auch *wie* es das tut. Dazu müssen wir Lernen und Entwicklung voneinander abgrenzen.

Viele setzen Lernen und Entwicklung stillschweigend gleich, doch beides hat wenig miteinander zu tun. Lernen bringt uns intellektuell weiter: Menschen können Wissen und Erfahrung auf höchstem Niveau anhäufen. Sie können ein wandelndes Lexikon werden oder hochdekorierter Professor – und sich trotzdem nicht entwickelt haben. Sie haben dann alle neuen Informationen auf die gleiche Art und Weise verarbeitet. Und nicht etwa neu arrangiert. Sie sind eine DVD geblieben, obwohl es längst Cloud-Services gibt …

Dass Kinder etwas lernen können, was sie eigentlich gar nicht verstehen, zeigte Jean Piaget, der viele schwer verständliche Texte geschrieben, aber wunderbare Experimente gemacht hat. Einstein nannte Piaget ein Genie. Dessen Experimente waren nämlich aufgrund ihrer Einfachheit genial. Piaget belegte, dass es in Kindheit und Pubertät verschiedene Stufen kognitiven Verstehens gibt. Weiterhin prägt er den Begriff des Schemas, den auch ich verwenden werde. Ein Schema beschreibt das, was ein Mensch zu einem Thema denken kann. Ein Schema zum Coaching wäre beispielsweise:

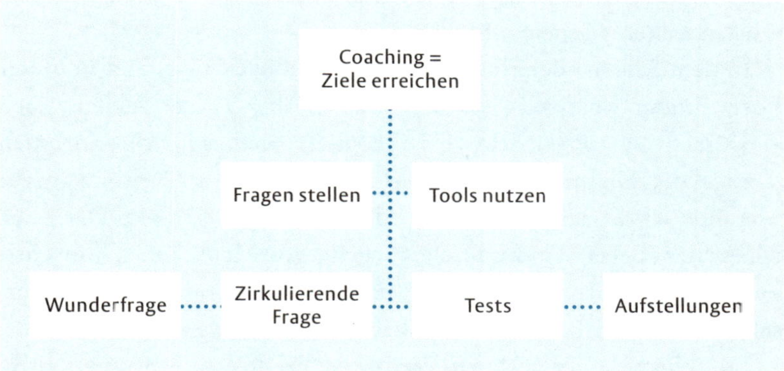

Dies ist ein mögliches Coaching-Schema nach einer Ausbildung im Coaching. Die Wunderfrage ist eine relativ häufig gelehrte Frage, bei der der Coach seinen Klienten fragt: »Angenommen, Ihr Problem wäre über Nacht verschwunden. Was wäre passiert?«

Piaget unterschied Akkommodation von Assimilation. Assimilieren bedeutet, neue Inhalte in ein vorhandenes Schema einzureihen. Akkommodieren bedeutet, das vorhandene Schema zu verändern. Ein Kind kennt Hunde und nennt sie »Wauwau«. Dann sieht es etwas mit vier Beinen und Schwanz. Das passt in sein bis dato vorhandenes Schema – das Kind nennt die Kuh »Wauwau«. Die Mutter erklärt, dass es eine Kuh sei, weil sie auf der Wiese grast und ein Euter hat. Nun beginnt das Kind zu differenzieren, sein Schema verändert sich. Assimilieren ist das, was ich Lernen genannt habe, und Akkommodieren das, was ich als Entwicklung bezeichne.

Entwicklung fordert also ein Verständnis von einer Sache, das mehr ist als ein Wissen darüber. Kinder können beispielweise wissen, dass ein längliches, schmales Gefäß genauso viel Flüssigkeit enthalten kann wie ein kurzes, rundes. Aber sie können nicht begreifen, warum das so ist. Sie können selbst vor einem Berg stehen, aber sich nicht in die Perspektive eines Menschen versetzen, der an einem anderen Punkt platziert ist. Sie wissen, dass andere Menschen vermutlich etwas anderes sehen als sie selbst, aber nicht was. Das hört sich profan an, ist aber revolutionär: Nicht jeder kann alles denken! Jetzt übertragen Sie diesen Gedanken bitte einmal auf andere Themen. Nehmen wir ein weiteres Schema: Feedback.

In dem Schema der einen Person ist Feedback Lob, und in dieser Form immer wertvoll – als Kritik ist es aber zu vermeiden. Auch »konstruktives« Feedback wird akzeptiert, weil es im Unternehmen dazugehört. Dennoch verunsichert Feedback, das als Kritik wahrgenommen wird (»Ich bin falsch«) oder lockt zum Kampf (»Der zeige ich es jetzt«). Das ist ein typisches Schema von Menschen in konventionellen Phasen; vor allem im Wir- und Richtig-Modus können Menschen mit wirklich offenem Feedback noch schlecht umgehen.

Im Schema einer anderen Person ist Feedback Lob und Kritik, wobei letztere angenommen werden kann, wenn diese konstruktiv ist. Das ist typisch für den Effektiv-Modus. Ein weiteres Schema von einer dritten Person besagt, dass Feedback Lob, Kritik und auch Schweigen ist sowie nonverbale und verbale Gesten und Mimik. Diese Person sieht Kritik für sich selbst vielleicht als erstrebenswert und wichtig für die eigene Weiterentwicklung. Sie fordert Feedback ein und reflektiert es, ohne sich selbst infrage zu stellen. Das ist im Flexibel-Modus verbreitet.

Wenn wir an dieser Stelle unser Bild vom starken inneren Kern einbeziehen, ist das ja auch logisch. Je fester dieser ist, desto weniger kann man ihm etwas anhaben. Ein fester innerer Kern erlaubt es, Schemata viel flexibler anzupassen. Die humanistischen Psychologen Abraham Maslow und Carl Rogers haben dafür den Begriff der Selbstaktualisierung genutzt. Sie meinten damit Menschen, die ihr volles Potenzial entfalten können, weil sie einen starken Kern haben und weil sie diesen Kern immer weiterentwickeln. Sie besitzen ein Schema für Selbstaktualisierung, das es ihnen ermöglicht, alle anderen Schemata laufend zu überarbeiten. Selbstaktualisierende Menschen sind deshalb weitgehend mit sich im Reinen, kreativ, neugierig, offen, beziehen andere Perspektiven ein. Das beschreibt zugleich postkonventionelles Denken und Handeln. Solche Menschen können mit Feedback gut umgehen, wollen sich entwickeln. Nur sind es wie wir bereits gesehen haben, gerade einmal fünf Prozent …

Bei Piaget ist die kognitive Entwicklung im Erwachsenenalter abgeschlossen. Die Ich-Entwicklung jedoch nicht. Das Potenzial, sich immer weiterzuentwickeln, hat jeder – ein Blick ins Gehirn zeigt das. Dank neuerer Hirnforschung wissen wir: Menschen können ihr Gehirn verändern, sie können bestimmte Bereiche gezielt trainieren, Empathie lernen, verknüpftes Denken verbessern. Sie können auch ihre Persönlichkeit wandeln, zum Beispiel flexibler, nachdenklicher oder altruistischer werden. Sie können auch – und im Zuge damit – ihr »Ich« transformieren.

Die Denklogik beschreibt die Art und Weise, wie ein Mensch Informationen aufnimmt und verarbeitet. Die Handlungslogik beschreibt das, was er aus seinem Denken für sein Verhalten ableitet, also in Taten übersetzen kann. Beides bildet eine Einheit.

Stellen wir uns diese Denk- und Handlungslogik wie ein Gefäß vor. Nehmen wir an, es sei lang und schmal. Kommt neues Wissen hinzu, wird dieses eingefüllt. Das Gefäß wird immer voller. Irgendwann reicht das Gefäß nicht mehr aus, um in der Welt zurechtzukommen oder komplexere Zusammenhänge zu verstehen. Dann muss das Gefäß seine Form verändern oder durch eins ersetzt werden, das größer ist und eine andere Form hat. Genau das geschieht bei der Entwicklung – im Unterschied zum Lernen. Es wird nicht einfach Neues aufgefüllt, Altes bekommt eine neue Form.

Beim Lernen verändert sich das Schema nicht, es wird lediglich differenzierter oder leicht modifiziert. Nehmen wir unser Coaching-Schema des eben dargestellten Diagramms, so kommen vielleicht immer neue Tools und Fragen dazu – aber das Schema »Coaching = Ziele erreichen« bleibt bestehen. Wenn ich eingangs zwischen einem Coaching-Verständnis A und B unterschieden habe, so könnte letzteres, das Coaching-Verständnis B, das Schema möglicherweise erneuern. Es könnte auch ein Verständnis C hinzukommen, mein Flexi-Coaching.

Lernen nutzt das für die jeweilige Phase vorhandene Gefäß. Vielleicht verwendet es dabei allen vorhandenen Platz, vielleicht bleibt es unter seinen Möglichkeiten. Man kann Fakten lernen, aber auch Verhaltensweisen. Doch solange Denken und Handeln im Wesentlichen auf dieselbe Art und Weise verarbeiten, bleibt es Lernen. Lernen ist auch ohne richtiges, tieferes Verstehen möglich. Das ist beispielsweise beim Auswendiglernen der Fall oder beim Lernen von Verhaltensweisen, die eigentlich zu einer anderen Denk- und Handlungslogik gehören. Derzeit lässt sich dies im Management beobachten. Dort berufen sich viele auf agile Methoden und »Management 3.0« – womit Führung als Dienstleistung und als Stärkung von Selbstorganisation gemeint ist –, ohne konsequentes Verhalten daraus ableiten zu können.

Auch im Coaching wird eine solche Begrenzung durch das Schema immer wieder sichtbar. Wenn Menschen lernen zu fragen, heißt das noch lange nicht, dass sie auch wirklich coachen können. Denn im Grunde müssten sie aus den Antworten weiteres Denken und Handeln (Nachfragen, Intervenieren, Reagieren) ableiten können. Spätestens wenn ein Coach mit dem oben beschriebenen, begrenzenden Coaching-Schema einem Menschen mit postkonventioneller Denk- und Handlungslogik gegenübersitzt, wird die Enge seines Denkens offensichtlich werden – zumindest für die eine Seite, den postkonventionellen Coachee. Der wird die Fragen und Interventionen als irgendwie »hohl« wahrnehmen. Wahrscheinlich wird er finden, dass sie zu wenig Tiefe haben. Er könnte sich fragen, warum bestimmte Aspekte, die ihm wichtig sind, vom Gegenüber nicht gesehen werden.

Entwicklung definiert Grenzen neu, indem sie sie auflöst und immer flexibler setzt: die Grenzen zu anderen, zur Gesellschaft und zum

Leben an sich. Lernen und Entwicklung gehen Hand in Hand, können sich aber auch voneinander lösen. In beide Richtungen kann es ein Stecken- und Stehenbleiben geben. Dabei ist immer die Frage, wo es hakt und wie sich dieser Haken lösen kann. Oft helfen Sie einem Menschen mehr, wenn Sie ihn unterstützen, die vorhandenen Möglichkeiten auszuschöpfen – bevor er einen weiteren Sprung macht. Das bedeutet praktisch: Sie stellen sich auf sein Schema ein. Dafür müssen Sie es erstens wahrnehmen können. Und zweitens müssen Sie ganz beim anderen sein, und nicht bei sich.

Viele Coachs ebenso wie manche Pädagogen, weniger hingegen Therapeuten, verstehen sich geradezu als Freiheitskämpfer, die anderen zu einem Leben verhelfen wollen, das sie selbst als sinnvoll erachten. Das ist ein deutliches Zeichen von konventionellem Denken in Falsch-/Richtig-Kategorien. Eigene Werte werden anderen übergestülpt. »Mach dein Ding«, ist ein Ausspruch solchen Denkens. Es muss und kann aber nicht jeder sein Ding machen. Versteht man die Beziehung von Lernen und Entwicklung richtig, ist manchmal mehr Zeit zum Lernen wichtig, manchmal mehr Zeit für Entwicklung. Lernen ist dann angesagt, wenn man unter seinen Möglichkeiten bleibt; Entwicklung steht dann an, wenn die Herausforderungen von Leben und Arbeit mit dem derzeitigen Schema nicht mehr bewältigt werden können. Nie jedoch kann es darum gehen, eigene Werte und Vorstellungen einem anderen Menschen einzupflanzen.

Während Entwicklung kaum ohne ein Lernen möglich ist, braucht Lernen Entwicklung nicht unbedingt. Menschen im Wir- und Richtig-Modus schaffen ohne Weiteres eine Promotion und machen Karriere in Konzernen. Bildung beeinflusst Entwicklung nur in geringem Maße. Sie kann sogar entwicklungshemmend sein, wenn vor allem das Lernen einer Wahrheit gefördert wird, nicht aber davon abweichendes Denken. Die derzeit vorangetriebene Akademisierung fördert eher solches Lernen. Es fehlt Zeit für Reflexion und Selbsterfahrung.

Die hochintelligente Physikerin Karla wirkte auf mich zunächst in jeder Beziehung entwickelt. Sie interessierte sich für Kommunikation, Persönlichkeitsentwicklung und viele Themen außerhalb ihres Fachs. Ihre gute Kommunikationsgabe und das umfangreiche Wissen verleiteten mich im ersten Moment dazu, eine postkonventionelle Denklogik anzunehmen. Doch dann bemerkte ich, wie sehr sie sich an den Standards ihrer Branche und ihres Berufsstands orientierte. Sie sah die Welt überwiegend mit den Augen der anderen. Für sie waren das die eigenen Augen. Deshalb suchte sie nach Anhaltspunkten, wie etwas sein sollte. In mir sah sie keine Gesprächspartnerin, die den Rahmen zum Erkunden eigener Lösungen bietet. Sie begriff mich auch nicht als jemand auf Augenhöhe, der gedankliche Impulse setzt. Für sie war ich eine Expertin, die ihr den Weg weist. Die Hilfestellung, die sie von mir erwartete und auch annahm, war: »Geben Sie mir Sicherheit für meine Entscheidung.«

Für die Entwicklung in die nächste Phase war Karla nicht reif. Ob dies der Fall ist oder nicht, erkenne ich daran, welches Problem jemand einbringt. Dabei gibt es drei Anhaltspunkte:

- Ist das Problem spezifisch für einen Übergang von einem Modus in den anderen, weil es erste Zeichen für den Wechsel in eine nächste Phase anzeigt?
- Leidet jemand unter etwas, das mit fehlender Reife zu tun hat?
- Ist das aktuelle Problem nicht mit dem derzeitigen Denken und Handeln lösbar, weil die Tätigkeit, Situation oder Beziehung eine reifere Logik erfordert?

Wenn die Antwort zweimal »Nein« lautet wie bei Karla, bleibe ich mit meinen Interventionen im Denken der jeweiligen Phase, das heißt, ich breche nicht aus, sondern löse nur die vorhandenen Bremsen. Damit helfe ich nicht der Entwicklung in die nächste Phase, es bleibt beim Lernen. Aber ich helfe dem Klienten innerhalb seiner Phase weiterzukommen und zu erkunden, was bei ihm emotional positiv belegt ist. Das verstärke ich. Eine solche Verstärkung gelingt bei Menschen im Richtig-Modus am besten aus der Expertenposition.

Diese Klientin war noch nicht an die Grenzen ihrer Phase gestoßen. Ihren nächsten Schritt konnte sie noch mit dem vorhandenen Schema bewältigen. Irgendwann würde sie an Grenzen stoßen, dann nämlich, wenn sich nicht mehr alles damit erklären und verstehen ließe. Für eine solche Entwicklung brachte sie gute Voraussetzungen mit: eine hohe Offenheit in den Big Five, einem weltweit verbreiteten Persönlichkeitsmodell, auf das ich im nächsten Abschnitt näher eingehe. Offene Menschen, darauf deuten Studien zur Ich-Entwicklung hin, erreichen mit höherer Wahrscheinlichkeit spätere Entwicklungsphasen. Aber bei aller Offenheit war es bei Karla noch nicht so weit. Sie hätte das auch gar nicht annehmen können, geschweige denn gewollt.

Wie die Persönlichkeit den Reiseverlauf beeinflusst

Dies ist der richtige Zeitpunkt, um uns die menschliche Persönlichkeit nochmals genauer anzusehen. Zunächst wollen wir einen Blick auf Aspekte werfen, die bei allen Menschen gleich sind, egal in welcher Phase sie sich befinden. Alle unterliegen bestimmten Heuristiken und Biassen, also Vorannahmen, die das Denken abkürzen und verzerren. Es gibt eine Selbstbestätigungstendenz, die uns dazu bringt, immer wieder Gründe und Belege für unsere eigenen Annahmen zu suchen und zu finden. Alle Menschen verhalten sich in Gruppen anders. Alle reagieren eher auf Bilder als auf Text, sofern sie nicht blind sind. Alle brauchen Nähe und soziale Bindungen, unabhängig davon, wie sehr sie das möglicherweise verneinen.

Es gibt auch Dinge, die auf nur wenige Menschen zutreffen. Einige haben bestimmte Eigenschaften und Talente. Einige haben einen höheren oder niedrigeren Intelligenzquotienten. Und so weiter. Dann gibt es Dinge, die nur auf einen einzigen Menschen zutreffen und ihn besonders machen. Das ist sein innerer Kern. Zu ihm gehören die Biologie, angeborene Eigenschaften, Motive, aber auch seine Lebensgeschichte, einschließlich der Geschichte seiner Vorfahren. Diese formen ein sich immer wieder änderndes und ständig in Bewegung befindliches Denken, Fühlen und Empfinden.

Ein Teil der Persönlichkeit zeigt sich auch anhand von Eigenschaften und Motiven. Eigenschaften messen Psychologen mit den Big Five. Das ist ein weltweit anerkanntes Modell zur Persönlichkeitsbeschreibung, welches auf einem lexikalischen Ansatz basiert. Die Forscher Paul Costa und Robert McGrae haben Lexika nach Begriffen durchforstet, die Personen beschreiben, und diese Begriffe fünf zentralen Eigenschaften zugeordnet. Sie fanden dabei heraus, dass sich Zehntausende Begriffe auf diese Art und Weise immer weiter reduzieren und übereinanderlegen lassen. Am Ende blieben die »Big Five« übrig. Man fand dabei heraus, dass diese fünf Eigenschaften »Subeigenschaften« haben, die miteinander in Beziehung stehen. Das heißt, es ist sehr wahrscheinlich, dass eine Person, die herzlich ist, auch auf Menschen zugeht, oder dass ein stiller Mensch auch nachdenklich ist.

Ob traurig oder melancholisch, ängstlich oder scheu – das alles passt zu einer dieser Eigenschaften, in dem Fall in die sogenannte »Skala« Instabilität, auch »Neurotizismus« genannt. Die gefundenen Begriffe haben die Forscher dann mit statistischen Methoden untersucht und so sichergestellt, dass die Begriffe sich wirklich voneinander abgrenzen, also ein jeweils eigenes »Konstrukt« darstellen, einen Überbegriff, der andere Begriffe unter sich fasst.

Durch diese Vorgehensweise sind die Big Five entstanden. Die fünf zentralen Eigenschaften beinhalten ihrerseits Teileigenschaften, die mit ihnen korrelieren, also in einem statistischen Bezug stehen. Jede der fünf Eigenschaften hat jeweils zwei Pole. Ein Mensch hat Ecken und Kanten, wenn sein Verhalten eher in der Nähe dieser Pole liegt. Die meisten Menschen befinden sich – das sind die Gesetze der Statistik, die alles an der Mitte ausrichtet – weder am einen noch am anderen Pol. Deutlichere Persönlichkeitsunterschiede sind erkennbar, wenn Eigenschaften sehr stark oder sehr schwach ausgeprägt sind.

Die fünf Eigenschaften der Big Five sind:

- Extraversion versus Introversion
- Offenheit für neue Erfahrungen versus Konservativismus
- Gewissenhaftigkeit versus Lockerheit
- Verträglichkeit versus Eigenwille
- Stabilität versus Instabilität

In Eigenschaften steckt immer eine Neigung zu bestimmtem Verhalten, nicht aber Verhalten selbst. Aus psychologischer Sicht sind Eigenschaften deshalb nicht beobachtbar. Jemand, der extravertiert ist, wird die Neigung haben, Kontakt als angenehm zu empfinden und danach zu suchen. Jemand der instabil ist, wird zum Nachdenken tendieren. Aber »sehen« kann man das nicht. So kann ein introvertierter Mensch wie eine »Rampensau« wirken. Beobachtet man ihn über einen längeren Zeitraum, wird man vermutlich feststellen, dass er sich nach solchen Auftritten oft zurückzieht. Umgekehrt kann ein extravertierter Mensch auch mal sehr still wirken. Das alles erklärt, warum man Menschen schon sehr gut kennen muss, um ihre Big Five einzuschätzen. Ganz besonders schwierig wird das bei Menschen, die eine höhere Reifephase erreicht haben. Sie verfügen über viel mehr Möglichkeiten, sich zu verhalten, was es deutlich schwerer macht, sie auf solche Modelle festzulegen.

Warum Motive der Schlüssel zur Entwicklung sind

Die nächste Ebene, die wir uns anschauen wollen, ist die der Motive. Motive sind stabile – und nicht etwa spontane – Bedürfnisse von Menschen. Ein Beispiel wäre das Bedürfnis nach Anerkennung oder Macht. Motive sind für unser Thema, die Entwicklung von Menschen, höchst relevant.

Motive erklären unterschiedliches Verhalten und Emotionen viel besser als Eigenschaften. Wer das Bedürfnis nach Wettbewerb hat, wird leichter kämpfen und sich streiten. Wer dieses nicht hat, wird genau das eher vermeiden. Motive haben immer zwei Seiten, die man sich in einer unterschiedlichen Farbigkeit vorstellen kann. Nehmen wir an, Wettbewerb ist blau und Harmonie grün.

Motive sind mit Emotionen verzahnt. Für den Wettbewerbsmenschen fühlt es sich gut an, wenn er sich mit anderen messen kann. Er erlebt Freude. Für den Harmoniemenschen ist genau das unangenehm. Ihm macht das Angst. Und nun kommt die Entwicklung hinzu. Je reifer ein Mensch, desto mehr ist ihm dieser Zusammenhang bewusst und desto eher kann er ihn steuern. Deshalb sind Menschen in postkonventionellen Phasen oft sehr flexibel, aber selten extrem in ihrem Verhalten. Sie können sich auf verschiedene Seiten begeben. Sie haben einen Heimathafen, aber den können sie auch verlassen. Bei Menschen in frühen konventionellen Phasen ist das oft anders. Ein Mensch im Richtig-Modus mit einer starken Ausprägung in »Grün« oder »Blau« wird die jeweils andere Seite eher ablehnen, zumindest nicht selbst in Verhalten übersetzen können. Er wird also entweder die Harmonie beschwören oder den Wettbewerb loben.

Daraus ergibt sich, dass Motive den Schlüssel für entwicklungsbezogenes Coaching bieten. Leider interpretieren viele Coachs und Personaler Eigenschaften und Motive statisch. In meiner Ausbildung von Coachs mache ich manchmal einen Test: Ich lege den Teilnehmern die Testergebnisse einer Person mit vielen Ecken und Kanten vor, eine davon ist ein ausgeprägtes Wettbewerbsmotiv. Sie sollen sich ein Bild von diesem Menschen machen. Dieses Bild fällt bei den Teilnehmern oft sehr klischeehaft aus. Am Ende gibt es ein Erwachen und erhebliche Aha-Effekte. Denn diese Person bin ich. Die Überraschung ist deshalb so groß, weil ich eine zugewandte und so ganz und gar nicht aggressive Person bin. Ich möchte damit zwei Dinge deutlich machen. Erstens: wie sehr Testergebnisse täuschen können. Und zweitens: wie wichtig die Phase ist, in der sich ein Mensch befindet. Die Phase »moderiert« Eigenschaften und Motive. Das bedeutet, sie sagt etwas darüber aus, wie sich diese zeigen und worauf sie sich beziehen. Mein Motiv Wettbewerb fließt in dieses Buch mit ein. Ich will dieses Thema in die Coach-Szene bringen, obwohl es unglaublich schwierig ist, etwas Hochkomplexes verständlich darzustellen. Dieses Buch zu schreiben ist irgendwie auch ein Kampf – ein produktiver Kampf.

Die Forschung ist sich uneins, welche Motive es wirklich gibt. Einigermaßen klar ist nur, dass drei wesentliche Motive existieren: die Bedürfnisse nach Bindung, nach Macht und nach Anerkennung. Jeder Mensch hat diese Motive, sie sind lediglich unterschiedlich ausgeprägt. Zudem müssen immer deren zwei Pole gesehen werden, die beide ihre Berechtigung haben, so wie Yin und Yang. Bei den drei Grundmotiven ist es, wie folgt:

- Dem Motiv Bindung steht das Motiv Unabhängigkeit gegenüber.
- Dem Motiv Macht, im Sinne von Einflussnehmen und Steuerung, steht das Motiv Unterstützung/Dienstleistung gegenüber.
- Das Motiv Anerkennung hat auf der einen Seite Fremdanerkennung und auf der anderen Selbstanerkennung. Einige Menschen entwickeln ein Selbstbild durch Feedback von außen, andere sind schon von sich aus selbstsicher. Die einen entwickeln Leistung aus Angst vor Kritik und Fehlern, die anderen aus Freude an der Leistung im Vertrauen auf Erfolg.

Weitere Motive sind zum Beispiel der schon beschriebene Wettbewerb, den die Harmonie flankiert. Neugier ist ein weiteres, vor allem beruflich wichtiges Motiv. Auf der einen Seite steht praktische, auf der anderen Seite theoretische Neugier.

Wie die Ich-Entwicklung alles steuert

Zwei Personen können in den Big Five eine sehr ähnliche Ausprägung haben, aber dennoch sehr unterschiedlich sein. Das hat mit kognitiven Fähigkeiten, Bildung, Erfahrung und kulturellem Hintergrund zu tun – und mit ihrer Ich-Entwicklung. Möglicherweise haben zwei

Menschen beide das Motiv Wettbewerb. Der eine ist ein Krawallmacher, der andere ein produktiver Selbstverbesserungstyp. Ein Grund dafür ist in der Ich-Entwicklungs-Phase zu suchen.

Unsere Protagonistin Sabine ruft ihre Eigenschaften Zuverlässigkeit und Genauigkeit – sie entsprechen bei den Big Five der Gewissenhaftigkeit – anfangs vor allem ab, weil sie dazugehören und ihre Pflicht erfüllen will. Später interpretiert sie Zuverlässigkeit und Genauigkeit anders, kann auch mal »fünf gerade sein lassen«. Sie ist dabei aber nach wie vor angespannt, will es anderen immer noch recht machen – hier steuert sie das Motiv Fremdanerkennung. Sie will keine Fehler machen. Erst als ihr das eigene Muster bewusst wird, wird sie entspannter. Sie braucht immer noch Anerkennung, aber nicht mehr um jeden Preis. Eine Kundin von mir hat dieses Gefühl innerhalb weniger Monate transformiert und konnte das sehr gut beschreiben: Ohne Anerkennung fühlte sie sich leer, über jedes Gespräch dachte sie stundenlang nach. Das war eine Abhängigkeit, die sie zunehmend wahrnahm und als hemmend empfand. Sie konnte auch nicht mit Auftraggebern am Telefon verhandeln, weil sie immer dachte, sie mache etwas falsch. Dann hatte sie einen symbolischen Traum, in dem sie ein Band zwischen sich und den anderen zerschnitt. Wir arbeiteten auch an ihren anderen Themen, entdeckten Glaubenssätze aus der Kindheit und veränderten sie »erwachsenengerecht«. Aber erst als wir über die Veränderung dieses Motivs sprachen, machte es so richtig klick. Von einem Tag auf den anderen war die Angst beim Telefonieren weg und sie erlebte eine regelrechte Befreiung. Sie sucht immer noch nach Anerkennung, aber der Charakter des Motivs hat sich sehr verändert. Man könnte sagen, das Motiv Anerkennung durch andere ist nun flexibler mit der Umwelt verzahnt und facettenreicher geworden. Meine Kundin hatte durch die Beschäftigung mit ihren Motiven einen Sprung ins postkonventionelle Handeln gemacht. Das war Entwicklung – unterstützt durch die Arbeit mit Motiven. Und es war wichtig gewesen. Sie hatte unter sich selbst gelitten.

Peters Testergebnis zeigte dagegen eine sehr hohe Selbstanerkennung, er stand also am anderen Pol und war ausgesprochen selbstbewusst. Immer eckte er bei Kollegen und Chefs an. Er war überzeugt, dass seine direkte Art ehrlich und authentisch sei. Er hielt eben nicht hinter dem Berg, nannte die Dinge beim Namen ... Erst Kündigung und Arbeitslosigkeit ließen ihn zweifeln. Da waren sehr viel negative Dynamik und unglaublicher Frust bei wenig Selbstreflexion. Hier war Entwicklung notwendig, jedoch würde diese umfangreicher sein, da bei Peter viel im Argen lag.

Ich empfahl deshalb eine Therapie. Therapien unterstützen und fördern die Ich-Entwicklung mittels intensiver Beschäftigung mit sich selbst. Heute ist Peter immer noch ein Mensch, der klar ausspricht, was er wahrnimmt, aber er tut dies auf eine viel empathischere Art und ohne Absolutheitsanspruch. Sein Schema hat sich geändert: Er sieht die anderen nicht mehr durch seine eigene Brille, sondern kann sich in sie hineinversetzen. So sieht er Grautöne. Dass er dadurch respektvoller mit anderen Menschen umgeht, ist eine automatische Folge. Nach einiger Zeit kam Peter wieder, nun wollte er sich selbst und seine Bedürfnisse ergründen, um seine berufliche Situation zu verstehen. Er wollte innerlich wachsen.

Ich möchte nochmals auf das Bild mit dem Gefäß zurückkommen: Es wird immer voller und irgendwann kann es nichts mehr aufnehmen. Es muss seine Form ändern, damit es nicht platzt beziehungsweise überläuft. Auslöser für Entwicklung sind oft Lebenssituationen, in denen man an eigene Grenzen stößt. Dann gilt es diese einzureißen und neue zu setzen. Das bedeutet auch eine langsame Veränderung des Gehirns, die nicht von heute auf morgen stattfindet.

Denn es ist keineswegs so, dass wir einfach in unserem Kopf nach etwas suchen müssen, was schon da ist – wir müssen vieles erst neu verbinden und verstärken. Dass Menschen nur zehn Prozent ihres Gehirns nutzen, worauf sich viele bekannte Coachs und auch der Erfinder des provokativen Coaching Frank Farrelly berufen, ist ein Mythos, der unter anderem vom Hirnforscher Gregory Hickok identifiziert wurde.* Entsprechend lässt sich auch nicht einfach behaupten, dass jeder sein Potenzial zu großen Teilen ungenutzt lässt. Wahr ist, dass durch gezieltes Training immer wieder neue Verbindungen und auch neue Zellen im Gehirn entstehen. Aber dieses Vermögen ist nicht einfach da und kann per Klick abgerufen werden. Mindestens sechs Wochen dauert es, bis sich eine Entwicklung im Gehirn abbildet, bis sich etwas Neues festgesetzt hat.

Das Coaching-Verständnis, vor allem in der Variante A, geht aber davon aus, dass alles schon da ist. Dass wir es mit reifen Menschen zu tun haben, mit jeweils voll ausgebildeter, eigener Identität. Diese idealen Menschen haben nicht nur alle Zellen und Verbindungen, sondern auch die notwendigen Denk-Schemata, die es ihnen ermöglichen, Probleme selbst zu lösen. Doch so ist es nicht.

Warum unser Umfeld für Entwicklung so wichtig ist

Eine der wichtigsten Einflussgrößen auf Entwicklung sind Veränderungen der aktuellen Lebenssituation. Sie sorgen für neue Impulse und Emotionen und das verändert oft wirklich etwas im Kopf – erheblich mehr als Coaching. Deshalb schicke ich manche Klienten zum Salsa-Tanzen oder auch ins Krankenhaus – Hauptsache raus aus der aktuellen Situation, die sie oftmals gefangen hält. »Was sind meine Stärken?« Dies kann jemand nur erkennen, wenn er sich vergleicht. Dafür muss er hinaus. »Wie bin ich, wie sind die anderen?« Das erkennt nur, wer möglichst viel Unterschiedliches sieht. Menschen werden durch ihr Umfeld definiert und geformt. Das Umfeld begrenzt aber auch. Es sagt uns in erster Linie dauernd, was alles *nicht* möglich ist.

Berater wie ich sehen oft sehr viele unterschiedliche Dinge und Menschen, weshalb unsere Vergleichsgruppe ungewöhnlich groß ist.

* http://www.zeit.de/1997/40/stimmt40.txt.19970926.xml

Das erweitert mit den Jahren den Radius des Denkens. Deshalb halten wir oft mehr für möglich als andere. Je mehr *Unterschiedliches* man gesehen und erfahren hat, desto weniger kann man eigentlich in frühen Phasen wie der Richtig-Phase stecken bleiben. Dabei habe ich »Unterschiedliches« betont. Für Coachs und Berater, die jahrelang das Gleiche machen, zum Beispiel immer die gleichen Tests anwenden und mit immer der gleichen Zielgruppe und den gleichen Methoden arbeiten, gilt das weniger. Da ist es wieder, das Umfeld. Auch für Coachs ist es wichtig, dieses öfter zu wechseln. Jedenfalls gilt das für diejenigen, die sich für ein Coaching-Verständnis C interessieren.

Das Umfeld ist unser Rahmen. Wir brauchen andere Menschen, um uns selbst zu verorten. Und wir brauchen andere, um Selbstwert zu entwickeln. Als Studentin habe ich einmal in einer Hotelküche ausgeholfen. Ich war unglaublich viel schlechter als die anderen. Hätte ich diesen Job länger gemacht, wäre mein Selbstbewusstsein ins Bodenlose gesunken. Menschen entwickeln sich besser in Umfeldern, in denen sie im Vergleich zu anderen punkten können. Das nennt sich übrigens »Fischteicheffekt«. Dieser besagt, dass es besser ist, ein großer Fisch in einem kleinen Teich als ein kleiner Fisch in einem großen Teich zu sein. Nehmen wir ein Beispiel: Ein mathebegabtes Mädchen, das in seiner Klasse immer ein »großer Fisch« war, kommt in eine Hochbegabtenklasse. Nun ist es ein »kleiner Fisch«. Seine Leistungen nehmen stärker ab, als dies aufgrund der vorherigen Leistung logisch wäre. So ist es in allen Lebensbereichen. Man entfaltet sich besser, wenn man in seinem Fischteich »groß« sein kann. Andererseits gibt es auch Fälle, in denen das die Entwicklung hemmt – weil es zu wenig Herausforderung gibt.

Viele scheuen die Herausforderung eines neuen Teichs und bleiben lieber, wie und wo sie sind. Genau das stoppt aber ihre Entwicklung. Oft treibt einen erst eine Krise in einen anderen Teich – und somit manchmal auch zu neuem Glück. Deshalb ist es nicht verwunderlich, dass Krisen Menschen in der Regel stark machen und auch verändern. Krisen pushen die Ich-Entwicklung, denn sie sorgen für veränderte Rahmen.

Wie kommt es aber, dass einige Menschen eine viel stärkere Entwicklung durchmachen als andere, und das ohne schlimme Krisen? Ich habe über die vielen Jahre und Jahrzehnte meiner Beratungstätigkeit immer wieder festgestellt, dass reife Menschen, wenn sie keinen großen Krisen ausgesetzt waren, doch viel Unterschiedliches erlebt und gesehen haben. Sie mussten sich immer wieder selbst reflektieren oder wollten dies tun. Einige von ihnen haben Therapien gemacht, andere mehrfach den Job gewechselt, wieder andere waren auf der ganzen Welt unterwegs.

Der Gegenschluss ist erlaubt: Je weniger Wechsel im Leben, je homogener die Begegnungen, desto weniger Entwicklung machen Menschen durch. Allerdings gibt es in beide Richtungen Ausnahmen. Menschen, die viel lesen, tiefe Dialoge führen und intensiv nachdenken, können auch ohne Weltenbummelei eine hohe Reife entwickeln. Sie entwickeln neue Gedanken aus der Beschäftigung mit unterschiedlichen Themen. Ebenso kommt es vor, dass Menschen, die viel erlebt haben, innerlich stagnieren.

Weshalb die Zeit reif sein muss …

Doch wie sähe eine Gesellschaft aus, in der alle Menschen in diesem Sinn »weit entwickelt wären«? Schauen wir uns die Arbeitswelt an, so kann diese in der jetzigen Form nur deshalb aufrechterhalten werden, weil sich viele Menschen im Wir- oder Richtig-Modus stark anpassen. Die Wirtschaft funktioniert, weil sie Menschen Jobs gibt, die über eben diese Anpassung ihre Identität finden.

Personen in postkonventionellen Phasen neigen dazu, all das infrage zu stellen. Diese Menschen spüren, dass sie vom Denken her nicht mehr in ihr altes Umfeld passen. Wenn dies ein nennenswerter Prozentsatz wäre, würde er unser gesellschaftliches System nachhaltig beeinflussen. Einerseits ist das erschreckend. Andererseits könnte es auch sehr spannend sein zu sehen, was dann geschähe. Es entstünde eine sehr dialogfähige, selbstdenkende Gesellschaft, die weniger anfällig für Rattenfänger und einseitige politische Botschaften wäre. Hier komme ich nochmals auf den Begriff des selbstaktualisierenden Menschen von Abraham Maslow und Carl Rogers zurück. Maslow hat diesen Aspekt schon früh gesehen. Für ihn war es ein Ziel, Menschen zu selbstaktualisierenden Persönlichkeiten zu erziehen, nicht zuletzt deshalb, weil das der Gesellschaft insgesamt zuträglich wäre. Solche Menschen werden kaum kriminell. Sie sind nicht anfällig für Korruption und schweigen auch nicht bei Ungerechtigkeit. In der Politik werden sie für Dialog sorgen. Auf der gesamtgesellschaftlichen Ebene spricht also vieles für Entwicklung.

Und auf der persönlichen Ebene? Ebenso! Menschen sind gesünder, die Schwere eventueller psychischer Erkrankungen lässt nach. Reifere Menschen sind glücklicher. Sie sind auch wirksamere Führungskräfte. Und als Berater bringen sie andere besser voran.

Andererseits gilt aber auch: Entwicklung sollte nur dann angestoßen werden, wenn jemand tatsächlich an seine Grenzen gelangt. Entwicklung bedeutet Veränderung und bringt zeitweise Verwirrung mit sich. Kennen Sie den Film *Matrix* mit Keanu Reeves? Der Protagonist Neo, ein Hacker, hat die Wahl, eine Pille zu schlucken, die ihm die Augen öffnet und die Realität zeigt, wie sie ist. Er nimmt sie. Plötzlich erkennt er, wie gefangen die Menschen sind. Wenn sich Augen öffnen, hat das Folgen: Man stellt seine Ehe in Frage, seine bisherigen Entscheidungen, sein ganzes Leben … Es ist nicht Aufgabe eines Coachs, die »Matrix« der weiteren Ich-Entwicklung zu zeigen – auch wenn er sie kennt. Seine Aufgabe ist es zu spüren, wenn die Grenzen erreicht sind.

Jemand, der nach Zugehörigkeit strebt und diese erlebt, fühlt sich geborgen. Für ihn entsteht erst dann ein Problem, wenn er die Begrenzungen seiner Ich-Entwicklungsphase erlebt. Wenn ein Unternehmer sein Unternehmen an die Wand fährt, weil er zu sehr auf Effizienz und zu wenig auf Effektivität schaut – was typisch für einen Richtig-Menschen wäre –, ist Entwicklung wichtig. Wenn die eigenen hohen Maßstäbe nicht erfüllt werden können und zum Burnout führen – ein Merkmal des Effektiv-Modus –, kann Weiterentwicklung eine Lösung sein.

Stellen Sie sich jede Phase wie eine warme, schützende Hülle vor. Sie vermittelt Sicherheit und ein Zuhause. Es gibt unendlich viel Potenzial im Lernen. Entwicklung ist kein Selbstzweck. Erst wenn die Hülle ihre Schutzfunktion verliert, wenn sie kalt und ungemütlich wird, entsteht Entwicklungsdruck.

Die Phasen der Ich-Entwicklung

Sind Sie schon neugierig zu erfahren, wie sich die beschriebenen Unterschiede bei den Klienten oder im Alltag konkret abbilden? Wie denken Menschen in einer bestimmten Phase, was leitet ihr Handeln? Es unterscheidet sich sehr wahrscheinlich von Ihrem Denken und Handeln … Wo finden Sie sich selbst wieder?

Die Ego-Phase

Auf diese Phase möchte ich hier nur kurz eingehen, da sie vergleichsweise selten vorkommt. Die Ego-Phase ist durch die eigenen Impulse geprägt. Man ist sexuell erregt und geht diesem Bedürfnis nach (um nicht im Gefängnis zu landen, zügelt man sich und wartet den richtigen Moment ab). Man hat Hunger und nimmt sich etwas zu essen. Man will – man handelt. Menschen in der Ego-Phase machen das, was sie für richtig halten, gehen ihren Impulsen nach. Sie glauben auch, dass jeder sich selbst der Nächste sei. Falls Sie einen 15- oder 16-Jährigen fragen, was er dazu meint – ob sich jeder selbst der Nächste sei, ob es um den eigenen Vorteil gehe – lautet die Antwort, wenn sie ehrlich ist, wahrscheinlich: »Ja«. Das ist in dem Alter normal.

Diese Phase sollte aber in der Pubertät abgeschlossen sein. Dennoch gibt es rund fünf Prozent Menschen, die dauerhaft in ihr verbleiben. Oft sind sie sehr erfolgreich, denn die mit der Impuls-Orientierung einhergehende Rücksichtslosigkeit prädestiniert dafür, sich durchzusetzen. Die Wissenschaftler Torbert und Rooke nennen in einem ihrer Artikel Larry Ellison, den Gründer des US-amerikanischen Unternehmens Oracle, als Beispiel für einen Menschen in dieser Phase. Sie bezeichnen Menschen mit dieser Denk- und Handlungslogik als »Opportunisten«. Auch der amerikanische Präsident Donald Trump zeigt ein Verhalten, das eine starke Impulsorientierung nahelegt.

Der Mensch in der Ego-Phase

Der Mensch in der Ego-Phase geht seinen Impulsen nach. Er kann ausgesprochen intelligent und sogar hochgebildet sein. Wenn er seine Impulse zügelt, dann nur, weil er auf diese Weise mehr erreicht, nicht aber, weil er von Regeln und Normen überzeugt ist. Ihn zu coachen ist nahezu unmöglich. Man muss ihn beeinflussen, ihm zuflüstern – nachdem man sein Vertrauen gewonnen hat. Wollen Sie ihn führen, hilft nur eine engmaschige Kontrolle. Wollen Sie ihn entwickeln, lassen Sie ihn die Grenzen seines Handelns hautnah erleben. Fragen stellen, empathisch zuhören – all das nützt wenig.

Die Wir-Phase

Sabines Wir-Phase war im Grunde ein Produkt der staatlichen Turnerförderung und ihrer Familie. Zwischen ihr selbst und den anderen bestanden keine Grenzen. Ein Mensch im Wir-Modus könnte sagen: »Ich bin (wie) die anderen.« Er richtet sich an den anderen aus. Das kann auch zu einem »Wir sind besser«-Denken führen. Es gibt eine In-Group, zu der man gehört. Und eine Out-Group, die so etwas wie der Widersacher ist. Der Dualismus von Gut und Böse ist real.

Deshalb können auch Anhänger von Parteien, politischen Bewegungen oder Fußballvereinen im Wir-Modus sein, obwohl sie gegensätzlichen Richtungen angehören. Man richtet sich an den Regeln der auserwählten Gruppe aus, betrachtet seine eigene In-Gruppe als maßgeblich und die anderen als feindlich. Hooligans, Rockergruppen und Kriminelle zeigen negative Ausprägungen des Wir-Modus. Das heißt nicht, dass Parteimitglieder oder Fußballfans immer im Wir-Modus sind. Um Himmels willen, nein! Es gibt auch ein Phänomen, das sich temporäre Regression nennt. Dann »schrumpfen« Menschen in eine frühere Phase zurück. Bei den meist männlichen Fußballfans passiert das mitunter am Wochenende. Und das ist völlig in Ordnung, solange die positive Energie trägt.

Zu bedenken ist auch, dass Gruppen die Regeln der Persönlichkeitspsychologie außer Kraft setzen. Zumindest zeitweise. Ein Fußballfan kann also im Stadium grölend und biertrinkend gegen die andere Mannschaft pöbeln und damit voll im Wir-Zustand sein – während er im richtigen Leben ein zielstrebiger Mensch in der Effektiv-Phase ist. Der Unterschied wird sich im Verhalten zeigen. Der wir-bestimmte Fußballfan lebt sein Leben auch außerhalb des Stadiums in der Überzeugung, auf der richtigen Seite zu sein. Der Effektiv-Mensch weiß: Was da im Stadium passiert, ist nur ein Spiel.

Die eigene Gruppe kann gesellschaftlich beziehungsweise ökonomisch angepasst sein oder auch nicht. Die Hippies des Flowerpower-Zeitalters waren ebenso in gemeinschaftsbestimmtem Sinne unterwegs wie Punks oder auch Gruftis. Die Mitglieder eines Orchesters können gemeinschaftsbestimmt geprägt sein ebenso wie Rockerbands und natürlich auch die Mafia. Ein Bekannter, der Volleyballtrainer ist, berichtet, dass die wesentliche Motivation seiner Spieler und Spielerinnen das Dazugehören sei. Diese Menschen sind gut für die anderen, die Gemeinschaft. Eigeninteressen ordnen sie im Zweifelsfall unter. Der Wir-Modus ist hier sehr wichtig. Aber selbst Startups, die auf intrinsische Motivation setzen, ziehen Menschen in der Wir-Phase an.

Als Studentin war ich politisch interessiert und hatte ein linkes bis linksliberales Selbstverständnis. Mich interessierten die unterschiedlichen Beweggründe, aus denen sich Menschen auf die eine oder andere Seite stellen. Deshalb war ich Gast auf linken und rechten Veranstaltungen, besuchte Partys schlagender Burschenschaften genauso wie Veranstaltungen der SDAJ, der sozialistischen Arbeiterjugend. Mich wunderte damals sehr, dass ein Bekannter, der eine führende Stellung bei den Sozialisten gehabt hatte, von heute auf morgen zu einer rechtspopulistischen Partei wechselte, als wären Inhalte völlig sekundär. Für mich ging es damals um Inhalte. Er behauptete, ihm gehe es auch darum – aber bei Licht betrachtet, war das nicht handlungsleitend. Die innere Logik, die seine Handlungen steuerte, war das für den Wir-Modus typische Motiv »Teil von etwas sein«.

Die Theorie der Ich-Entwicklung liefert die Begründung für dieses Phänomen: Es geht um die Struktur, nicht um den Inhalt. Blickt man auf die Struktur, so steht die Gemeinschaft als identitätsstiftendes Element im Vordergrund. Persönliche Eigenschaften kommen dabei der Stufe entsprechend zum Tragen. Mein Bekannter war ein »Alpha«, ein echter Machtmensch, und sehr dominant. Er war extrovertiert und redete viel und laut. Sein Streben war trotzdem das nach Zugehörigkeit. Innerhalb seiner Gruppe würde er immer wieder nach Machtpositionen streben. Von anderen wird so etwas gern als berechnendes Verhalten gedeutet. Wir denken, bewusste Prozesse würden das steuern. Wir interpretieren das als »nicht echt«. Jemand, der wie mein Bekannter heute hü und morgen hott sagt, wird oftmals als unglaubwürdig angesehen. Doch in seiner Welt ist er das nicht. Da ist das Bild absolut konsistent.

Der Mensch in der Wir-Phase

Der Mensch in der Wir-Phase wird von den Normen der Gemeinschaft bestimmt. Er möchte dazugehören, Teil von etwas sein. Ob Kammerorchester oder Mafia: Er wird sich an diesem Streben ausrichten. Erfolg ist für ihn, »es« geschafft zu haben. Er kann von einer In-Gruppe zur anderen wechseln, aber bleibt der gleiche Mensch. Ist er der Wir-Phase tief verhaftet, wird er an den Regeln nicht grundlegend zweifeln, sondern diese akzeptieren. Erst am Übergang in die nächste Stufe, kommt möglicherweise Zweifel auf, meist dann, wenn der Mensch im Wir-Modus die Normen seiner In-Gruppe nicht mehr erfüllt oder erfüllen kann. Dann wechselt er entweder seine In-Gruppe oder entwickelt sich weiter in die Richtig-Phase. Auch Konflikte in einer Partnerschaft können diese Entwicklung auslösen, vor allem wenn der eine Partner in seiner Ich-Entwicklung weiter ist und anderes Denken einfordert. Menschen im Wir-Modus zu coachen ist schwierig, da sie kaum einen Bezug zu sich selbst haben. Der innere Kern ist verschüttet und es gibt kaum Grenzen gegenüber anderen. Sinnvoll ist es, die Selbstreflexion zu fördern. Im Zweifelsfall sollte der Coachee lieber eine Therapie als ein Business Coaching absolvieren! Oder er wechselt das Umfeld, geht auf Reisen und erlebt Neues.

Die Richtig-Phase

Sabine änderte sich, als sie ihren Sport und damit den wichtigsten Bezugspunkt ihres Lebens verlor. Sie musste sich in dieser Situation neu definieren und dachte zum ersten Mal darüber nach, was sie *selbst* eigentlich konnte und wollte. Das Bedürfnis nach etwas »Eigenem« war geweckt. Der maßgebliche Grund, weshalb jemand die Wir-Phase verlässt, liegt darin, dass er nicht (mehr) den Idealen seiner Gruppe entspricht. Wenn Menschen nicht an die Normen und Standards ihrer In-Gruppe heranreichen, suchen sie sich entweder eine andere Zugehörigkeit – oder entwickeln sich in die nächste Phase. Dies geschieht vor allem dann, wenn ihr Bewusstsein für Individualität gestärkt oder geweckt wurde, im Sinne von Überlegungen wie: »Ich bin doch wer, auch ohne die«.

Die zweite Station von Sabines Reise beschreibt, wie sie einen Heimathafen anstrebt, der zu ihr passt. Sie fragt sich nun, was sie kann und interessiert. Die Beschäftigung mit eigenen Präferenzen und Interessen ist ein wesentliches Erkennungszeichen dieser Stufe. Stärken können auch vorher schon eine Rolle gespielt haben, jedoch eher im Sinne der Frage, welche Stärken man »zu haben« hat, die für die Gruppe sinnvoll sind. Das turnerische Können hatte Sabine ja noch der Gruppe »gespendet«.

Menschen im Richtig-Modus stellen mit 38 Prozent einen bedeutenden Anteil der westlichen Bevölkerung. Es sind nicht unbedingt sachliche Denker-Typen, sondern vor allem Menschen, die bestimmte Vorstellungen von sich im Unterschied zu anderen haben oder danach streben, sie zu haben. Diese Vorstellungen beziehen sich möglicherweise auf Unterschiede in der Art und Weise der Beziehungsgestaltung oder des Mensch-Seins. Ein Mensch im Richtig-Modus kann sich mit »Ich bin hochsensibel« genauso abgrenzen wie mit »Ich bin eben sachlich«. Auch hier sind Inhalte nicht ausschlaggebend!

In der Richtig-Phase geht es darum, Grenzen um sich zu ziehen. Deshalb ist man zunehmend in der Lage, Menschen mit anderen Stärken zu tolerieren. Der eine kann gut organisieren, der andere besser Fehler in Excel-Tabellen finden. In dieser Phase treten Gedanken auf wie »Ich bin introvertiert – und dann gibt es auch noch die Extrovertierten.« Oder: »Ich bin so, also anders als …« Unterschiede werden erkannt, aber noch als feste Pole wahrgenommen, das heißt nicht als ein dynamisches und von Situationen abhängiges »Sowohl-als-auch«.

Ich erinnere mich an eine Professorin, die deutlich im Richtig-Modus agierte. Sie bewertete Dinge kategorisch als gut oder schlecht, akzeptabel oder inakzeptabel. Im Unterschied zu Menschen im Wir-Modus erkennen Menschen im Richtig-Modus aber unterschiedliche Sichtweisen an und akzeptieren diese auch bis zu einem gewissen Grad – vor allem wenn die Sichtweise des anderen durch Kompetenz untermauert ist. Aber wehe, es geht um fundamentale Unterschiede! Im Studium hatte ich gegenüber der Professorin grundlegende Methoden infrage gestellt. Sie konnte meine Gedanken schlichtweg nicht nachvollziehen – obwohl sie vermutlich genauso viele IQ-Punkte hatte wie ich, wenn nicht mehr. Aber es geht nicht um Intelligenz: Die Ich-Entwicklung ist neben den Big Five, dem IQ und den Motiven eine weitere Schicht, die aussagt, auf welche Weise man seine Persönlichkeit – und dazu gehören auch die kognitiven Fähigkeiten – nutzt.

Menschen in der Richtig-Phase denken auch über sich selbst nach, nicht nur über Verhalten. Die Normen der Gruppe spielen eine geringere Rolle, vielmehr fühlt man sich Teilgruppen zugehörig, die für bestimmte Themen stehen. Während sich der Mensch im Wir-Modus meist nicht wirklich für die Frage »Warum tut jemand das?« interessiert, kann diese im Richtig-Modus zum Teil der Betrachtung werden. Warum ist jemand gerade wütend? Was führt zu dieser Wut? Habe ich auch Einfluss darauf? Vorher gab es vor allem Verhalten: »Er/sie brüllt herum.« Das ändert sich nun durch eine situative und motivationale Komponente: »Er/sie ist cholerisch und reagiert oft gereizt, wenn Mitarbeiter zu viel nachfragen.«

In der Richtig-Phase ist Kompetenz wichtig. Als Sabine sich mit sich selbst und ihren beruflichen Möglichkeiten jenseits des Sports beschäftigte, besuchte sie einen Studienberater, der ihr Sicherheit für die Jobwahl gab. Sie vertraute dem Berater und seiner Empfehlung. Dass jemand etwas argumentativ und durch Wissen untermauert begründen konnte, half ihr bei der eigenen Entscheidung.

Menschen in der Richtig-Phase leisten oft viel. Leistungsstreben ist ein Motiv, ein Bedürfnis, das sich mit Ich-Entwicklung verbinden kann, aber nicht muss. Jeder Mensch will Leistung erbringen, doch geschieht dies auf unterschiedliche Art und Weise. Deshalb sind nicht alle Menschen in dieser Phase leistungsorientiert im Sinne von ehrgeizig. Eine Hausfrau, die sich um die Kindererziehung kümmert und dies pflichtbewusst, aber ohne berufliche Ambitionen tut, befindet sich in derselben Phase wie ein freizeitorientierter Sachbearbeiter oder auch ein »überzeugter« Leistungsverweigerer. Im Richtig-Modus können Menschen – wie alle anderen – optimistisch und pessimistisch sein. Sie können hochdekoriert sein oder wenig geschafft haben. Doch so unterschiedlich sie sind, Informationen verarbeiten sie auf die gleiche Art und Weise – indem sie sich auf etwas berufen, das für sie richtig zu sein scheint.

Sabine arbeitete zwei Jahrzehnte mit Freude und Begeisterung in ihrem Job. In dieser Zeit wurde sie eine anerkannte Expertin auf ihrem Gebiet und baute viele wertvolle Kundenbeziehungen auf. Mit den Mitarbeitern kam sie gut klar, diese schätzten ihre umfangreichen Produktkenntnisse sehr. Es hätte ewig so weitergehen können, wenn … ja, wenn sie nicht an Grenzen gekommen wäre. Dies ist wiederum typisch: Die Richtig-Phase ist sehr stabil und robust. Viele Menschen bleiben ihr gesamtes Leben darin. Und es geht ihnen sehr gut damit, solange sie nicht an Grenzen stoßen – oder gestoßen werden.

Der Mensch in der Richtig-Phase

Für den Menschen in der Richtig-Phase ist kennzeichnend, dass er sich über Unterschiede zu anderen definiert. Es ist ihm wichtig, etwas erreicht zu haben. Erfolg ist für ihn, wenn er dank eigener Kraft und eigener Stärken etwas geschafft hat. Der Richtig-Mensch hat ein klares und festes Weltbild. Andere Meinungen akzeptiert er schwer, es sei denn, diese stammen aus anderen Fachgebieten, die auch »richtig« sind. Es gibt ein klares »richtig« und »falsch«. Die Richtig-Phase ist sehr stabil. Manchmal hält sie ein Leben lang.

Für einen Menschen in dieser Phase besteht oft wenig Grund für Veränderung. Es sei denn, es passiert etwas in seinem Umfeld, das es notwendig macht, seine Logik des Denkens zu ändern. Möglicherweise ist das beruflich motiviert oder auch privat. Wenn ein Partner »weiter« ist und anderes Denken fordert, kann dies ebenso ein Entwicklungsimpuls sein wie die Erkenntnis, dass die bisherigen Ansätze zur Lösung beruflicher Herausforderungen nicht mehr reichen. Menschen im Richtig-Modus brauchen oft weniger Coaching als vielmehr Hilfe beim Selbstmanagement – und manchmal die harte Konfrontation mit den Grenzen ihres Denkens. Wenn sie sich entwickeln und nicht mehr nur lernen wollen, müssen sie angeleitet werden, sich nicht so stark auf etwas zu berufen, das ihnen Sicherheit gibt (sei es Theorie, ein Fachgebiet oder eine persönliche Überzeugung). Sie kommen weiter, wenn sie eigene Bedürfnisse wahrnehmen und die Bedürfnisse anderer erkunden.

Die Effektiv-Phase

In den 2010er-Jahren wurden die Bedingungen in Sabines Branche härter, die Vorgesetzten bekamen Druck von Managern, die auf internationaler Ebene agierten. Gute Kundenberatung spielte plötzlich keine zentrale Rolle mehr, der Sparzwang verlangte von Sabine Dinge, hinter denen sie nicht stand. So sollte sie Kunden ihrem Verständnis nach »über den Tisch ziehen« oder Mitarbeiter dazu bringen, mit allen erdenklichen Tricks mehr Umsatz zu generieren. Sie arbeitete fleißig, zuverlässig und wollte allem gerecht werden. Eines Tages aber brach sie zusammen und wurde von ihrem Arzt in eine Burnout-Klinik überwiesen. Anschließend begann für sie ein langer Prozess, in dem sie sich intensiv mit sich selbst, mit Familienkonstellationen und eigenen Lebenszielen auseinandersetzte. Dazu gehörte es auch, nach eigenen Werten zu fahnden – und schädliche Glaubenssätze aufzulösen. Eigentlich hatte sie immer gedacht, sie wüsste, was sie wollte. Jetzt zweifelte sie. Was war eigentlich das, was ihr tatsächlich entsprach? Und was ging im Grunde noch auf den Einfluss der Eltern oder auf andere frühe Prägungen zurück?

Sabine war, unterstützt durch therapeutische Arbeit, in die Effektiv-Phase gewachsen. In dieser Phase bestimmen eigene Wertvorstellungen das Handeln. Diese Wertvorstellungen bewegen sich in einem weit gespannten Rahmen dessen, was gesellschaftlich akzeptiert ist. Jemand, der sich für nachhaltige Ziele in einem neu gegründeten Verein einsetzt, kann genauso in der Effektiv-Phase sein wie ein Mensch, der in einem Konzern Karriere macht oder ein Unternehmen gründet. Wichtig ist der innere Ruf, dem diese Menschen folgen, egal wohin. Nicht immer handeln Menschen in der Effektiv-Phase im Sinne dieser »Ruferfüllung« auch tatsächlich effektiv. Sie wollen es aber, es treibt sie an.

Bei Effektiv-Menschen rücken eigene Werte und damit auch persönliche (und nicht mehr nur fachliche) Ziele in den Vordergrund. Es entstehen Maßstäbe, deren Erfüllung wichtig ist. Anders als vorher geht es nicht mehr darum, die Dinge richtig zu machen, sondern auch die richtigen Dinge zu tun. Die richtigen Dinge sind in dieser Phase jene, die den eigenen Wertemaßstab abbilden.

Effektiv bedeutet, dass die aufgewendete Arbeit eine möglichst große Wirkung haben soll. Das ist etwas anderes als die Effizienz im Richtig-Modus, bei der das die-Dinge-korrekt-Machen im Mittelpunkt steht.

Kennzeichen von Effektiv-Menschen sind also eigene Wertvorstellungen, die weitestgehend unabhängig von anderen sind. Spezifisch ist weiterhin ein großes Verantwortungsbewusstsein für andere, das sogar exzessiv werden kann. Die Themen, auf die der Effektiv-Mensch sich fokussiert, sind mannigfaltig – in der Regel aber noch im gesellschaftlichen Kontext abgebildet. So wird jemand, der nachhaltig-ökologische Ziele verfolgt und diese in seinem Unternehmen nicht realisiert sieht, eher bereit sein zu kündigen, um seine Werte und Ziele allein oder mit einem Team Gleichgesinnter woanders zu verwirklichen. Für Effektiv-Menschen stehen auch langfristige Ziele im Raum. Haben Effektiv-Menschen alles erreicht, fragen sie sich oft, was noch für sie drin ist. Sie streben nach Selbstverwirklichung, meist aber ohne ihr Denken grundlegend zu ändern. Vielleicht waren sie vorher im Marketing erfolgreich und erkennen jetzt, dass sie keine Kunden mehr beeinflussen wollen; sie möchten vielmehr etwas Sinnvolles machen. Das ist auch die Phase, in der für viele die Tätigkeit als Coach interessant wird. Die Bereitschaft zu größeren Veränderungen steigt.

Natürlich könnte auch jemand in der Richtig-Phase seinen Job kündigen, würde dies aber eher aus anderen Beweggründen tun, beispielsweise weil er eigene Stärken nicht ausleben kann oder einer inhaltlichen Auslegung nicht folgen will. Auf jeder Stufe können Menschen im Beruf erfolgreich sein. Effektiv-Menschen sind aufgrund ihrer eigenen Vorstellungen und einer relativen inneren Unabhängigkeit oft gute Führungskräfte und Unternehmer.

Der Mensch in der Effektiv-Phase

Der Mensch in der Effektiv-Phase möchte Ziele erreichen, die seinen Wertvorstellungen entsprechen. Es geht ihm darum, die richtigen Dinge zu tun, nicht (nur) darum, Dinge richtig zu machen. Oft fühlt er sich sehr für andere verantwortlich, etwa für Mitarbeiter oder die eigene Familie, auch für die Gesellschaft oder Interessengruppen. Er setzt sich gewöhnlich langfristigere und anspruchsvollere Ziele als im Richtig-Modus und kann diese auch alleine erreichen. Es gelingt ihm eher, den eigenen Entwicklungsprozess zu steuern, ohne sich in Details zu verlieren. Er kann andere, konträre Meinungen integrieren. Dabei wird es aber sein Bestreben sein, diese in sein Schema einzuordnen – und nicht das Schema zu ändern.

Auch diese Phase ist stabil. Laut wissenschaftlicher Studien leben 30 Prozent der Menschen in dieser Phase. Es besteht oft wenig Grund, sich darüber hinaus zu entwickeln. Es sei denn, der Partner verlangt es oder der Job lässt sich mit dieser Denk- und Handlungslogik nicht mehr gut genug ausüben. Das kann beispielsweise bei Führungskräften der Fall sein, die Veränderungen vorantreiben müssen. Oder bei Coachs und Therapeuten, aber auch bei anderen »Menschenarbeitern«, die mit diesem Denken irgendwann an Grenzen kommen. Denn das Festhalten an eigenen Maßstäben macht auch unflexibel. Mitunter engt es die Sicht auf Neues und auf Veränderungen ein. Menschen im Effektiv-Modus sind die idealen Kunden eines Coachings im Verständnis A. Sie haben einen inneren Kern und wissen, was sie wollen – wenn auch ihr Blick auf ihre Ziele zeitweise verstellt ist.

Die Flexibel-Phase

Jetzt betreten wir den postkonventionellen Bereich. Nur wenige Menschen entwickeln sich hierhin. In dieser Phase löst sich ein an gesellschaftlichen Konventionen orientiertes Denken auf. Der Begriff Konvention sollte dabei nicht mit »angepasst« gleichgesetzt werden. Menschen können sich in jeder Phase unkonventionell im Sinn von unangepasst verhalten. In der Flexibel-Phase entwickeln sie aber ein Denken, das vieles infrage stellt, was vorher Sicherheit und Orientierung gegeben hat. Somit verlieren sie auch die frühere Eindeutigkeit, was zu einer Desorientierung führen kann. Einige fragen sich: Wenn es viele Wahrheiten gibt, welche ist dann meine? Spezifisch ist aber, dass sie nicht nur tolerieren, dass es verschiedene Wege und Wahrheiten gibt, sondern diese auch wertschätzen und integrieren.

Wie Sabine bekommen viele Menschen an diesem Punkt Zweifel an ihren eigenen Maßstäben, zumindest beginnen sie andere Maßstäbe als gleichwertig zu akzeptieren. Das neue Denken zeigt sich oft auch im Verhalten. Flexible bringen neue Gedanken ein, andere Ansätze und ungewöhnliche Ideen. Sie denken vieles quer, sind weniger leicht zu beeinflussen und beziehen andere stärker mit ein. Sie stellen viel mehr Fragen als Menschen in den vorherigen Stufen. Und sie hören sich die Antworten wirklich an, ohne gleich an sich selbst zu denken. Somit lösen sich feste Automatismen oftmals auf. Ich merke das bei Klienten, die am Übergang von der Effektiv- zur Flexibel-Phase stehen, ganz deutlich daran, dass sie immer mehr innehalten und die eigene Bewertung einer Prüfung unterziehen.

Der Mensch in der Flexibel-Phase

Der Mensch in der Flexibel-Phase löst sich von festen Vorstellungen und ist bestrebt, sich immer wieder selbst zu aktualisieren. Deshalb interessieren ihn andere Perspektiven sehr. Er geht offen auf Menschen mit anderen Meinungen zu und kann auch Widersprüche ertragen. Er erkennt, dass alles zwei Seiten hat und beide gebraucht werden. Ihm wird auch bewusst, dass jeder seine Wahrheit konstruiert und es eine objektive Wirklichkeit nicht gibt. Menschen in früheren Phasen können das intellektuell durchaus verstehen. Der entscheidende Unterschied liegt aber darin, dass sie aus dieser Erkenntnis heraus keine neuen und eigenen Gedanken »produzieren« können. Flexibel-Menschen, die insgesamt etwa zehn Prozent ausmachen, können dagegen Verbindungen aktiv herbeiführen und andere dazu bringen, diese anzunehmen. Viele Menschen beispielsweise erkennen, dass ein Unternehmen sowohl Teamarbeit braucht als auch starke Einzelpersonen. Sie können diese Erkenntnis aber nicht in Taten umsetzen. Ihr Kopf sucht immer noch nach der Wahrheit, dem Richtig oder Falsch. Flexible können richtig und falsch verbinden, was sie besonders wirksam in Veränderungsprozessen macht. Menschen im Flexibel-Modus suchen Dialog, geistige Anregung und Impulse. Ihnen hilft die Klärung von Gedanken oft mehr als das Vereinbaren von Zielen. Das muss aber nicht so sein – der Effektiv-Modus ist ja noch in ihnen. Das heißt, manchmal werden sie auch Ziele brauchen. Aber diese sind für gewöhnlich flexibel und offen, sich jederzeit zu ändern.

Denklogik und Handlungslogik

Haben Sie nun eine Ahnung von den Unterschieden bekommen? Ich weiß natürlich, dass das alles nicht so einfach nachzuvollziehen ist. Besonders schwer fällt es, so meine Erfahrung, wenn Sie bisher in einem anderen Denken verhaftet waren und sich die Welt aus einem anderen Blickwinkel erklärt haben. Einfacher ist es oft, wenn man schon in der Vergangenheit mit verschiedenen Ansätzen in Berührung gekommen ist. In jedem Fall muss das Thema »sacken«. Es ist kein Modell für schnelle Patentlösungen. Deshalb möchte ich es noch vertiefen und dabei möglichst systematisch vorgehen.

Es gibt vier übergeordnete Merkmale, die Aufschluss geben über die Phase, in der sich ein Klient befindet. Diese Merkmale ermöglichen es zugleich, die Unterschiede zwischen den Phasen besser zu erfassen:

- Charakter
- Denken
- Wahrnehmung
- Handeln und Kommunizieren

Der Charakter

»Das ist mal wieder typisch für mich.« Meist sagt so etwas nicht viel aus, außer, dass jemand möglicherweise eine statische Sicht auf sich hat. Hier ist Charakter anders gemeint: Unter dem Aspekt des Charakters geht es darum, welche Prägung ein Mensch hat, was ihn ausmacht (und was nicht in einem platten Satz aufgeht wie dem eingangs erwähnten). Die dahinterstehende Frage könnte lauten: Was bestimmt das Wesen? Was kennzeichnet seine Art?

Dazu sollten Sie sich anschauen:

- welche Maßstäbe ein Mensch hat,
- wie er mit den eigenen Maßstäben umgeht,
- wie er reagiert, wenn diese Maßstäbe verletzt werden.

Ein Mensch in der Wir-Phase orientiert sich an der Gruppe, der er sich zugehörig fühlt. Entsprechend bildet er seine Überzeugungen aus, allerdings nicht im Sinne eines bewussten Prozesses. Die Überzeugungen sind einfach da. Eine davon könnte lauten: »Einer regelmäßigen Arbeit nachzugehen, ist die Grundlage des Lebens.«

Jochen ist Sachbearbeiter bei der Krankenkasse. Als er seinen Job verliert, fühlt er Wut auf »die da oben«. Das ist seine erste Reaktion. Dann schämt er sich – auch vor seinen Freunden, mit denen er seit 20 Jahren jeden Freitagabend in der Kneipe sitzt. Das ist seine zweite Reaktion. Und erst recht vor seinen Eltern, für die Arbeitslosigkeit das Schlimmste ist, was passieren kann. Er verdeckt und vertuscht. Erst kämpft Jochen für seine Wiedereinstellung, dann sucht er schnell nach einem neuen Job. Wut und Scham mischen sich und setzen eine enorme Handlungsenergie frei.

Etwas anderes machen? Das eigene Ding? Für solche Themen wird Jochen gar keinen Kopf haben. Am besten tut es ihm jetzt, wenn er hört, dass er nicht allein dasteht. Er wird wissen wollen, was er tun muss, um möglichst schnell wieder einen Job zu finden. Das hilft ihm am meisten.

Menschen in der Wir-Phase haben einen angepassten Charakter. Sie halten sich an das, was sich so gehört, so sein muss, was Regel ist oder sich bewährt hat. Die Dinge individuell auszulegen, liegt ihnen nicht.

Menschen in der Wir-Phase könnten, falls sie entsprechend sozialisiert sind, auch dem Satz »Einer regelmäßigen Arbeit nachzugehen, ist sinnlos« zustimmen. Dann würden sie alle abwerten, die so blöd sind zu arbeiten. Dieses Phänomen ist von einer Minderheit der Hartz-IV-Bezieher bekannt. Diese widersprüchlichen Aussagen – »Arbeit ist gut« versus »Wer arbeitet, ist selbst schuld« hören sich zunächst unvereinbar an. Durch den Blick auf die Struktur aber wird klar: Der Maßstab ist wiederum der der In-Gruppe. Infragestellen gehört dagegen nicht zum Konzept – egal, um welche Inhalte es im Einzelnen geht.

An den Charakter gekoppelt sind Gefühle. Scham bei Regelverletzung etwa. Aggression und sogar Wut gegen sich selbst und andere entstehen, wenn man sich ausgeschlossen fühlt. Wenn der katholische Priester sich für sein sexuelles Begehren schämt, empfindet er Wut auf sich selbst. Er unterdrückt es, um den Normen seiner Bezugsgruppe zu entsprechen.

Zum Charakter gehören auch die jeweiligen Gruppen-Eigenschaften. Loyalität und Gehorsam spielen im Wir-Modus eine wichtige Rolle. Je bedeutender die Gruppe ist, der sich jemand zugehörig fühlt, desto mehr steigt mit der Gruppenzugehörigkeit sein Selbstwert.

Mir erzählte ein Kollege, dass der Bürgermeister einer Dorfgemeinde bei einer neu zugezogenen Familie nach zwei Wochen an der Haustür klingelte, um darauf hinzuweisen, dass die Gardinen immer noch nicht hingen. Menschen im Wir-Modus werden die Gardinen nach einer solchen Intervention sofort anbringen – sofern es keine im Wir-Modus befindlichen Rebellen sind, die sich einer anderen Gemeinschaft zugehörig fühlen.

Für Menschen im Richtig-Modus ist der Maßstab in Richtung Individualität versetzt, für Effektive ist er vollends individuell, allerdings gilt der eigene Maßstab noch als der richtige. Flexible wiederum beginnen, unterschiedliche Maßstäbe nicht mehr nur zuzulassen, sondern zu begrüßen.

Menschen im Richtig-Modus würden sich von der Bürgermeister-Intervention nicht beirren lassen und sich möglicherweise für bunte Rollos entscheiden – nach dem Motto: »Es ist wichtig, Stellung zu beziehen, eine eigene Meinung zu haben«. Die Aufmerksamkeit verschiebt sich von Ähnlichkeiten hin zu Unterschieden. Im Richtig-

Modus reagieren viele gereizt, wenn ihre Unterschiedlichkeit nicht gebührend berücksichtigt wird. Der Maßstab ändert sich also dahingehend, dass bestimmte Vorstellungen, wie die Dinge sein sollten, sehr wichtig sind. Der Charakter ist eigenwilliger als im Wir-Modus.

Menschen im Effektiv-Modus wäre der Bürgermeister weitgehend egal. Wahrscheinlich hätten sie ohnehin einen Bauernhof bezogen, etwas »Eigenes« und Individualistischeres. In dieser Phase sind eigene Vorstellungen handlungsleitend. Denkbar wäre auch, dass sich der »effektive« Dorfbewohner zur Bürgermeisterwahl stellt, um dem Dorf einen moderneren Anstrich zu geben.

Menschen im Flexibel-Modus haben noch flexiblere Maßstäbe als die Effektiven, sind relativer in ihrer Sichtweise. Sie beginnen zu begreifen, dass es *die* Wahrheit nicht gibt, manchmal glauben sie aber noch, dass Wahrheit gefunden werden kann (das hört erst nach der Flexibel-Phase auf). Ihre Maßstäbe sind damit fließender. Ein Maßstab könnte der sein, den Maßstab immer wieder neu zu definieren. Auch kann es sein, dass diese Menschen zunächst eine klare Position zu etwas beziehen. Aber wenn gute Argumente kommen, stellen sie den eigenen Standpunkt infrage und korrigieren sich selbst. Überhaupt ist der Charakter der Flexiblen durch ehrliches Interesse an anderen Sichtweisen gekennzeichnet. Oftmals hören sie auch auf, sich vor sich selbst zu rechtfertigen. Fehler sind erlaubt.

Das Denken

Denken bedeutet: Was nimmt jemand in seine Gedanken auf, und was absorbiert er? Was geht im Kopf herum, was findet gar nicht erst Eingang?

Menschen im Wir-Modus sind empfänglich für konkrete, sichtbare Erfahrungen und Erlebnisse. Sie denken darüber nach, wie sie selbst Standards erfüllen und inwiefern andere das tun – ob als Familienvater, Ehefrau, Kollege oder Chefin. Dabei adaptieren sie von anderen

Vorgedachtes, das in der eigenen In-Gruppe Akzeptanz findet. Dieses »man macht« oder »Es ist eben so« macht ihr Denken klischeehaft. Diese Klischees können sie selbst aber nicht als solche erkennen. Sie sehen einzelne Details, nicht das Ganze. Wie wirkt eines auf das andere, wie hängen Dinge zusammen? Das können sie intellektuell vielleicht erfassen, aber sie denken nicht darüber nach. Abstraktes Denken in Lebensfragen ist ihnen also noch nicht möglich. Über sich selbst reflektieren sie kaum. Sie haben ein statisches Bild von sich und anderen. »Ich bin so« ist ein »Wir sind so«. Fragt man sie, wie sie sich im Laufe der Jahre verändert haben, so werden sie mit dieser Frage kaum etwas anfangen können.

Menschen im Richtig-Modus nehmen Informationen auf, die sie interessieren. Sie stellen sie in einen Zusammenhang. Damit sind sie zu abstraktem Denken fähig, nehmen also auch Gesamtheiten und das große Ganze wahr. Sie vergleichen viele Ideen und Standpunkte aus ähnlichen Bereichen und ziehen daraus eigene Schlüsse. Sie informieren sich tiefergehend und suchen nach der »Wahrheit«. Wissen hat für sie einen hohen Stellenwert, das betrifft Erfahrungswissen genauso wie Theoriewissen, oder beides. Sich selbst halten sie für jemanden, der sich durch etwas auszeichnet. Sind sie selbstbewusst, wissen sie um ihre Stärken und Kenntnisse. Sind sie es nicht, treibt sie der Zweifel um, ob und welche Stärken sie haben. Sie haben ein dynamischeres Bild von sich und anderen. Entwicklung bedeutet für sie vor allem Lernen. Fragt man sie, wie sie sich im Laufe der Jahre verändert haben, so werden sie wahrscheinlich vor allem sehen, dass sie kompetenter geworden sind.

Menschen im Effektiv-Modus sind fasziniert von Zielen und Wegen, etwas zu erreichen. Sie beginnen Widersprüche und Gegensätze zu bemerken, weshalb sie Standpunkte, die dem Mainstream entgegenstehen, einnehmen können. Sie machen sich Gedanken über Konsequenzen und Prioritäten und legen auch auf den Prozess ein Augenmerk. Sich selbst halten sie für jemanden, der sich im Laufe der Zeit verändert hat. Ihr Selbstbild ist dynamischer als das der Menschen im Wir-Modus. Entwicklung bedeutet für sie auch persönliche Veränderung. Fragt man sie, wie sie sich im Laufe der Jahre verändert haben, so werden sie Wendepunkte erkennen. Höchstwahrscheinlich beziehen sie diese vor allem auf Wertewandel und Sinnfragen.

Menschen im Flexibel-Modus denken darüber nach, dass nichts so ist, wie es zu sein scheint. Alles hängt vom Beobachter, der Situation und den Gegebenheiten ab. Sie nehmen unterschiedliche Perspektiven ein und bemühen sich, Widersprüche zu verbinden. Sich selbst betrachten sie als Person mit fließenden Grenzen, die sich in verschiedenen Situationen unterschiedlich verhält und mehr ist als nur »eines«. Sie denken dialektischer, sehen also bei allem zwei Seiten. Sie sind das eine *und* das andere, nicht mehr entweder-oder sondern sowohl-als-auch. Fragt man sie, wie sie sich im Laufe der Jahre verändert haben, so werden sie ein dynamisches Bild von sich selbst zeichnen. Sie werden sich mehrmals »neu erfunden« oder ihr Denken fundamental geändert haben. Sinnfragen sind für sie ebenfalls wichtig, jedoch glauben sie nicht mehr an den »einen Sinn«.

Die Wahrnehmung

Wahrnehmung könnte man auch als Aufmerksamkeitsfokus bezeichnen. Von den vielen Informationen, die auf mich einströmen, welche beachte ich und wähle ich aus? Wenn ich zum Beispiel etwas lese, was erkenne ich als für mich wertvoll? Wahrnehmung beschreibt, auf welche Aspekte jemand seine Aufmerksamkeit richtet. Es geht um das, was er oder sie sieht, hört und fühlt – bei sich selbst und bei anderen.

Menschen im Wir-Modus richten ihre Aufmerksamkeit darauf, Gruppennormen zu erfüllen. Sie sehen, hören und fühlen noch nicht wirklich etwas »Eigenes«, sondern sind mit der Gruppe eins. Sie achten darauf, was »man« tut und nehmen deshalb vor allem Verhalten wahr.

Menschen im Richtig-Modus richten ihre Aufmerksamkeit auf

das, was sie und andere voneinander abgrenzt, aber auch was sie verbindet. Dabei nehmen sie Eigenschaften wahr sowie Motivationen, aus denen heraus Menschen Dinge tun. Sie mögen es, wenn man ihre Stärken schätzt.

Menschen im Effektiv-Modus legen ihren Aufmerksamkeitsfokus auf ihre eigenen Werte und Maßstäbe. Reich werden oder ökologische Standards erfüllen? Beides sind in dieser Phase denkbare Prioritäten, abhängig von dem, was als erstrebenswert empfunden wird. Effektiv-Menschen sehen, hören und fühlen, was ihren Maßstäben entspricht. Sie integrieren es und streben nach Erfüllung dessen, was sie manchmal als individuelle Lebensträume bezeichnen.

Menschen im Flexibel-Modus haben ihre Werte, suchen aber nach anderen Perspektiven. Sie achten deshalb die Sichtweisen anderer und sind ehrlich daran interessiert, diese kennenzulernen. Sie sehen, hören und fühlen offener in die Welt hinein. Flexible haben den postkonventionellen Bereich betreten. Noch hängen sie am gesellschaftlichen Wertesystem und suchen nach Vereinbarkeit – aber sie lösen sich mit der Zeit immer mehr davon.

In noch späteren Phasen löst sich das weiter auf. Widersprüche, Gegensätze und Mehrdeutigkeit werden wahrgenommen, die Betreffenden versuchen nicht mehr, diese Dinge zu bekämpfen oder loszuwerden. Sie nehmen sie an und bewerten Dinge mit Metakriterien.

Die Wahrnehmung wird im Laufe der verschiedenen Phasen also immer vielfältiger und bezieht immer mehr Aspekte ein. Zunächst nehme ich nur mich selbst wahr (Ego-Phase), dann den anderen (Wir-Phase), anschließend mich im Kontext der Gemeinschaft (Richtig-Phase), dann im Kontext der Gesellschaft (Effektiv-Phase) und schließlich auch im holistischen Kontext der ganzen Welt (Flexibel-Phase und danach).

Das Handeln und Kommunizieren

Das Handeln oder auch Tun, zu dem ich das Kommunizieren zähle, beschreibt, was sich konkret beobachten lässt. Gruppennormen, Persönlichkeit und Situationen beeinflussen grundsätzlich, was Menschen tun. Dabei gibt es eine Abwärtskompatibilität. Das bedeutet, dass ein Mensch im Richtig-Modus wie ein Mensch in der Wir-Phase handeln kann, aber ein Mensch in der Wir-Phase schwerlich wie ein Flexibler.

Handeln und Kommunizieren heißt Interagieren. Diese Verhaltensweisen lassen sich also nur in der Beziehung zwischen Menschen beobachten. Wie ist der persönliche Stil, die Art und Weise, mit anderen umzugehen, etwa Fragen zu stellen, auf Verhalten zu reagieren und generell auf andere einzugehen?

Menschen im Wir-Modus sehen vor allem, was andere und sie selbst tun. Sie stellen deshalb gern Fragen, die sich unmittelbar auf Tätigkeiten beziehen: »Was hast du gemacht?« oder »Was ist erledigt?« Auf gruppenkonformes Verhalten reagieren sie positiv. »Unpassendes« Verhalten dagegen wird mit den Normen geglättet. Die Beweggründe interessieren nicht.

In Beziehungen würden sie nach einer Trennung vielleicht sagen: »Ich habe doch alles für dich getan« und meinen, dass sie ihre Vorstellungen von Partnerschaft erfüllt haben. Was der andere will, ist nicht wirklich von Interesse. Dinge werden beschrieben, wie sie sind. Gefühle bringen Menschen in der Wir-Phase oft übertrieben positiv zum Ausdruck: »Es war toll« oder »Ich bin ganz begeistert«.

Feedback fällt diesen Menschen schwer, erst recht, wenn das Feedback innerhalb der Gruppe fallen soll. Weder loben oder kritisieren sie selbst, noch lassen sie sich gern kritisieren oder loben. Verhalten wird in richtig und falsch eingeteilt. Meinungsdifferenzen überhören Menschen in der Wir-Phase gern oder versuchen diese zu harmonisieren. Auf eigene Fehler und Schwächen blicken sie mit Scham. Sie sprechen nicht darüber, oder zumindest höchst ungern.

Menschen im Richtig-Modus reden auch über Beweggründe und

Motivationen. Sie möchten sich von der Gruppe unterscheiden. Entsprechend ist ihr Handeln und Kommunizieren auf das Abgrenzen des eigenen Bereichs, der eigenen Person – auf Unterschiede – ausgerichtet. Sie können viele Möglichkeiten aufzählen und gut argumentieren. Ursachen sowie Motivationen, Dinge zu tun, werden hinterfragt. Es gibt Vergleiche und zeitliche Bezüge wie »früher so, heute so«.

Menschen im Effektiv-Modus möchten ihre eigenen Maßstäbe erfüllen. Das bestimmt ihr Handeln, wobei es natürlich sein kann, dass sie ihre Maßstäbe verfehlen – dann sind sie unzufrieden mit sich selbst. Sie stellen zeitliche Bezüge her und können sich selbst in ihrer Entwicklung als Kind, als Erwachsener und heute wahrnehmen. Sie sind in der Lage, Gegenpositionen einzunehmen und skeptisch gegenüber ihrer eigenen Bezugsgruppe aufzutreten, etwa deren Standards infrage zu stellen. Überhaupt stellen sie gern Fragen. Sie sehen kausale Zusammenhänge, Ursache und Folgen. Sie suchen noch nach der Wahrheit und glauben, mit geeigneten Methoden ließe sich diese finden.

Menschen im Flexibel-Modus lösen sich langsam von dem Glauben an Wahrheit. Entsprechend suchen sie eine Lösung für die jeweilige Situation oder den betreffenden Menschen, ohne etwas als absolut oder allgemeingültig darzustellen. Flexibel-Menschen sprechen viel mit anderen, sie wollen etwas erfahren – nicht um sich selbst zu bestätigen, sondern um sich eine Meinung zu bilden oder die eigene infrage zu stellen. Im Meeting werden sie die Beweggründe eines Handelns und die Auswirkungen, die dieses auf alle Mitarbeiter und das Unternehmen hat, erkunden wollen. Möglicherweise lehnen sie es ab, vorschnelle Entscheidungen zu treffen.

Spätere postkonventionelle Phasen haben eine nochmals höhere Komplexität, beziehen immer mehr übergeordnete, also gesamtgesellschaftliche oder sogar globale Prinzipien ein und entwickeln zudem ein Bewusstsein für die Bedeutungsgebung von Sprache. Sie erkennen also, dass Dinge nicht sind, wie sie sind, sondern von uns durch Sprache erzeugt werden.

Wie sich Unterschiede in der Denklogik im Privatleben zeigen

Unterschiede in der Denk- und Handlungslogik sind nicht nur im Beruf, sondern auch in familiären und sozialen Kontexten spürbar. Wie ein Mensch denkt, erkennen Sie am besten, wenn Sie alle Lebensbereiche anschauen. Es ist möglich, dass sich jemand im Beruf zurücknimmt und beispielsweise im »Wir-Modus« handelt – sich also »reduziert« –, privat aber weiter und durchaus »effektiv« denkt.

Eine durch den Wir-Modus geprägte Familie würde sehr stark darauf achten dazuzugehören, etwa zur Dorfgemeinschaft, zu den Bewohnern eines elitären Stadtteils oder zu einer bestimmten Berufsgruppe. Wir-Ehepartner haben eine feste Vorstellung von dem, was zu einer Partnerschaft dazugehört. Werden sie verlassen, sagen sie Dinge wie »Ich habe doch alles für ihn/sie getan«. Sie fragen nicht explizit nach den Bedürfnissen des Partners, sondern setzen gleiche Bedürfnisse voraus. Möglicherweise nennen sie das »sich blind verstehen«. Hier gesellt sich eher »gleich und gleich«.

Wir-Erziehung richtet sich daran aus, was in der jeweiligen Gruppe selbstverständlich ist. Das kann der obligatorische Gymnasialbesuch des Kindes sein oder auch die Betreuung zu Hause – egal, was es ist, in den Wir-Augen gibt es dazu keine Alternative. Anpassung an Gruppennormen ist wichtig, »Man macht das eben so«.

Eine durch den Richtig-Modus geprägte Familie würde ein Leistungscredo inhaltlich interpretieren und begründen – man muss viel lernen und wissen, um einen guten Job zu bekommen. Sie könnte auch sagen, dass es richtig ist, auf die Vereinbarkeit von Beruf und Familie zu setzen oder ein Auslandsjahr zu absolvieren, selbst wenn andere das nicht tun. Eine Richtig-Partnerschaft bevorzugt es, wenn jeder eigenständig ist, handelt sonst aber nach klassischen Rollenmodellen. Richtig-Erziehung schätzt die Konsequenz und Ausrichtung an Standards, fördert aber auch die eigene Meinung. Besondere Talente sind wichtig, ihnen wird Anerkennung gezollt. »Gegensätze ziehen sich an« wird eher toleriert.

Eine Effektiv-Familie würde eigene Werte definieren und einen Lebensstil tolerieren, der den gemeinsamen Zielen entspricht, auch wenn er stellenweise unkonventionell daherkommt. Effektiv-Partner sind interessiert an den Werten ihres Gegenübers und möchten dessen Eigenständigkeit akzeptieren. Somit kann der Partner auch andere Werte haben, beispielsweise politische. Die Effektiv-Erziehung punktet mit eigenen Vorstellungen, die sich aber im Rahmen des gesellschaftlich Üblichen bewegen. Effektiv-Eltern können zum Beispiel erbitterte Gegner des G8-Gymnasiums sein oder aber aktive Befürworter; oder sie finden unabhängige Schulkonzepte gut und entwickeln diese selbst.

Flexible sind oft Individualisten, die eigene Wege gehen, aber die Autonomie anderer tolerieren. Möglicherweise legen sie keinen Wert auf gesellschaftlich akzeptierte Statussymbole. Das gibt es mitunter auch bei den Effektiven, doch diese nehmen eher eine Position ein, die gesellschaftlich abgebildet ist, etwa eine ökologische Haltung. Flexible sind weniger absolut im Vertreten ihrer Überzeugungen. Sie sind immer und grundlegend bereit, diese zu überdenken. Die Flexibel-Familie ist damit oft postmodern und stellt vielfach Entwicklung in den Vordergrund der Erziehung, weniger die Leistung. Die Partner sind gleichberechtigt, Partnerschaft ist auch eine Entwicklungsgemeinschaft. Man achtet eher auf ähnliche Denkstrukturen und weniger auf ähnliche Denkinhalte.

Wie sich Unterschiede in der Denklogik im Umgang mit Zeit zeigen

Warum sind einige Menschen so auf die Zukunft fokussiert, andere eher auf die Gegenwart? Das hat teilweise mit der Ich-Entwicklung zu tun. Denn die Zeitorientierung ändert sich im Laufe der verschiedenen Phasen.

Ein Mensch in der Wir-Phase lebt vor allem in der Gegenwart. Er denkt kaum an die Zukunft und wenn doch, dann macht er sich darüber in der Regel keine eigenen Gedanken. Die Zukunft kann allerdings zu einer diffusen Bedrohung werden, wenn Veränderungen anstehen.

Sich selbst betrachtet ein Wir-Mensch als etwas Statisches und weniger als Produkt einer Entwicklung über die Zeit hinweg. Das ändert sich für den Menschen im Richtig-Modus. Er sieht eher, dass die Dinge früher anders waren, und hat eine gewisse Zukunftsorientierung, meist verfolgt er aber keinen klaren Plan. Seine Zukunft beinhaltet nicht den Gedanken einer starken persönlichen Entwicklung, sondern sie bewegt sich eher in den Bahnen einer Weiterentwicklung des jetzigen Zustands. Wenn er Personalreferent ist, kann er sich beispielsweise vorstellen, einmal Bereichsleiter zu sein, weniger hingegen, eines Tages einen Biobauernhof zu leiten.

Eine noch stärkere Zukunftsorientierung bringt der Mensch im Effektiv-Modus mit. Er denkt darüber nach, was sein wird, und reflektiert seine eigene Veränderung im Laufe der Zeit. Diese nimmt er als einen Ablauf wahr – es gibt früher, heute, morgen. Seine persönliche Entwicklung speist er zuweilen gedanklich in die Zukunftsplanung mit ein. Seine Zukunft kann auch »ganz anders« aussehen.

Beim Flexibel-Menschen und in späteren Stufen nimmt diese Offenheit noch weiter zu – bis hin zu dem Gedanken, dass Zeit vielleicht nur in unserem Kopf chronologisch ist und es zudem eine parallele Zeit geben kann. »Alles ist jetzt.« Damit wird Zukunft wieder unwichtiger, das Jetzt als »jeden Moment leben« wichtiger. Das heißt, auch der Zeitbegriff verändert sich. Gegenwart, Vergangenheit und Zukunft sind weniger getrennt.

Je weiter fortgeschritten die Ich-Entwicklung, desto dynamischer die Zeitperspektiven und der Umgang damit. Kann das Gestern ohne das Heute gedacht werden? Ist das Morgen nicht schon Heute? Das sind Fragen, die meist erst Flexible stellen. Sie geben ihnen einen anderen Zugang zu ihrer eigenen Entwicklung und helfen ihnen oft, ihre Lebensgeschichte selbst zu gestalten. Was wirklich wahr ist, ist nicht mehr wichtig, wenn Wahrheit keine echte Kategorie mehr ist.

Wie sich Unterschiede in der Denklogik im Umgang mit Konflikten zeigen

Bisher hörte es sich vielleicht so an, als seien die Menschen in den verschiedenen Phasen immer guter Dinge und wüssten, was sie wollten. Das ist nicht so. Auf jeder Stufe gibt es Menschen, die traurig, frustriert und sogar depressiv sind. Gerade daraus ergibt sich mitunter ein Impuls für Entwicklung.

Jede Stufe kann positiv gelebt werden. Das ist der Fall, wenn die Charakteristika der Stufe positiv für den Menschen selbst *und* für sein Umfeld sind. Aber dieses Positive kann »kippen«. Meist geschieht das durch eine erzwungene Umfeldveränderung oder ein zentrales Ereignis, das einen Konflikt auslöst: Bestimmte, von außen gestellte Anforderungen lassen sich dann nicht mehr mit der Logik des Wir-, Richtig- oder Effektiv-Modus lösen.

Mit 30 Jahren wurde Maria von ihrem Partner Hans verlassen, der eine andere Frau kennengelernt hatte. Maria war streng katholisch erzogen worden, und Hans hatte sie aus einengenden Familienverhältnissen befreit. Doch Maria fühlte sich ihrer Familie weiterhin zugehörig und verbunden. Deshalb gehörten Kirchenbesuch und Sonntagsspaziergänge weiter zum Programm, das auch Hans mitmachen musste. Ihn engte das sehr ein. Einmal sagte er einem Freund, dass er ein solches Leben nicht wollte, er fand es spießig. Er wollte Dinge lernen und die Welt bereisen. Sein Traum war ein eigenes Unternehmen im Ausland. Somit war der Ehebruch für Hans auch eine Chance, aus dem Korsett auszubrechen. Für Maria war es jedoch Betrug, Verrat. Die Tatsache, dass er seine Affäre monatelang geheim gehalten hatte, konnte sie ihm nicht nachsehen. Dieser Blickwinkel ist spezifisch für den Wir-Modus, in dem Menschen in erster Linie sehen, was andere tun, während deren Beweggründe sie nicht interessieren.

Für Maria und ihre Familie gehörte eine Ehe zum Lebensentwurf, und es war selbstverständlich, dass diese zu halten hat. Die Scheidung war für sie die Ultima Ratio, eigentlich undenkbar. Sie fand, sie habe alles für diese Ehe getan. Nach der Scheidung entwickelte sie tiefe Selbstzweifel, da sie innerhalb der dörflichen Gemeinschaft ohne Partner gefühlt weniger wert war, ja schlechter dastand. Hans jedoch war froh, endlich sein eigenes Leben führen zu können.

Das Beispiel zeigt das Aufeinanderprallen der Denklogik einer Frau in der Wir-Phase mit der eines Mannes, der bereits in der Effektiv-Phase ist. Wie Menschen konkret reagieren, hängt nicht nur von ihrer Ich-Entwicklung ab, sondern auch von ihren Eigenschaften und Motiven sowie vom jeweiligen Umfeld und Schicksal. So gibt es in jeder Phase instabilere und stabilere Charaktere. Ein instabiler Mensch im Wir-Modus zweifelt möglicherweise an sich, weil er die Normen der anderen nicht erfüllt. Er mag darüber grübeln, dass ihn seine Frau verlassen hat, obwohl er alles für sie getan hat. Andere, die sich nicht gruppenkonform verhalten, können ihn sehr ärgern. Im privaten Umfeld hadert er vielleicht damit, dass sich die Partnerin unangemessen verhält.

Ein instabiler Richtig-Mensch könnte darüber traurig sein, dass er nicht wirklich anerkannt wird. Es könnte ihn verletzen, wenn andere seine Expertise infrage stellen.

Ein instabiler Mensch im Effektiv-Modus grübelt möglicherweise darüber, dass er seine eigenen Maßstäbe nicht erfüllt und »es« immer noch nicht geschafft hat. Seine Medizin wäre das »Loslassen« von zu hohen Erwartungen an sich selbst und eventuell auch an andere.

Ein instabiler Mensch im Flexibel-Modus könnte in eine Art destruktiven Relativismus verfallen, der ihn orientierungslos macht. Was ist noch richtig, wenn man alles von verschiedenen Seiten betrachten kann?

Überlastung zeigt sich ebenfalls auf sehr unterschiedliche Weise. Ein Burnout würde bei einem Menschen in der Wir-Phase vielleicht dadurch ausgelöst, dass er nicht mithalten kann. Bei einem Menschen im Richtig-Modus könnte der eigene Anspruch das Fass zum Überlaufen bringen. Bei einem Menschen in der Effektiv-Phase, der typischerweise ein starkes Verantwortungsgefühl für andere ausbildet, wäre es eher dieses Verantwortungsgefühl – allen gerecht werden zu müssen –, das in die Überlastung führt.

Wie sich Unterschiede in der Denklogik im Umgang mit Kritik zeigen

Menschen gehen sehr unterschiedlich mit Kritik um. Während die einen regelrecht nach Feedback dürsten, tun andere alles, um dieses zu vermeiden. Einige entwickeln auch subtile Kritikvermeidungsstrategien, indem sie die Dinge so gut machen, dass sie erst gar keine Angriffsfläche bieten. Sie entwickeln perfektionistische Tendenzen und werden zu sogenannten »insecure overachievers«, also unsicheren Höchstleistern. Andere stecken Kritik selbstbewusst weg und nehmen die Aspekte an, die sie als wertvoll erachten.

Menschen im Wir-Modus vermeiden Feedback weitgehend oder beziehen es auf Verhalten. Kritik von anderen löst Scham aus und das Gefühl, etwas falsch gemacht zu haben. Menschen im Richtig-Modus sind immer noch kritikempfindlich, aber eher bereit, sie auf der Ebene von Kenntnissen und Erfahrungen anzunehmen. Sie fokussieren gern auf sachliche und berechtigte Kritik. Menschen im Effektiv-Modus beginnen Feedback zu schätzen und zu suchen. Empfindlich reagieren sie jedoch, wenn ihre grundlegenden Werte infrage gestellt werden. Flexible suchen Feedback. Sie begreifen dieses als Chance, sich zu korrigieren und zu verbessern. Sie freuen sich darüber, ordnen es ein, und gegebenenfalls integrieren sie konstruktive Kritik.

Dabei ist es sinnvoll, zwischen Erst- und Zweitreaktion zu unterscheiden. Die Erstreaktion beschreibt das unmittelbare Gefühl, die Zweitreaktion das Gefühl nach erfolgter »Bewertung« durch andere. Die folgende Liste zeigt mögliche Erst- und Zweitreaktionen, erhebt aber keinen Anspruch auf Vollständigkeit:

- Menschen im Wir-Modus: Die Erstreaktion ist in der Regel Scham, die Zweitreaktion Verschweigen, Unter-den-Teppich-kehren, ignorieren, sich rächen.
- Menschen im Richtig-Modus: Die Erstreaktion kann Scham oder Irritation sein, die Zweitreaktion Argumentieren/Gegenrede, ignorieren, herunterschlucken, sich ärgern, kämpfen/sich rächen, sich unterwerfen.
- Menschen im Effektiv-Modus: Die Erstreaktion kann Scham oder Irritation sein, die Zweitreaktion argumentieren/überzeugen, hinterfragen, bewerten, annehmen oder verwerfen, entscheiden.
- Menschen im Flexibel-Modus: Die Erstreaktion kann Scham, Irritation oder auch Freude sein, die Zweitreaktion innehalten, nachdenken, hinterfragen, nachfragen; weitere Perspektiven einholen, diese bewerten, annehmen oder verwerfen; Standpunkte integrieren, zusammenführen.

Wie sich Unterschiede in der Denklogik im Umgang mit der Sprache zeigen

»He, was für schöne Füße Sie haben!« Ich blickte mich irritiert um. Gemeint waren meine Beine. Gut, da war ich jünger. Die Geschichte spielte in Österreich, und das österreichische Deutsch kennt keinen Unterschied zwischen Fuß und Bein. Alles bis zur Hüfte ist Fuß. Was das mit Ich-Entwicklung zu tun hat? Ich will es Ihnen sagen: Sprache spiegelt Denken. Wir können nur ausdrücken, wofür wir Worte haben und was wir in einen sinnvollen Zusammenhang bringen können.

Deshalb hat Ich-Entwicklung immer auch mit Sprache zu tun. Entscheidend sind dabei nicht die Worte, sondern die Art ihrer Kombination. Bemüht sich jemand um Polarisierung oder Verbindung? Ist etwas als Frage formuliert oder absolut? Bezieht jemand sein Gegenüber in seine Gedanken mit ein?

Es kann, muss aber kein Hinweis auf eine Wir-Phase sein, wenn Aussagen absolut klingen; es kann, muss aber kein Hinweis sein, wenn der Fokus auf dem Tun liegt und sich viele Verben und Hilfsverben finden. Wenige Fragen und eher einfache Satzkonstruktionen sind möglicherweise ein Indiz, dass jemand im Wir-Modus spricht. Es kann aber auch einfach sein, dass sich ein Mensch verständlich ausdrücken will.

Ist ein Sprachgebrauch komplexer, beinhaltet er Gegensätze und zeitliche Aspekte, wie zum Beispiel »oft«, so könnte das auf einen Richtig-Modus hindeuten. »Aber« ist auch eine beliebte Konstruktion, genau wie Konditionalsätze mit wenn-dann-Bedingungen.

Im Effektiv-Modus fragen Menschen öfter nach und fangen an, stärker mit »und« zu verbinden. Es kann sein, dass sie eigene Aussagen infrage stellen. Ist die Sprache abwechslungsreich und erfasst viele Aspekte zugleich, so mag das auf einen Flexibel-Modus deuten. Zeitliche Perspektiven sind ebenso verbreitet. Typisch sind auch ungewöhnliche und überraschende Satzkonstruktionen. Je weiter entwickelt Menschen sind, desto eloquenter sind sie normalerweise. Das ist auch logisch, da man für mehr Komplexität auch mehr Worte und Begriffe braucht. Das heißt aber noch lange nicht, dass sie sich auch gut ausdrücken können. Die Kunst liegt ja darin, sich auch anderen verständlich zu machen. Diese Fähigkeit, Aussagen herunterzubrechen, haben viele Flexible – manche verzetteln sich aber auch in relativen Aussagen. Dann fehlt möglicherweise der Fokus, und es bleibt unklar, worauf jemand eigentlich hinauswill.

Der Washington University Sentence Completion Test (WUSCT) von Jane Loevinger, der die Ich-Entwicklung misst, ist so konzipiert, dass die Testpersonen Satzanfänge vervollständigen, etwa »Die Aufgabe eines Mannes…« oder »Wenn ein Kind allein spielt …«. An der Art und Weise, wie die Sätze beendet werden, lässt sich dann in aufwendiger Detailarbeit ermitteln, für welche Phase das spricht.

Hier ist ein von mir erstelltes Beispiel, das die Unterschiede zeigt:

- Meine Kinder … sind gut erzogen.
  > Diese Antwort spricht für die Wir-Phase, da sie auf das Verhalten bezogen ist und ohne weitere Differenzierung erfolgt.
- Meine Kinder … absolvieren alle ein Auslandsjahr und lernen zwei Sprachen, um für die Zukunft gut gerüstet zu sein.
  > Diese Antwort spricht für die Richtig-Phase, da eine individuelle Wahrheit absolut formuliert wird.
- Meine Kinder … sollen ihre Persönlichkeit entwickeln und ihren eigenen Weg finden.
  > Diese Antwort spricht für die Effektiv-Phase, da sie einen individuellen Wertmaßstab zeigt (Persönlichkeit entwickeln, eigener Weg).
- Meine Kinder … Ach, meine Kinder, alles Kinder dieser Welt. I have a dream. Ich träume davon, dass meine Kinder eines Tages in einer Welt leben werden, in der man sie nicht nach ihrer Hautfarbe, ihrem Geschlecht, ihrer Herkunft, sondern nach ihrem Charakter beurteilt.
  > Diese Antwort spricht für eine postkonventionelle Phase (Flexibel-Phase und später), da der Satzanfang infrage gestellt wird und die Aussage Zeitperspektiven sowie verschiedene Aspekte beinhaltet, die miteinander verbunden werden.

Natürlich reicht ein einziger Satz bei Weitem nicht aus, um sich selbst oder andere zu verorten. Ich habe das Beispiel gebracht, damit Sie eine Vorstellung von den Unterschieden bekommen. Und bitte nicht »komplex« mit »kompliziert« verwechseln. Manche Menschen drücken sich sehr verschachtelt aus und benutzen viele Worte. Ihre Sätze sind schwierig zu verstehen, was weniger daran liegt, dass sie unterschiedliche Aspekte beinhalten, sondern vielmehr daran, dass sie eine Aussage in die Länge ziehen oder wortreich verstecken.

Zusammenfassend möchte ich auf den folgenden Seiten einen Überblick über die relevanten Aspekte der einzelnen Phasen geben.

Denk- und Handlungslogiken – 11 Aspekte auf einen Blick

Aspekt	Meine Bezeichnung:	Ego-Phase	Wir-Phase	Richtig-Phase
Stufe nach Loevinger:		E3	E4	E5
1	Bezug	Ich	Gruppe	Ich und die Standard der Gruppe (Vergleic
2	Richtung der Persönlichkeits-entwicklung ist …	Sich anpassen	Einen individu-ellen Weg finden	Eigene und andere Bedürfnisse wahr-nehmen
3	Charakter: Was ist der Maßstab?	Der Maß-stab ist das, was ich will.	Der Maßstab sind die anderen.	Der Maßstab sind m individuellen Stärker Kompetenzen.
4	Denken: Was beschäftigt mich?	Was ich will und für rich-tig halte	Normen und Ansprüche, die die Gruppe stellt; die Gegenwart	Ideen und Standpunk die zum Eigenen pas Vergangenheit und nähere Zukunft
5	Wahrnehmung: Was nehme ich in mein Denken auf?	Was dient meinem Zweck?	Wie handle ich, und wie handeln andere?	Was grenzt mich von anderen ab?
6	Kommunikation und Handeln: Wie interagiere ich?	Manipulativ, um meine Ziele zu erreichen	Bezieht sich auf praktisches Han-deln; »Was hast du erledigt?«	Bezieht sich auf Unterschiede zwisch Lösungen oder zwis sich und anderen
7	Zeitliche Orientierung	Nur jetzt und morgen	Gegenwart und die jüngere Vergangenheit	Vergangenheit, Gegenwart und nähe Zukunft
8	Zentraler Konflikt	Ich komme mit der Taktik nicht weiter.	Ich gehöre nicht (mehr) zu meiner Bezugsgruppe.	Ich habe keine eigene Stärken, ich bin kein »wertvolles« Indivi-duum.
9	Umgang mit Kritik	Prallt ab	Ablehnen, ignorieren	Auf den sachlichen Aspekt beziehend
10	Sprache	Zweck-orientiert	Einfach, einer oder wenige Aspekte	Strukturiert, inhalts- und sachbezogen, tei kontrastierend (aber) mehr als ein Aspekt
11	Hilfreiche Interventionen	Beeinflus-sen, direkti-ves Coachen	Kontakt mit einer neuen identitäts-stiftenden Gruppe; sich selbst spüren	Stärken bewusst mac Selbstmanagement

Effektiv-Phase	Flexible
E6	**E7+ Post-konventionell**
Ich und Werte/Maßstäbe	Ich und das große Ganze
Sich selbst verwirklichen, von allgemeiner »Wahrheit« loslassen	Zusätzlich: eigene Wahrheit suchen, Metakriterien entwickeln
Der Maßstab sind meine Werte und meine Selbstverwirklichung.	Zusätzlich: Maßstäbe sind flexibel und situativ.
Erfolge, Ziele, etwas zu erreichen, Werte, Zielerreichung; Vergangenheit und entferntere Zukunft	Zusätzlich: die unterschiedlichen Wege, etwas zu erreichen, Einstellungen, Entwicklung, situatives Verhalten
Was entspricht meinen eigenen Maßstäben?	Woran richte ich mich aus?
Bezieht sich auf die übernommene Verantwortung, Ziele und eigene Maßstäbe, auch im Unterschied zu anderen	Zusätzlich: holen sich gern und häufig andere Perspektiven ein, um sich ein Bild zu machen
Wie ich und andere sich verändern; nähere und weitere Zukunft; Prozess vom Start zum Ziel.	Zusätzlich: Zusammenspiel von Vergangenheit, Gegenwart, Zukunft
Ich werde meinen Ansprüchen nicht gerecht, erfülle meine Wertmaßstäbe nicht.	Alles ist relativ. Ich habe keinen Fixpunkt mehr.
Bewertend und annehmend, sofern die Kritik das Weltbild nicht tangiert	Wird als Möglichkeit zur Weiterentwicklung gesehen, Feedback wird eingefordert
Fokussiert, einige Fragen, Feststellungen, teils verbindend (und), mehrere Aspekte beinhaltend	Komplex, viele Fragen, ungewöhnliche Statements, eher verbindend (mittels »und«, Komma oder Semikolon), viele Aspekte, auch widersprüchliche integrierend
Hilfe zur Selbsthilfe, Zielerreichung	Reflektieren, klären, anregen

Ein neues Coaching-Verständnis

Kaum ein Coach weiß etwas über die eben beschriebenen Dinge. Auch Psychologen, Lehrer und Sozialpädagogen bekommen, wenn überhaupt, meist nur einen sehr kurzen Abriss der Ich-Entwicklung vermittelt. Das ist so, als würde ein Arzt nichts von Anatomie verstehen. Es fehlen die Grundlagen, die für die Praxis unentbehrlich sind. Wissen heißt zwar noch lange nicht, dass man die Thematik auch anwenden kann. Aber von der üblichen Theorie-Praxis-Trennung halte ich nichts. Theorie braucht Praxis und Praxis braucht Theorie.

Ich war oft als Zweitcoach tätig. Das heißt, ich habe da weitergemacht, wo andere aufgehört haben. Viele meiner Kunden waren von Vorgängern monate- oder sogar jahrelang mit beruflichen Träumereien beschäftigt worden, die für sie unerreichbar waren. Die Coachees hatten nicht das »Schema«, um diese Träume aus eigener Kraft zu erreichen. Es wäre oft viel sinnvoller gewesen, genau dort anzusetzen und am Schema zu arbeiten, anstatt an Visionen. Dazu sehen Sie sich bitte noch einmal im Kapitel »Warum wir Lernen von Entwicklung unterscheiden müssen« meine Entscheidungskriterien für die Frage an, wann Entwicklung sinnvoll ist. Das ist zum Beispiel der Fall, wenn ein Problem mit dem bisherigen Denkschema nicht gelöst werden kann. Weiterhin muss man den Auftrag dazu haben. Und ganz wichtig: Zeit. Wer nur ein oder zwei Beratungstermine hat, braucht über Entwicklung nicht nachzudenken.

Viele berufliche Neuorientierungen sind in Wahrheit Fluchten, etwa vor einer notwendigen Persönlichkeitsentwicklung. Sie berühren die Frage nach dem inneren Kern. Die Suche nach der eigenen »Berufung« ist oft eher ein Ducken vor konfliktbeladenden Situationen. Vor diesem Hintergrund kann kaum der nötige Schwung entstehen, eine Vision wirklich kraftvoll umzusetzen. Man wird Stunden mit der Ausarbeitung von Visionen und Zukunftsbildern verbringen – und dort stecken bleiben. Mit einem flexibleren Verständnis von ihrer eigenen Tätigkeit könnten Coachs genau dort ansetzen, wo es wirklich wichtig ist. Dazu muss man aber in der Lage sein zu erkennen, worum es eigentlich geht.

Das erfordert vom Coach enorm viel Selbstreflexion und Verantwortungsbewusstsein. Er muss wissen: Wenn ein Mensch aus seiner bisherigen Phase herauswächst, erfindet er sich neu und lernt sich kennen. Da steht vieles plötzlich auf dem Prüfstand. Die Partnerschaft kann in die Brüche gehen, Bindungen können sich fundamental ändern. Der Coach hat eine Verantwortung – auch etwas sein zu lassen. Und er muss unbedingt auf mögliche Folgen hinweisen, wenn er tieferliegende Themen einbezieht. Zudem muss er die Entscheidung treffen können, ob er absichtlich an der Oberfläche arbeitet. Solche »Oberflächenarbeit« ist bei fast jedem Thema möglich, und dann sinnvoll, wenn der Klient die Herausforderungen von Beruf und Privatleben mit dem bisherigen Mindset auf absehbare Zeit meistern kann. An der Oberfläche heißt aber nicht am falschen Thema. So kann die Frage an den Klienten lauten, ob es sinnvoller ist, an der beruflichen Unzufriedenheit zu arbeiten oder sich auf die Suche nach einem neuen, besser zu den eigenen Stärken passenden Job zu begeben. Die erste Herangehensweise könnte leichter tieferliegende Themen aufrollen als die letztere. Die Letztere vermeidet möglicherweise die Entwicklung von Potenzialen, die es ermöglichen, auch den bisherigen Job besser auszufüllen oder mehr Zufriedenheit zu entwickeln.

In den meisten Fällen sollten Sie als Coach Ihre Gedanken offenlegen, besprechen und den Klienten entscheiden lassen. In einigen Fällen kann es aber auch eine pragmatische Entscheidung des Coachs sein, tieferliegende, in der Regel also psychologischere Themen im Moment gar nicht erst anzusprechen. Genauso kann es umgekehrt sein: wenn Sie als Coach anraten, sich dringend mit etwas auseinanderzusetzen, obwohl es vom Coachee nicht gewünscht ist. Dies könnte etwa bei einer Führungskraft der Fall sein, bei der Sie merken, dass diese ihre Aufgaben im bisherigen Mindset nicht lösen kann.

So bleibt ein Teil der Verantwortung – Dinge anzusprechen oder nicht, etwas energisch zu empfehlen oder offenzulassen – immer beim Coach.

Die Lehrerin Christine war mit ihrem Kollegium in Konflikt geraten. Sie konnte diesen nicht wirksam lösen und zweifelte grundlegend – auch an ihrer Berufswahl. Sie hatte noch kein Gefühl für eigene Stärken entwickeln können. Sie besaß kein echtes, ihre Handlungen leitendes Wertesystem, mithilfe dessen sie schwierige Situationen für sich einordnen und bewerten konnte. Mit einem vorherigen Coach hatte sie lange an alternativen Berufsbildern gearbeitet und Bilder gemalt. Doch sie kam mit dem daraus entstandenen Vorhaben, eine Ferienvermietung aufzumachen, keinen Schritt weiter. Alle Zielvereinbarungen mit dem Coach verpufften. Sie verzweifelte an sich und ihrer Unfähigkeit, Pläne umzusetzen. Da kam sie zu mir. Der ursprüngliche Auftrag war, an Christines Stärken zu arbeiten. Ich brachte sie darauf, dass es um etwas ganz anderes gehen könnte – nämlich ihre eigene Entwicklung. Sie merkte dann, dass sie eigentlich gern Lehrerin war, und erkannte ihre Flucht. Fortan standen ganz andere Themen auf unserem Programm: Es ging um die Entwicklung ihrer Konfliktfähigkeit. Christine war im Richtig-Modus, sie konnte eigene Bedürfnisse noch nicht angemessen wahrnehmen. Daran arbeiteten wir. Von Jobwechsel war nie mehr die Rede.

Ich leitete sie immer wieder dahin, ihre Bedürfnisse in kritischen Situationen wahrzunehmen und daraus eigene Handlungen abzuleiten. Das übten wir dann. Ich forderte sie auf, sich Feedback zu holen – unter anderem mit einer Feedback-Box, die wir entwickelten. Darin konnten Kollegen anonym Rückmeldungen werfen. Eine sehr gute Methode in einem Umfeld, das weniger »reif« ist und nicht gewohnt ist, anderen Rückmeldungen zu geben.

Dies ist nur ein Beispiel für ein zuvor fehlgeleitetes Coaching. Ich will keineswegs behaupten, dass ich immer einen solchen Dreh schaffe. Auch kann es durchaus sein, dass Menschen die vorherige Phase brauchten, um selbst zu erkennen, dass sie mit bestimmten Ideen oder Methoden nicht weiterkommen.

Meines Erachtens liegt es an drei Dingen, weshalb sich oftmals nicht die ganze Kraft des Coachings entfaltet:

Eine selbstorientierte Haltung: Viele Coachs brechen eigene Werte über den Coachee und injizieren ihm diese. Das »Du-kannst-wie-ich-erfolgreich-sein« der Motivationscoachs geht in diese Richtung. Da wird nicht differenziert, was erfolgreich ist. Da setzt der »Coach« den Maßstab. Das kann nur bei Menschen funktionieren, die selbst noch nicht gefestigt sind, sich also in frühen Phasen der Ich-Entwicklung befinden. Doch gerade diese Menschen müssten in ihrem »Ich« gestärkt werden. Das Berufungscoaching zielt oft in eine ähnliche Richtung. Es geht davon aus, dass jeder eine Berufung haben müsste. Menschen ohne inneren Kern können diese aber gar nicht wahrnehmen, selbst wenn es sie gäbe. Die Arbeit am inneren Kern muss also Vorrang haben.

Die Tool-Orientierung: Viele suchen einen Hammer, mit dem sich Nägel in die Wand schlagen lassen. Sie stellen sich also nicht wirklich auf den »Coachee« ein, sondern wollen Lösungen bieten. Das ist eine Herangehensweise der Richtig-Phase – und in der Arbeit mit Menschen sehr fragwürdig. Übrigens darf Ich-Entwicklung, und das ist mir ganz wichtig, nicht selbst zum Hammer werden. Sie ist kein Tool. Sie ist auch keine Methode. Dieser Ansatz zeigt nur – und das empirisch – wie sich Menschen entwickeln. Er ist konsequent konstruktivistisch. Er schreit nach Differenzierung.

Die Definitions-Sklaverei: Versteht man Coaching im Verständnis A als eine Sammlung von Methoden, um Menschen zu befähigen, Ziele zu erreichen, so ist das oft der falsche Ansatz. Es geht vielfach gar nicht um Ziele, sondern zunächst um andere Themen (Beispiel: der innere Kern). Persönlichkeitsentwicklung ist nie zielorientiert. Versteht man Coaching als einen Rahmen, in dem Menschen sich selbst helfen können (Verständnis A und B), ist das ein Denken, das die Effektiv-Phase voraussetzt – für Menschen in postkonventionellen Phasen aber zu eng ist. Ich empfehle, einfach mal aufzuhören, alles definieren und standardisieren zu wollen. Das ist ein an Produktivität ausgerichtetes Industriezeitalter-Denken, aufs Coaching übertragen. Wir könnten viel weiter sein!

Was ist Flexi-Coaching?

Ich stamme aus Köln. Aus Köln kommt ein Spruch, der in Deutschland Karriere gemacht hat: »Jeder Jeck ist anders.« Die dahinterstehende Haltung passt gut zu meinem Coaching-Verständnis, und das nicht nur, weil ich Kölnerin bin. Diese Auffassung besagt: Weil jeder anders ist, müssen wir aufhören, alles über einen Kamm scheren, mit dem gleichen Methodenkoffer bearbeiten und vereinheitlichen zu wollen. Deshalb müssen wir auch aufhören, Coaching als Handwerk zu begreifen.

In vielen Bereichen setzt sich gerade ein neues Verständnis durch: Die Medizin stellt ihre Behandlungsmethoden immer mehr auf den jeweiligen Genotyp ab. Therapiemethoden werden immer vielfältiger. Auch die Industrie 4.0 bietet auf den Kunden abgestimmte Produkte. Doch im Coaching geht man davon aus, dass jeder Mensch gleich »bedient« werden kann. Man geht von einer grundsätzlich gleichen »Funktionsweise« aus. Maximal differenziert man anhand von Zielgruppen, doch das ist es nicht. Es geht um eine unterschiedliche Funktionsweise, also die jeweilige Denk- und Handlungslogik. Die Ich-Entwicklung offenbart uns prägnante Unterschiede. Sie ist ganz sicher nicht das einzige mögliche Hilfsmittel, um Herangehensweisen im Coaching zu individualisieren. Aber sie bietet einige sehr gute Ansätze.

Ich habe im Laufe der Jahre mein Verständnis von Coaching flexibilisiert, um Menschen wirksamer zu helfen. Ich denke mich in die Denk- und Handlungslogik der Coachees ein und stimme meine Vorgehensweise darauf ab. Ein vorbereitender Fragebogen hilft mir, ihre Logik zu erahnen. Mit den Antworten kann ich keine sichere »Diagnose« erstellen, aber zumindest Arbeitshypothesen aufstellen, etwa:

- »Es könnten die zu hohen Ziele sein, die diese Person blockieren. Liegt die Lösung im Loslassen?«
- »Eigene Bedürfnisse sind nicht sichtbar, vielleicht zu sehr fremdgesteuert. Emotionalität suchen.«
- »Alles ist möglich, verliert sich im Relativismus und braucht Fokus. Metakriterien ergründen.«

Meine Hypothesen schreibe ich auf, werfe sie aber auch jederzeit über den Haufen. Ich entscheide jedes Mal neu, wie tief ich gehe oder wie sehr ich an der Oberfläche bleibe. Ab dem Effektiv-Modus orientiere ich mich bei entwicklungsbezogenen Fragestellungen an der jeweiligen emotionalen Landkarte meines Gegenübers. Ich frage nach, was in jemandem vorgeht, was etwas auslöst, was jetzt das Bedürfnis ist, wie es sich anfühlt und so weiter. Negative Emotionen deuten auf hinderliche Glaubenssätze hin. Positive Emotionen leiten zu Lösungen. Oft spüren Menschen ihre eigenen Emotionen nicht. Deshalb mache ich meine Coachees oft auf Gesichtsausdruck, Sprache, Körperreaktionen aufmerksam.

In meinem Angebot verbinde ich das Coaching-Verständnis A und B sowie allerlei dazwischen und vieles darüber hinaus. Ich richte mich an meiner Intuition aus: Ich schlage vor, Kaffee trinken zu gehen, nehme an die Hand, trete in den Hintern, entwerfe Skizzen, baue auf, tröste ... Im Flexi-Coaching-Katalog, den ich Ihnen weiter unten detailliert vorstelle, finden Sie mehr dieser Coaching+Maßnahmen.

Mein Flexi-Coaching lässt sich nicht nach Schema F lehren, denn dahinter steht zum einen eine durch Erfahrung geschärfte Intuition. Und zum anderen eine Haltung: Ich mache mich so gut wie möglich frei von mir selbst. Ich öffne mein Herz. Ich schmeiße meine eigenen Bewertungen über Bord, um offen für den anderen zu sein. Mir geht es darum, Menschen da abzuholen, wo sie sich abholen lassen. Und dorthin zu bringen, wo sie hingehen können. Ich möchte niemanden »befreien«, den ich nicht wirklich befreien kann, weil sein Denken das noch gar nicht zulässt. Ich weiß, man kann Menschen in konventionellen Phasen leichter beeinflussen als solche in postkonventionellen. Aber ich möchte niemandem meine Werte überstülpen.

Es gibt bei mir keinen festen Methodenkoffer, keine Denkschule, kein »So muss es sein, aber so nicht«. Alles ist erlaubt – wenn es dem anderen dient. Alles ist zulässig, wenn ich sehe, dass es dem Coachee hilft. Dazu muss ich mehr als ein guter Freund sein. Meine eigene Weltsicht darf keine Rolle spielen. Ich darf nicht wie ein Handwerker agieren, der immer das gleiche Werkzeug nutzt. Coaching ist kein Handwerk, es ist eine Dienstleistung, die eher eine Kunst ist. Es ist deshalb nicht der Werkzeugkoffer, der uns wirksam macht, sondern es sind unsere Intuition und unsere von Kreativität gespeiste Haltung. Wer Coaching lernt, sollte an seiner eigenen Haltung arbeiten.

Sie erinnern sich an die Schemata nach Piaget? Demnach können wir denken, was in unserem Schema enthalten ist. Auch das Flexi-Coaching lässt sich als Schema skizzieren. Wenn wir ein solches erstellen wollen, kann es in etwa so aussehen:

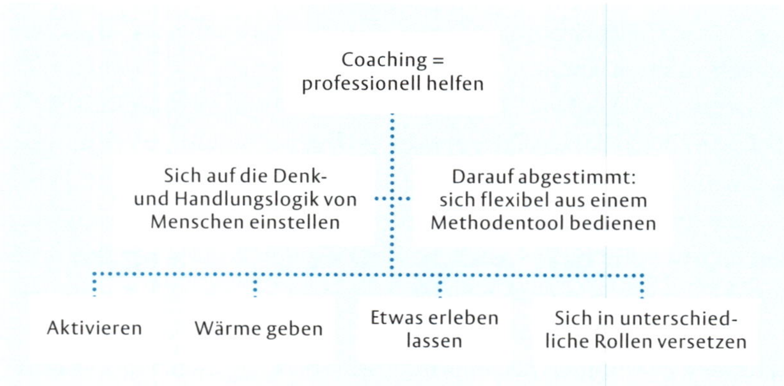

Wer kann Flexi-Coaching?

Die Phasen der Ich-Entwicklung lassen sich natürlich auch auf den Coach anwenden und kommen in seiner Arbeit deutlich zum Tragen. Im Richtig-Modus halten sich Coachs oft sklavisch an das, was sie gelernt haben. Sie sehen die Inhalte ihres Studiums oder ihrer Ausbildung als Wahrheit an. Sie orientieren sich mitunter kritiklos am Gelernten. In diesem Modus wird es deshalb maximal möglich sein, seinesgleichen oder Menschen im Wir-Modus zu helfen. Menschen im Richtig-Modus können Fachdozenten sein, für Coaching im Coaching-Verständnis A und B, aber für Flexi-Coaching sind sie ungeeignet. Sie könnten jedoch dahin gelangen – durch gezielte Entwicklung und Selbstreflexion.

Erst im voll ausgereiften Effektiv-Modus – es gibt hier viele Zwischenphasen – können Coachs wirksam sein, vor allem im zielorientierten Coaching-Verständnis A. Für das Verständnis B braucht es eine differenziertere Wahrnehmung von Emotionen, hierfür ist ein Coach im Flexibel-Modus besser gerüstet. Im Flexi-Coaching wiederum ist das Denken und Handeln im Flexibel-Modus Programm.

Im Effektiv-Modus neigen einige Coachs dazu, eigene Werte auf den Klienten zu übertragen. Sie haben dann weniger im Blick, dass es auch andere Theorien und Herangehensweisen gibt. In meinen Ausbildungen sehe ich viele Teilnehmer im Effektiv-Modus, etwas seltener Flexible. Die Effektiven haben ihr Geschäftsmodell oft auf einer bestimmten Annahme und Weltsicht gegründet. Sie möchten beispielweise Menschen helfen, Sinn im Leben zu finden, und interpretieren das in Richtung Selbstverwirklichung. Das ist völlig okay, wenn die eigenen Grenzen gesehen werden. Meine Empfehlung ist, sich möglichst auf eine klar umrissene Zielgruppe einzustellen, da man dann nicht so flexibel agieren muss. Ein Effektiv-Coach kann Menschen helfen, sich aus der Richtig-Zone zu entwickeln oder in ihre ganze effektive Kraft zu kommen. Oft gelingt ihnen das besser als jemandem, der stark relativiert, daher möglicherweise den Fokus aus den Augen verliert und einen Effektiven damit verwirrt.

Ab dem Flexibel-Modus steigt die Fähigkeit, sich auf unterschiedlichste Menschen und Zielgruppen einzustellen, ohne diese in eine bestimmte Richtung zu führen, an Methoden festzuhalten oder eigene Werte auf die Klienten zu übertragen. Ausbilder und Führungskräfteentwickler sollten mindestens »flexi« sein, weil sie sich nur dann auf die früheren Phasen einstellen und Menschen daraus abholen können. Die bessere Wirksamkeit postkonventioneller Ausbilder hat unter anderem Thomas Binder nachgewiesen.

Meine sechs Thesen und Forderungen

Ich möchte noch einmal meine Thesen zusammenfassen und daraus Forderungen ableiten:

1. **These:** Viele, die mit Menschen arbeiten, kennen sich zu wenig selbst. Sie wissen gar nicht genau, wer sie sind. Coaching-Ausbildungen fordern viel zu wenig Selbstreflexion. Manchmal ziehen diese Ausbildungen Leute an, die im normalen Berufsleben nicht weitergekommen sind oder unzufrieden waren. Die eigene Problematik ist unzureichend reflektiert, ebenso wie die Motivation, »Coach« zu werden. Therapeuten haben durch die langen Ausbildungen hier mehr Übung, sie mussten intensiver über sich selbst nachdenken. Das allein ist kein Garant, dennoch steigt mit der Dauer und Qualität der Selbstreflexion die Wahrscheinlichkeit, einen Zugang zu sich selbst zu finden. Meine Forderung: Coaching-Ausbilder sollten die Selbstreflexion fördern. Sie sollten genauer hinschauen, wen sie ausbilden, und stärker aussortieren.

2. **These:** Viele, die mit Menschen arbeiten, kennen sich mit psychologischen und neurologischen Grundlagen nicht aus. Diese sind aber im Coaching-Verständnis A und B notwendig. Coaching ist nie nur eine reine Prozessgestaltung, wie viele es sehen wollen. Als Coach ist man immer Projektionsfläche, muss Impulse setzen und

entscheiden, in welche Richtung ein Prozess geht. Wer entwicklungsbezogen coachen will – und spätestens im Coaching-Verständnis B kommen die Grenzen der Selbstlösungskompetenz auf den Tisch –, braucht Vorkenntnisse. Nicht ohne Grund muss man in einigen US-Staaten für Counseling Psychologie oder Pädagogik studiert haben. Meine Forderung: Coaching-Ausbildungen sollten mehr und spezifischere psychologische und neurowissenschaftliche Inhalte anbieten.

3. These: Die persönliche Reife von Coaching-Klienten wird vor allem im Coaching-Verständnis A, das in erster Linie »systemisch« geprägt ist, nicht mitgedacht. Wir gehen von Erwachsenen aus, die voll entwickelt und jederzeit in der Lage sind, alles zu erreichen, was sie sich vornehmen. Dem ist nicht so. Wir versuchen Menschen mit geringer Reife mit den gleichen Tools zu coachen wie jene mit hoher Reife. Zudem herrscht das Dogma, das Coaching non-direktiv, also nicht steuernd sein soll. Aber in bestimmten Kontexten braucht es Direktive, etwa wenn man jemand dazu bringen möchte, seine »Hausaufgaben« zu erledigen. Das funktioniert in der Wir- und Richtig-Phase über fürsorgliche Ansprache, aber auch über Autorität. Meine Forderung: Wir müssen differenzieren bei der Reife der Coachees. Das impliziert auch, dass wir zuweilen direktiver vorgehen müssen.

4. These: Überall begegnen uns unsinnige Regeln, Normen und hinderlich eingrenzende Definitionen. Coaching ist zum Beispiel definiert als »Beratung ohne Ratschlag«. Warum muss das so sein? Für bestimmte Klienten, in bestimmten Situationen und bei bestimmten Fragestellungen kann ein guter Rat hilfreicher sein als die Zielvereinbarung mit einem Coach. Ich habe das Bild des Hammers genutzt, mit dem Nägel in die Wand geschlagen werden. Dabei wird nicht nachgeschaut, welche Wand man vor sich hat. Was hilft dem Klienten wirklich langfristig? Das ist am Ende doch die einzig relevante Frage. Meine Forderung: weg mit dem Dogma.

Ob man beim Coachen Fragen verwendet, Ratschläge gibt, Purzelbäume schlägt, jemanden an die Hand nimmt oder in den Dialog geht – entscheidend ist doch, dass es dem Menschen hilft.

5. These: Coaching leidet unter dem Versuch, es partout von anderen Disziplinen abgrenzen zu wollen. Coaching soll unbedingt *nicht* Therapie sein, *nicht* Beratung, *nicht* Training, Das ist verkrampft. Warum muss das so sein? Es ist doch egal, wie das, was hilft, am Ende heißt – Coaching, Gespräch, Beratung oder Therapie. Viele Menschen können das ohnehin nicht unterscheiden, wollen es auch gar nicht. »Systemisches Coaching« verstehen zehn Menschen auf zehn unterschiedliche Weisen. Es bringt also nichts, Abgrenzungsarbeit über vermeintliche Fachbegriffe zu betreiben. Allerdings sollte die eigene Haltung besser vermittelt werden. Meine Forderung: Wir sollten unterschiedliche Ansätze zulassen und die einzelnen Coaching-Verständnisse stärker differenzieren.

6. These: Coaching wird als »Handwerk« verkauft, das jeder lernen kann. Es ist jedoch auch die Kunst einer differenzierten Beziehungsgestaltung – zumindest, wenn man den eng definierten Teilkontext des Coaching-Verständnis A verlässt. Dieser Teilkontext bezieht sich auf ein rein lösungsbezogenes Zielerreichungs-Coaching. Meine Forderung: Coachs sollten sich selbst nicht als Methodenkoffer-Verwalter verstehen, sondern als Beziehungsgestalter, die bei aller Intuition immer wissen, was sie tun und warum sie etwas tun.

Im nächsten Kapitel werde ich meine Gedanken in die Praxis übersetzen. Ausgehend von den unterschiedlichen Phasen, konkretisiere ich meinen Ansatz. Es geht also um Flexi-Coaching anhand von Fallbeispielen.

Hilfe für Menschen in der Ego-Phase: Konfrontation

Der *Charakter* des Menschen in der Ego-Phase ist egoistisch. Er will für sich Dinge erreichen. Ihn oder sie interessieren die anderen und deren Regeln wenig. Er umgibt sich gern mit Gleichgesinnten. Flexi-Coaching in der Ego-Phase ist schnell beschrieben: Menschen im Ego-Modus schaden Unternehmen und der Gesellschaft. Sie müssen an ihre Grenzen stoßen oder gestoßen werden. Dazu brauchen sie starke Coachs – eher Berater –, die in der Lage sind, sie zu beeinflussen. Dafür braucht es Respekt auf beiden Seiten. Das schließt auf Coach-Seite keineswegs aus, dass man das Verhalten auf übergeordneter Ebene als nicht produktiv ansieht. Auf der zwischenmenschlichen Ebene bleibt der Coachee ein Mensch auf Augenhöhe – keiner basisdemokratischen, gleichmacherischen Augenhöhe, sondern einer, die mit Autorität zu tun hat.

Nur aus dieser Augenhöhe heraus ist Konfrontation möglich, die vielleicht den Impuls geben kann, sich zu entwickeln. Weichgespültes Nähe-Coaching bringt hier nichts, das wird von dieser Klientel als Warmduscherei empfunden.

Frank war von seinem Geschäftsführungspartner geschasst worden. Bei mir hielt er Monologe darüber, was er alles geleistet habe und was für ein Idiot der Partner sei. Ich beugte mich über den Tisch, schaute ihm intensiv in die Augen und sagte laut: »Mit Ihnen hätte ich auch ein dickes Problem«, und öffnete das Fenster. Nach diesem kleinen Machtkampf konnten wir reden.

Vorsicht: Menschen in der Ego-Phase können überaus anpassungsbereit und willig wirken. Sie versprechen Ihnen das Blaue vom Himmel herunter, wenn es ihnen nutzt. Sehr oft sind sie auch manipulativ. Achten Sie auf ihre Handlungen. Glauben Sie keinen Versprechungen. Gespräche sind hier weniger zielführend als Aktionen: zeigen, machen, tun, konfrontieren.

Hilfe für Menschen in der Wir-Phase: Handeln aktivieren

Der *Charakter* der Menschen im Wir-Modus ist durch das Streben nach Zugehörigkeit gekennzeichnet. Er »reagiert«, wenn er ausgestoßen wird. Menschen in dieser Phase akzeptieren Erwartungen und Regeln anderer und hinterfragen sie kaum. Das macht sie zu treuen und loyalen Mitarbeitern. Wenn sie zum grundsätzlichen Hinterfragen aufgefordert werden, sind sie damit überfordert.

Rosa arbeitete als Teamleiterin im Vertriebsinnendienst. Ihre fünf Mitarbeiterinnen bildeten ein tolles Team, das harmonisch zusammenarbeitete. Alle waren gut ausgebildet, vier hatten studiert. Jobsicherheit war für die Damen zentral, ja, der höchste Maßstab. Arbeitslosigkeit war für sie negativ besetzt, arbeitslos sind die anderen. Fleiß und Loyalität – selbstverständlich. Sie wollten ihre Jobs so gut wie möglich machen, was vor allem auch bedeutete, den Kunden gerecht zu werden. Lästern über die Firmenleitung war zwar erlaubt, aber offene Konflikte verpönt. Teamarbeit interpretierte Rosas Team vor allem als »Wir verstehen uns gut«. In den Arbeitspausen tauschten sich die Frauen über Fernsehserien aus, die sie alle regelmäßig sahen. Sie sprachen über Kinder und die Sorgen zu Hause.

Ich habe ein halbes Jahr mit Rosas Team gearbeitet, als die Firma von Hamburg nach Köln umziehen musste. Die Personalerin hatte mich geholt, um den Mitarbeitern mit »systemischem Coaching« zu helfen, die Kündigung zu verdauen. Unsere Vereinbarung beinhaltete Workshops in der Gruppe und Einzelcoaching. Ganz besonders wünschte sie sich, dass ich die Damen zur Selbstverwirklichung anstiftete, sie zu dem führte, was sie wirklich wollten … Aber das war zunächst gar nicht das Interesse der Betroffenen.

Wir Coachs neigen oft dazu, andere von Zwängen »befreien« zu wollen. Wir betrachten Selbstverwirklichung als Ideal. Aber was lässt uns glauben, dass das tatsächlich so ist – und erwartet, gewünscht oder gar notwendig? Wenn man Coaching als flexibles Helfen versteht, muss es doch um den Menschen gehen, um den für ihn logischen nächsten Schritt. Bei Menschen im Wir-Modus ist das nicht die Selbstverwirklichung. Für sie geht es zunächst darum, sich der eigenen Stärken bewusst zu werden – und ein Gefühl für zwischenmenschliche Unterschiede zu bekommen.

Menschen in der Wir-Phase sehen die Dinge nicht, *wie* sie sind, sondern wie *wir* sind, und das bedeutet, dass ich mich auf diese Sichtweise einstellen muss, wenn ich etwas erreichen will. Die *Wahrnehmung* der Menschen im Wir-Modus beschreibt, worauf sie ihre Aufmerksamkeit richten. Diese Menschen fühlen Verbundenheit mit anderen. »Wir verstehen uns blind«, bedeutet für sie, dass man eins ist. Das macht für sie auch gute Teamarbeit aus. Menschen in der flexiblen Phase würden Teamarbeit eher als Möglichkeit begreifen, wichtige Dinge gemeinsam voranzutreiben und dabei selbst zu wachsen. Im Wir-Modus ist es die Zusammenarbeit an sich, die geliebt wird.

Dieses Team war stolz auf sich als Ganzes. Ich lenkte den Blick auf die Unterschiede, auf das, was jede einzelne Mitarbeiterin besonders machte. Es gab eine, die die anderen mit ihrem Witz bei Laune hielt, und eine andere, die besonders gut Excel-Probleme löste. Eine Dame kleidete sich auffällig stilsicher. Rosa als Teamleiterin war besonders gut in der Organisation. Und schwierige Kundengespräche führen, das konnte sie wie keine Zweite!

Ich habe vor Jahren ein eigenes Kartenset mit 55 Stärken entwickelt, das sich gut für die Arbeit mit Menschen unterschiedlicher Reifegrade eignet. Man kann es flexibel anpassen. In der einfachen Anwendung geht es darum, die Stärken zu verorten. Die Klienten sollen also eine Antwort auf die Frage »Welche Stärken habe ich?« finden. Das passte in dieser Situation genau. Das Haptische der Karten hilft zusätzlich beim »Begreifen«. Bei reiferen Gruppen lässt sich dialektisch mit den Karten arbeiten (unter Einbeziehung der Gegenpole einer Stärke, etwa strukturiert-flexibel). Das System eignet sich auch, um

Menschen in ihrer Entwicklung zu fördern, denn man kann »Ist- und Soll-Stärken« hinzuziehen. In dieser Gruppe suchte sich jeder seine Stärken aus, und die anderen ergänzten sie. Sie hatten Spaß daran, sich gegenseitig zu unterstützen, aber Stärken differenziert wahrzunehmen, fiel ihnen noch ziemlich schwer. Auch sahen sie als Erstes immer die Schwächen. Von diesem negativen Blick holte ich sie weg und lenkte das Augenmerk zurück auf die Stärken. Die Arbeit mit Stärken baute ich im Einzelcoaching aus, weil sie hier noch viel offener sprechen konnten und wollten, eben auch wieder über das, was sie als Schwäche ansahen. Anhand von konkreten Situationen zeigte ich, dass jede Schwäche ja auch eine Stärke ist. Problematisch ist nur die Übertreibung. Wer sehr ordentlich ist, neigt zu Perfektionismus. Perfektionismus aber hemmt. Das konnten sie gut nachvollziehen.

Danach war ihr Ziel immer noch nicht die Selbstverwirklichung, sondern möglichst schnell einen neuen Job zu finden. Durch die Arbeit mit den Stärken fiel es ihnen jetzt aber leichter zu erkennen, welche Jobs passten. Bei den Bewerbungen beriet ich sie aus meiner Position einer vertrauten Expertin. Sie wollten genau wissen, was man schreiben kann und was nicht. Da war nicht viel »systemisches Coaching« – es wäre auch weder erwünscht noch angebracht gewesen. Auch Entwicklung war im Moment kein Thema, da sich die Probleme mit der derzeitigen Denk- und Handlungslogik der Frauen lösen ließen. Dennoch hatte ich mit den Stärken einen Impuls gesetzt, der für diese Phase wichtig ist. Zwei Jahre später kam Rosa wieder zu mir. Das Nachdenken über sich selbst und ihre Stärken hatte sie nicht losgelassen. Sie hatte angefangen, sich selbst bewusster wahrzunehmen. Jetzt merkte sie, dass der Job zu eng für sie geworden war. Und nun wollte sie sich entwickeln.

In der Wir-Phase liegt der Aufmerksamtkeitsfokus auf Normen und Regeln (»Wie macht man X?«) und beobachtbaren Merkmalen. Man sieht auch Unterschiede zwischen Gruppen – hier sind wir, da die anderen –, aber innerhalb der eigenen Gruppe werden die Unterschiede eher auf wenige Aspekte reduziert. Sie beziehen sich vor allem auf Verhalten wie: »organisiert gut« oder »spricht auch Französisch«.

Beim *Handeln und Kommunizieren* geht es Wir-Menschen noch nicht so sehr um Dialog – auch wenn sie zuhören –, sondern um Austausch von Informationen. Sie möchten wissen, wie sie sich verhalten sollen. Und das möglichst konkret. Hier ist es sinnvoll, zunächst auf unterschiedliche Verhaltensmöglichkeiten aufmerksam zu machen, also analog zu den Stärken erst einmal zu differenzieren. So erklärte ich, dass in Vorstellungsgesprächen das Gegenüber nicht eine bestimmte Antwort erwartet, die sie sich zurechtlegen müssen, sondern sich einen Eindruck verschaffen will. Das war ein neuer Gedanke und entspannte. Ich studierte auch ganz konkret Vorstellungsgespräche ein. Üben in der Gruppe mochten sie nicht, sie schämten sich schnell und konnten Feedback noch nicht offen annehmen. Im Einzelgespräch war ich für sie aber die Vertrauensperson, gegenüber der sie sich öffnen konnten. Feedback in der Gruppe wäre ihnen unangenehm gewesen. Deshalb musste ich meine Sprache anpassen. Sie wollten klar wissen, wie sie sich verhalten und was sie sagen sollten. Sie selbst konnten beschreiben, was sie machten, aber kaum wie sie sind. Meine Formulierungsideen dazu wurden gern eins zu eins übernommen.

Neben der Arbeit mit den Stärken war die größte Unterstützung, die ich den Frauen geben konnte, ihnen konkret und praktisch zu helfen und ihnen Mut zuzusprechen. Sie hatten Angst vor Absagen, weil sie diese als Ablehnung ihrer Person begriffen. Es half ihnen sehr zu wissen, dass soundso viele Absagen normal sind und nichts mit ihnen zu tun haben. Es half ihnen, wenn ich von anderen Bewerbern erzählte, denen es auch so gegangen war.

Das »systemische Coaching« war am Ende natürlich kein Coaching, sondern eine Bemutterung mit Fachberatungselementen und Trainingscharakter. Und das war auch gut so.

Worauf Menschen in der Wir-Phase ansprechen

Nur wer ein eigenes Gewissen – einen eigenen Kern – ausgebildet hat, kann von anderen unabhängige Entscheidungen treffen, gegen den Strom schwimmen, etwas bewegen, aufbauen, verändern. Er kann im wahrsten Sinne des Wortes auf »eigene« Ressourcen zurückgreifen. Denn er hat diese von den Prägungen seiner frühen Kindheit und sozialen Umwelt frei geschaufelt.

Menschen, die noch keine volle Identität entwickelt haben, sprechen deshalb kaum auf das zielorientierte, an Leistungssteigerung orientierte Business Coaching an. Im Grunde funktioniert hier die Herangehensweise der Sozialarbeit am besten: Beziehung herstellen, Vertrauen gewinnen, Ärmel hochkrempeln und die Leute aktivieren. Nicht lange reden, sondern machen. Die Aufarbeitung von Emotionen oder die vertiefte Reflexion von Stärken – das war bei Rosas Team, einer Wir-Gruppe, nicht gewünscht. Was die Personalerin vorhatte und sie als »systemisches Coaching« interpretierte – die Anregung, tiefer über sich selbst zu reflektieren –, passte hier nicht.

Warum kommen solche Missverständnisse zustande? Schauen wir uns einmal in der Personalabteilung um. Meine Auftraggeberin dort hatte gerade eine systemische Ausbildung abgeschlossen. Deshalb hatte sie die Absicht, ihrer Innendienstabteilung systemisches Coaching zukommen zu lassen. Sie wollte ihnen damit etwas Gutes tun. Wenn ich »systemisch« höre, versuche ich immer zu ermitteln, was eigentlich gemeint ist. Manche beziehen sich auf Systemtheorien, die es in unterschiedlichen Disziplinen gibt. Bekannt ist zum Beispiel die »Theorie sozialer Systeme« von Niklas Luhmann. Andere legen die Methoden systemischer Familientherapie zugrunde. Sie meinen mit systemisch dann: »andere für die Person relevante Menschen und den Kontext einbeziehen«. Natürlich kann niemand ohne sein Umfeld agieren, und natürlich kann es Lösungen ohne dessen Einbeziehung nicht geben! In keiner Phase. Ein Teil des Kontextes ist aber eben auch die Reife der einzelnen Personen.

Etwas konkreter ist der »systemische« Gedanke, andere Personen in die Methodik der Beratung einzubeziehen, etwa durch die sogenannte Stuhlarbeit. Dabei repräsentieren Stühle Personen, beispielsweise die Kollegen. Wieder andere reduzieren »systemisch« auf Systemaufstellungen, bei denen Holzfiguren die an einer Situation beteiligten Personen repräsentieren. Berühmt und berüchtigt sind die Systemaufstellungen von Bert Hellinger. Er wandelte dazu Methoden aus der Familientherapie ab. Auch fremde Männer und Frauen werden aufgestellt, um Familienmitglieder zu repräsentieren. Durch das Spiel mit Nähe und Distanz kochen Emotionen hoch. Diese werden dann jedoch oft nicht aufgefangen. Ich habe nicht selten erlebt, dass so eine Aufstellung jemand in eine tiefe Krise gestürzt hat.

Bei dem genannten Auftrag war Coaching in diesem Sinn nicht gefragt und wäre auch nicht ansatzweise sinnvoll gewesen. Auch sollten keine tiefgreifenden emotionalen Probleme gelöst werden. Es ging einfach darum, die Leute auf die Spur zu bringen, damit sie sich sicher fühlten. Es ist sicher so, dass in allen Frauen viel mehr Potenzial steckte, als sie nutzten. Möglicherweise bedaure ich das als jemand, der weiß, wie sehr Menschen sich entwickeln können. Aber dafür war nicht der richtige Zeitpunkt. Was ihnen zu ihrem Glück fehlte, war nicht ein anderer Blick auf sich selbst oder die Ausschöpfung eigener Potenziale, sondern schlicht ein neues, nettes Team. Und wenn sie dann irgendwann an Grenzen kämen, so wie Rosa, dann würden sie von selbst wiederkommen.

Was ist eigentlich »systemisch«?

Die häufigste Antwort, die ich auf diese Frage erhalte, lautet, dass »alles mit allem zusammenhängt«. Das könnte man als ganzheitlich interpretieren, also alle Aspekte des Lebens einbeziehend, oder aber als zusammenhängend und interagierend, weil die Veränderung der einen Sache auch die andere beeinflusst. Die zweithäufigste Antwort ist, dass »man das Umfeld einbeziehen muss«, was im Grunde eine praktische Ableitung aus der ersten Antwort ist. Wer mit Menschen arbeitet, ob als Coach oder Pädagoge, als Führungskraft oder in der sozialen Arbeit, sollte natürlich in diesem mehrfachen Sinn systemisch denken können: kontextbezogen und ganzheitlich.

Wie anders sollte er wirksam helfen können? Niemand ist ohne sein Umfeld denkbar. Coaching lässt sich aber durchaus nur berufsbezogen gestalten, »ganzheitlich« muss es nicht sein. Hier werden die Unterschiede deutlich zwischen dem, was ich als Coaching-Verständnis A und B definiert habe. A ist kontextbezogen, aber nicht unbedingt ganzheitlich. B ist kontextbezogen und ganzheitlich.

So wie beim Coaching gibt es auch hinsichtlich des Systemischen keine einheitliche Auffassung. Oft werde ich gefragt: »Sind Ihre Ausbildungen systemtheoretisch fundiert?« (Einige sagen auch »systemisch«). Dann frage ich zurück, was denn damit genau gemeint sei. Meistens können die Fragenden das gar nicht formulieren. »Systemisch« oder »systemtheoretisch« ist eher zu einem Verkaufsetikett geworden; etwas anderes lässt sich im Ausbildungsbereich kaum noch an den Mann bringen. Das finde ich beängstigend, denn wer denkt, »systemisch« oder »systemtheoretisch« sei die einzige Wahrheit, denkt im Richtig-Modus – und damit wird das alles ad absurdum geführt.

Was als Erklärung für »systemtheoretisch« und »systemisch« durch Medien und Coaching-Szene spaziert, ist meist wenig erhellend und oft sogar bewusst verschleiernd. Der eine schreibt vom anderen ab, und so baut eine Worthülse auf der nächsten auf. Daher will ich versuchen, hier etwas mehr Verständlichkeit zu schaffen.

Zunächst möchte ich Systemtheorien von systemisch unterscheiden. Wie der Name sagt, sind Systemtheorien theoretische Modelle. Systemisch hingegen ist die praktische Ableitung von Maßnahmen aus den Systemtheorien; diese Ableitung erfolgt im therapeutischen Kontext seit den 1970er-Jahren.

Systemtheorien stellen also eine Art Überbau dar. Schauen wir uns diesen Überbau einmal näher an. Zunächst ist festzuhalten, dass es *die* eine Systemtheorie nicht gibt. Systemtheorien beschreiben biologische, soziologische oder mathematische Prinzipien und fassen diese in Modelle. Ludwig von Bertalanffy, ein Biologe, verfasste erstmals eine allgemeine Systemtheorie, deren übergeordnetes gemeinsames Prinzip lautet, dass die Regeln universell gelten – also unabhängig von der Denkschule oder Disziplin, in dem Fall der Biologie. Niklas Luhmann verfasste eine soziologische Systemtheorie, die er mit Absicht so komplex wie ein Labyrinth gestaltete, die aber im Kern eine soziologische Systemtheorie ist. Die Psychologie kennt keine eigene Systemtheorie, aber Ansätze mit mehr oder weniger Nähe zu den Systemtheorien. So ist die Annahme einer weitgehend statischen Persönlichkeit in der differenziellen Persönlichkeitspsychologie nicht systemisch, wohl aber der Gedanke der hier vorgestellten dynamischen Ich-Entwicklung oder aber gestalttherapeutische Prinzipien. Dieser Gedanke ist zudem konstruktivistisch, denn er nimmt an, dass jeder Mensch sich seine Welt selbst konstruiert und diese nicht objektiv da ist. Die Ich-Entwicklung erkennt auch, dass viele Menschen dies zwar verstehen, aber nicht unbedingt begreifen können – die Menschen in konventionellen Phasen.

Systemtheorie und Konstruktivismus, systemisch und konstruktivistisch, sind eng miteinander verbunden. Da der Konstruktivismus die Überzeugung beinhaltet, dass es keine objektive Wahrheit gibt, ist jeder Mensch auch Gestalter seiner Wahrheit. Die Persönlichkeitspsychologie sieht diese Aspekte nicht. Für sie ist der Mensch die Summe seiner Eigenschaften, die mit wissenschaftlichen Methoden oft als relativ statisch bewiesen werden – etwa der Intelligenzquotient oder die Big Five. Die Theorie der Ich-Entwicklung sieht direktere Einfluss- und Gestaltungsmöglichkeiten durch die Umwelt.

Systemtheorien haben das zuvor dominierende Ursache-Wirkungs-Denken verdrängt. Sie gehen davon aus, dass die Elemente eines Systems – ein System kann dabei ein Unternehmen sein, aber auch ein Öko-System – in einer nicht-linearen Art und Weise zusammenhängen und in Wechselwirkung stehen. Nehmen wir als Beispiel eine biologische Populationsdynamik, die zwischen Hase und Fuchs. Ist das Angebot an

Hasen groß, haben die Füchse gut zu fressen und vermehren sich. In der Folge sinkt der Hasenbestand, und die Füchse müssen darben, so gibt es wieder weniger Füchse. Greift der Mensch ein und füttert den Fuchs, könnte es passieren, dass es bald wieder Hasen-Überangebot gibt, das nicht mehr kontrolliert ist, da die Füchse anderweitig satt werden. Nun gehen Jäger auf die Hasen los – wenn Jagen erlaubt ist. Je nachdem, welches Element sich ändert, verändert sich auch das System. Dieselbe Ursache kann also ganz unterschiedliche Wirkungen haben und außerdem selbst verschiedenen Einflüssen unterliegen. Am Ende geht es aber nur um eines: Das System will überleben, sich selbst erhalten. Diesen Gedanken kann man auf Menschen und Unternehmen übertragen.

Jedes System organisiert und reproduziert sich, ob biologisches System (z. B. Populationen), Wirtschaftssystem (z. B. Unternehmen) oder Sozialsystem (z. B. Familie). Dafür nutzt es spezifische Elemente, die es nur in diesem System gibt. Solche Elemente sind bei Luhmann in der soziologischen Systemtheorie Kommunikationen. Durch Kommunikationen – auch die Nicht-Kommunikation – leben Systeme. Kommunikationen kommen nicht von der Person als Mensch, sondern von der Person im System. Der Mensch ist im Luhmann-Sinn ein biologisches System, das ein psychisches System beinhaltet. Alle Systeme stehen miteinander in Wechselwirkung. Die Kommunikation einer Person könnte demnach im System »Familie« ganz anders sein als im System »Unternehmen« – abhängig von anderen Elementen und Wechselwirkungen. Rosas Teammitglieder aus meinem Fallbeispiel könnten also im privaten Umfeld einem anderen »Modus« folgen und eine andere Entwicklungsstufe zeigen. Die Teammitglieder würden sich dann im Arbeitskontext »herunterfahren«. Sie würden also weniger »reifes« Denken und Handeln zeigen, als ihnen prinzipiell möglich wäre.

In der systemischen Familientherapie geht es auch um Systeme – vor allem um das System der Familie. Das »Kind« ist Symptomträger dysfunktionaler Beziehungen. Die sogenannte zirkuläre Art der Fragestellung, die die Perspektiven von anderen einbezieht, fördert den Blick auf

Wechselbeziehungen. Dabei fragt man z.B. die Perspektiven anderer Personen ab (»Wie würde die Mutter das beschreiben?«). So werden ungünstige Familienstrukturen bewusst. Dies kann auch durch die schon erwähnten Aufstellungen erfolgen. Dadurch brechen tiefere Ebenen auf, was sehr wirksam für Entwicklung sein kann – aber nicht muss.

Für unseren Zusammenhang heißt das: Die Entwicklung von Menschen ist keine Angelegenheit, die man unabhängig vom Umfeld betreiben kann. Da der Mensch »im System« diesem entsprechend handelt, erklärt das auch, warum sich Menschen in bestimmten Phasen in bestimmten Systemen besonders gut entfalten: In der Wir-Phase könnte das die Tätigkeit in einem Unternehmen sein, das sehr auf Zusammenhalt und »Alle sind gleich« setzt. Die Richtig-Phase wird von Unternehmen gefördert, die klare und konventionelle Herangehensweisen verlangen, oft sind dies Konzerne, aber natürlich nicht nur. Die Effektiv-Phase wiederum pushen Wirtschaftsunternehmen, die Leistung und Selbstverwirklichung in den Vordergrund stellen. Flexible Entwicklung wird selten gefördert, wäre aber für Führungskräfte ausgesprochen nützlich – ganz besonders in Veränderungssituationen.

Hilfe für Menschen in der Richtig-Phase: Beraten und üben

Der *Charakter* von Menschen in der Richtig-Phase ist auf das Streben nach Unterscheidung und Eigenständigkeit ausgerichtet.

Stellen Sie sich die eben skizzierte Innendienst-Abteilung in der Richtig-Phase vor. Wie würden sich der andere Charakter, die andere Wahrnehmung, das andere Denken und das andere Handeln und Kommunizieren im Unterschied zum Wir-Modus zeigen? Der Charakter würde sich darin spiegeln, dass sich die Damen stärker voneinander abgrenzen würden. Sie wären vermutlich begeisterter auf Entdeckungsreise gegangen, hätten Unterschiede untereinander noch aktiver feststellen wollen und dies auch eher in der Gruppe getan. Sie hätten sich stärker untereinander oder mit einer anderen Abteilung verglichen. Andere Gruppen, Menschen oder Teams hätten sie vielleicht belächelt. Das *Denken* der Menschen im Richtig-Modus richtet sich daran aus, ein Bild von sich selbst als eigenständiger Person zu konstruieren. So bin ich eben!

Peter war Lehrer an einer privaten Berufsschule. Dort unterstützte er Schüler, die einen Ausbildungsplatz fanden, damit die Schule verließen und nicht mehr zahlten. Die Schulordnung deckte das. Nun bekam Peter »Ärger« mit einem Qualitätskreis, der an der Schule sehr viel Einfluss hatte. Dieser Qualitätskreis sah sich als Bewahrer einer ungeschriebenen schulischen Identität an und »bestrafte« alle, die es mit der Schulordnung zu genau nahmen. Ein Wechsel von Schülern war aus dieser Perspektive nicht nur wirtschaftlich unerwünscht, er störte auch Abläufe und machte mehr Arbeit.

Peter sah sich als Vertreter eines übergeordneten Schülerinteresses und wähnte sich moralisch auf der richtigen Seite. »Die Schüler zahlen der Schule Geld, also müssen wir ihre Interessen bedienen«, war seine Meinung, während der Qualitätskreis die Interessen der Schule gefährdet sah, wenn einer ausscherte. Peter berief sich bei seiner Haltung auf die Schulordnung. Der Konflikt beschäftigte ihn sehr, als er zu mir kam. Es war ihm keineswegs egal, »ausgeschlossen« zu sein. Seine Legitimation zum Widerstand zog er aus den niedergeschriebenen Regeln. Er betrachtete sich als objektiv, die anderen handelten seiner Auffassung nach gegen die Interessen der Schule. Zu mir kam er, weil er aufgrund dieses Konflikts daran dachte, die Schule zu wechseln. Er zweifelte an sich und seinen Stärken. Ich fragte nach der Direktorin. Was war denn ihre Haltung dazu? Sie stand auf seiner Seite – das war für ihn bestärkend, denn die Meinung einer Autorität zählte für Peter. Peter dachte und handelte im Richtig-Modus. Er wollte auch, dass ich die Situation und ihn »beurteilte«.

Ich sagte, dass ich das nicht könne, sondern ihm nur dabei helfen konnte, seine Situation zu betrachten. Die *Wahrnehmung* in der Richtig-Phase richtet sich auf die eigene Expertise sowie auf die der anderen. Menschen in dieser Phase sehen und hören, was jemanden auszeichnet, gerade auch im Unterschied zu anderen.

Will ich diese Menschen erreichen, so helfen meine Buchpublikationen beim Beziehungsaufbau. Ich gelte als Expertin, »Frau Doktor« ohne Doktortitel. Menschen in der Richtig-Phase haben feste Überzeugungen, wie etwas sein muss. Dinge infrage stellen darf, wer selbst Expertise hat. Die Wahrnehmung ist auf Zeichen von Kompetenz ausgelegt, etwa Bücher, Titel, Empfehlungen, Auszeichnungen. »Augenhöhe« ist hier also nochmals ganz anders definiert.

Menschen im Richtig-Modus suchen oft eigentlich Beratung, auch wenn sie von Coaching sprechen. Sie können das Coaching-Verständnis auswendig gelernt haben und von mir fordern: »Bitte fragen sie mich.« Trotzdem erwarten sie Beratung. Sie suchen nach einer klaren Aussage, vor allem im Jobkontext. Bei Situationen, wie der oben skizzierten, helfen ihnen Übungen mehr als alles andere. Ich verdeutlichte mit einer Zeichnung, dass es sich um einen strukturellen Konflikt handelte und es ein Führungsproblem gab. Es war nämlich nicht klar, ob die formellen oder die informellen Regeln gelten sollten. Darüber sollte Peter zunächst mit der Direktorin sprechen. Den Konflikt mit dem Qualitätszirkel müsste sie lösen und nicht er. Er selbst sollte zu seiner Überzeugung stehen und das auch gegenüber den Mitgliedern des Zirkels vertreten. Gleichzeitig übte ich mit ihm in einem Rollenspiel, das Perspektivenwechsel beinhaltete, auch die Beweggründe der anderen zu verstehen. Dann übten wir die Gespräche mit der Direktorin und mit den Vertretern des Qualitätszirkels. Vor allem aber führte ich ihn immer wieder zu seinen Bedürfnissen: »Was spüren Sie? Wie würden Sie handeln, wenn Sie Ihrem Bedürfnis folgen?« Will man das zuordnen, so war das eine Mischung aus Beratung und Training. Ich gab mit der Rückführung auf Bedürfnisse aber auch einen Entwicklungsimpuls, denn auf dem Weg in das »effektivere« Denken ist die Wahrnehmung der eigenen Bedürfnisse entscheidend.

In diesem Zusammenhang hallen in mir die Worte einer Führungskraft nach, dem Geschäftsführer eines Verlages, der seinen ehemaligen »Coach« lobte. Der habe eine systemische und therapeutische Ausbildung. Ich fragte, wie dieser denn genau vorgegangen sei. »Er hat mir genau gesagt, was ich machen und sagen muss. Wir haben sogar Gespräche geübt.« Das hilft Menschen im Richtig-Modus, sollte aber durch mehr Rückführung auf die eigene Wahrnehmung flankiert sein. Andernfalls entsteht eine Abhängigkeit. Der Coachee bleibt unselbstständig, der Coach wird zum Übervater.

Das *Handeln und Kommunizieren* dieser Menschen ist davon bestimmt, eigene Ansätze zu vertreten. Dies geschieht innerhalb des Rahmens der gewählten Gruppe. Dabei wird das »Gruppenziel« als maßgeblich erachtet.

Wenn ein Unternehmen in die Krise gerät, geht dem oft das Denken und Handeln von Akteuren im Richtig-Modus voraus. Wenn jemand die Priorität auf kurzfristige Lösungen setzt und den Kontext ausblendet, so ist dies spezifisch für Menschen in der Richtig-Phase. Es liegt nicht daran, dass sie es intellektuell nicht verstehen, sie handeln vielmehr entsprechend ihrer inneren Prioritätensetzung. Natürlich spielen hier auch Gruppendynamiken eine Rolle. Unternehmen, die von Menschen im Flexibel-Modus geleitet werden, können üblicherweise wirksamer auf die Komplexität von Situationen reagieren. Diese Menschen würden mehr sehen und weniger ausblenden.

Worauf Menschen in der Richtig-Phase ansprechen

Richtig-Menschen sprechen bei Fragestellungen, die nicht explizit psychologisch, sondern berufsbezogen sind, oft auf Experten-Beratung an. Am Anfang eines Coaching- oder Beratungsprozesses frage ich meine Klienten immer nach ihrer Coaching-Erfahrung. Ich möchte auch wissen, was ihnen gutgetan hat und was weniger. Daran kann ich meist schon grob erkennen, wo sie stehen oder damals standen.

Am meisten gebracht hat dem oben beschriebenen Geschäftsführer ein Coach, der mit ihm ausgearbeitet hat, was er in bestimmten Situationen zu tun habe. Anstehende Dialoge hat »der Coach« mit einem Rollenspiel geübt. Den oft verkopft wirkenden Richtig-Menschen helfen Rollenspiele. Einige von ihnen wissen alles über sich, haben an alles gedacht und brauchen vor allem den Übergang in Handlung und die Sicherheit, das Richtige zu tun.

Es gibt Richtig-Menschen, die Rollenspiele ablehnen. Das hat teils damit zu tun, dass sie sich sehr sicher fühlen und zu überzeugt von sich sind, teils aber auch mit Ängsten. Es kann auch sein, dass sie ihre Schwächen nicht offenlegen wollen. Oft sagen Menschen im Richtig-Modus, Rollenspiele bildeten nicht die Realität ab. Das ist natürlich nur aus ihrer Sicht so.

Die Begriffe »systemisch« und »konstruktivistisch« verstehen Richtig-Menschen intellektuell. Einige haben auch selbst eine systemische Ausbildung. Sie halten »systemisch« dann für die allein seligmachende Wahrheit und sind wenig offen für andere Konzepte. Im Grunde denken sie damit also nicht konstruktivistisch, sondern in Kategorien von »richtig« und »falsch« – ohne es zu merken.

Die Richtig-Phase ist relativ robust. Viele lernen in ihr, aber »entwickeln« sich nicht. Für den Flexi-Coach liegt die Herausforderung darin zu erkennen, wann er Menschen im Richtig-Modus belässt und wann er die Denk- und Handlungslogik herausfordert. Ich habe die Grenzlinie ja bereits anhand meiner drei Punkte definiert (siehe das Kapitel »Warum wir Lernen von Entwicklung unterscheiden müssen«). Sie ist da, wo das aktuelle Denkschema nicht mehr geeignet ist, um mit der Umwelt zurechtzukommen oder das vorhandene Problem zu lösen.

Was hilft bei der Entwicklung? Ganz praktisch kann man Coachees dazu anleiten, ihre eigenen Bedürfnisse mehr – vielleicht überhaupt zum ersten Mal! – wahrzunehmen. Was nimmt die Person wahr? Was spürt sie? Was würde sie tun, wenn sie sich nicht an Best Practice, sondern an ihren eigenen Bedürfnissen und Handlungswünschen ausrichtet? Beispiel: Im Streit mit Kollegen geht Anna immer in den

Rückzug. Sie sagt nichts, sondern schluckt Dinge herunter. Dabei behauptet sie, nicht wütend zu sein. Würde sie ihre Bedürfnisse wahrnehmen, würde sie diese Wut wahrnehmen und könnte im nächsten Schritt auch Mittel und Wege erarbeiten, diese zu artikulieren oder anders damit umzugehen.

Im Richtig-Modus sind Menschen noch nicht bei sich angekommen. Sie sind immer noch sehr »bespielt« von frühen sozialen Prägungen, die teils nicht dem eigenen Kern zugehörig sind, sondern sich aus familiären Glaubenssätzen ableiten. Um ungünstige Glaubenssätze aufzulösen, helfen gesprächstherapeutische Ansätze nach Carl Rogers oder die darauf aufbauende provokative Therapie nach Frank Farrelly. Was geht in mir vor, wenn …? Wie reagiere ich? Wie könnte ich anders reagieren? Wo könnte ich ein neues Verhalten ausprobieren? Ist ein Verhalten dysfunktional, kann die Arbeit mit dem »inneren Kind« helfen, mehr zu sich zu finden. Oft ist diese Arbeit in einer Therapie aber besser aufgehoben als im Coaching.

Hilfe für Menschen in der Effektiv-Phase: Ziele erklären und erreichen

Den *Charakter* des Menschen in der Effektiv-Phase kennzeichnet das Streben nach einer eigenen Identität. Er will sein Ding machen, auf seine Weise erfolgreich sein, ob im Unternehmen oder außerhalb, in der Familie oder anderswo.

Dabei haben Menschen in diesem Modus einen gleichzeitigen Blick auf Ziele *und* auf den Prozess. Sie haben ein eigenes Wertesystem entwickelt – wodurch auch ein eigenes Gewissen entstanden ist – und können somit auch Entscheidungen auf dessen Basis treffen. Das erlaubt eine Positionierung gegen die Mehrheitsmeinung oder die Ansichten der eigenen Bezugsgruppe. Das *Denken* der Effektiv-Menschen richtet sich am eigenen Wertesystem aus, dieses liefert Ziele und sagt, was erstrebenswert ist oder so erscheint. Lebenssinn wird jetzt zum Thema. Vielleicht vertreten Effektiv-Menschen ökologische Ziele, vielleicht setzen sie überzeugt Zielvorgaben um: Es gibt im Rahmen des gesellschaftlich Akzeptierten verschiedenste Interpretationen von eigenen Wertesystemen. Die *Wahrnehmung* der Effektiv-Menschen richtet sich auf dieses Wertesystem aus. Einige möchten Erfolg haben, etwa als Unternehmer. Andere wollen einen Biobauernhof bewirtschaften, weil das ihren Werten mehr entspricht. Das *Handeln und Kommunizieren* dieser Menschen ist eher zukunftsgerichtet, wenn sie gut entwickelt sind. Sind sie das nicht, könnten sie darüber deprimiert sein, den eigenen Werten nicht gerecht zu werden. In jedem Fall entfalten Effektiv-Menschen oftmals ganz schöne Power.

Andrea möchte sich selbstständig machen, da ihr alles zu eng geworden ist. Die Weiterbildungsbranche ist ihr mittlerweile zu konservativ. Sie hat andere Werte, möchte Menschen und Unternehmen helfen, Zukunftsthemen zu bewältigen und sich zu verändern. Sie ist aber nicht sicher. Kann sie das? Derzeit arbeitet sie bei einem Bildungsanbieter und hat viel methodisches Know-how als Moderatorin. Als sie zu einem Strategietag zu mir kommt, nimmt sie mir den Stift aus der Hand und zeichnet ihre Ideen auf. Ich muss nur die richtigen Fragen stellen, um diese Ideen weiter zu strukturieren. Es gefällt ihr, wenn ich Feedback gebe und meine Gedanken dazu ausspreche. Wir erstellen einen Plan mit einer konkreten Zielvereinbarung und haben dann noch zwei Nachbesprechungen. Ein Jahr später schreibt Andrea mich an: Sie hat ihre Website erstellt und den ersten Kunden. Was für ein Schwung!

Stellen wir uns die Innendienstabteilung bestehend aus lauter Effektiv-Menschen vor, so wandelt diese vollständig ihr Gesicht. Mir säßen Menschen gegenüber, die betonen, was sie erreicht haben, oder die darüber jammern, dass sie in der Vergangenheit viel zu wenig Möglichkeiten hatten. Sie wollten Verantwortung übernehmen und bräuchten keine kleinteiligen Aufgabenbeschreibungen. Im Rahmen ihres Bereichs würden sie gestaltend tätig sein und Verbesserungen einbringen. Ich hätte mit Menschen zu tun, die hohe Standards an sich selbst und andere anlegen. Während in der Wir- und Richtig-Phase offenes, auch kritisches oder sogar provokantes Feedback manchmal als schwierig empfunden und nicht selten umgangen wird, wird dieses jetzt akzeptiert und eingefordert. Menschen im Effektiv-Modus mögen es ja, wenn sie sich entwickeln. Und Feedback hilft dabei. Nun kommen auch Fragen dazu. Im Wir- und Richtig-Modus fragen Menschen selten sehr tief nach, schon gar nicht fahnden sie nach anderen Perspektiven und Sichtweisen oder gar Bedürfnissen. Jetzt schon.

Worauf Menschen in der Effektiv-Phase ansprechen

Nicht jeder Mensch im Effektiv-Modus steht schon so in seiner Kraft wie Andrea. Manche hängen noch am »Richtigmachen«, andere zweifeln an sich. Die Arbeit mit konkreten Zielen hilft hier oft sehr. In der Arbeit mit Menschen im Effektiv-Denken beziehe ich oft Motive mit ein, da diese den Blick für Themen öffnen, die jemanden daran hindern, seinen eigenen Maßstäben gerecht zu werden oder diese Maßstäbe für sich selbst klarer zu ziehen. Das hat vor allem etwas mit der dialektischen Sicht zu tun. Effektiv-Menschen können die Zweipoligkeit erkennen. Man kann mit ihnen auch daran arbeiten, sich die jeweils andere Seite eines Motivs zu erschließen. Blättern Sie vielleicht noch einmal zu dem Kapitel zurück, in dem ich diese Zweipoligkeit am Beispiel der Motive »Wettbewerb« und »Harmonie« beschreibe. Sich beide Seiten zu erschließen, ist mit Menschen im Richtig-Modus noch schwer. Sie sind oft absolut, lehnen etwas manchmal radikal ab, beispielsweise: »Niemals würde ich für einen Konzern arbeiten« oder »Mit solchen Menschen geht es gar nicht«. Im Effektiv-Modus ist mehr Offenheit da; je weiter die Loslösung vom Richtig-Modus, desto mehr Öffnung zeigt sich. Im Wir-Modus nutze ich die Arbeit mit Motiven eher statisch, als Bestandaufnahme, »So ist es«. Bei den

Effektiven kann sie auch entwicklungsbezogen sein, und dabei ist der dialektische Ansatz sehr hilfreich.

Im Effektiv-Modus kann man diese Sicht leichter annehmen: Alles hat zwei Seiten – natürlich. Und klar braucht man in verschiedenen Situationen sowie in Teams beide Seiten. Die Art der Flexi-Hilfe kann also etwas analytischer und komplexer werden. Selbstreflexion ist einfacher auszulösen. Dennoch lieben viele im Effektiv-Modus die praktische Lösung und »Hands-on«. Sie müssen dabei aber viel weniger an die Hand genommen werden. Die Planung ist weniger kleinteilig. Ich arbeite öfter mit einer visuellen Zielplanung am Flipchart. Ich definiere mit den Coachees Ziele und Meilensteine wie im Projektmanagement. Im Richtig-Modus lösen große Meilensteine und Schritte Erschrecken aus und führen zu einer Blockade – selbst wenn diese Planung vorher gewollt und gewünscht wurde: Es geht um Denken und Handeln! Im Effektiv-Modus motivieren sie. Manchmal ist Planung auch gar nicht mehr nötig; es läuft von allein.

Effektiv-Menschen sprechen generell eher auf Zielerreichungscoaching an sowie auf Motivations-Coaching à la »Du schaffst das, was ich auch geschafft habe«. Effektiv-Menschen sind vielfach schon deshalb wirksamere Führungskräfte. Wollen oder müssen sie sich entwickeln, gilt es vor allem, die relative Sicht zu fördern. Wie sehen andere die Welt? Was hat diese Sicht der Dinge für Vorteile? Lässt sie sich ins eigene Weltbild integrieren? Was würde das konkret bedeuten? Hier ist es nochmals wichtiger als zuvor, dass der Coach berücksichtigt, dass es leicht ist, etwas zu denken, aber schwer, eigene Gedanken zu produzieren und daraus Handlung abzuleiten. Letzteres muss er fördern.

Ich habe oft den Fall, dass Effektive in ihrem Leben alles erreicht haben, was sie wollten, und nun vor einer Art Nichts stehen. Was ist als Nächstes dran? Gibt es keinen Entwicklungsdruck von innen oder außen, können Sie als Coach auf neue Ziele zumarschieren und damit das vorhandene Denkschema namens »Effektiv« einfach neu füllen. Sie entwickeln beispielsweise neue Karriereziele.

So war es bei Thorsten, der erfolgreich eine Abteilung in einem Technologiekonzern geleitet und alles erreicht hatte, was er sich vorgenommen hatte. Nun hatten sich aber seine Werte verändert. Er fand vieles oberflächlich. Sein Bedürfnis war jetzt, Wissen weiterzugeben. Das neue Karriereziel von Thorsten war eine Hochschulprofessur. Auch dieses verfolgte er im Effektiv-Modus. Selbst wenn sich seine Werte verändert hatten, seine Denklogik war gleichgeblieben. Das ist sehr oft so. Sofern das für die Aufgabenerfüllung reicht und der Mensch nicht selbst den Wunsch hat, sich zu entwickeln, ist das in Ordnung. Mit Klienten im Effektiv-Modus diskutiere ich das auch: Was spricht für Weiterentwicklung und was dagegen? Manchmal sehen sie selbst die eigene Begrenzung nicht. Dann finde ich es wichtig, dass der Coach sie erkennen kann – und das thematisiert.

Die Grenzen einer Phase sind erreicht, wenn Herausforderungen mit dem bisherigen Denken nicht mehr bewältigt werden können. Führungskräfte brauchen in der heutigen, komplexen Arbeitswelt oft ein postkonventionelles Denken. Dann gilt es, sich ein flexibleres Denken zu erarbeiten. Das bedeutet praktisch oft eine Abkehr von der Zielorientierung und eine Öffnung für den Augenblick, für das Entdecken und Laufenlassen. Hilfreich sind hier konkret angeleitete Selbst-Reflexionen, die Begegnung mit etwas Neuem oder der Dialog mit Andersdenkenden. Die Theorie U nach Claus Otto Scharmer ist für eine solche Öffnung gut geeignet, ebenso philosophische Ansätze wie der sokratische Dialog, der Annahmen ad absurdum führt. Der Flexi-Coach wird, wenn der Weg aus dieser Phase hinausführt, zu einer Art Reiseleiter, der auf andere Sichtweisen hinweist und Impulse setzt.

Hilfe für Menschen in der Flexibel-Phase: Sparring und Dialog

Flexible haben keine starren Vorstellungen davon, wie etwas sein sollte. Sie relativieren und suchen neue Ansätze. Der *Charakter* des Flexiblen zeigt sich daran, dass er zwar eine eigene Identität hat und an ihr festhält – wie der Mensch im Effektiv-Modus –, sie aber auch infrage stellen kann und dies oft auch will. Während der Effektiv-Mensch noch daran glaubt, dass Wahrheit gefunden werden kann, ist Wahrheit für den Flexiblen kein Maßstab mehr. Es gibt viele Perspektiven, die Welt ist nicht so oder so, jeder gestaltet sie sich selbst. Das kann dazu führen, dass Werte grundsätzlich zur Disposition stehen. Ist es überhaupt richtig so? Passt das noch zu mir? Das *Denken* richtet sich daran aus, vieles infrage zu stellen.

Die *Wahrnehmung* nimmt auch Aspekte wohlwollend auf, die der eigenen Meinung entgegenstehen, und untersucht diese auf ihren »Wert«. Das kann für Außenstehende bisweilen den Eindruck von Beliebigkeit vermitteln, ist aber der Versuch, Widersprüche zu vereinen. An deren Vereinbarkeit glauben Flexible noch – nachfolgende Stufen nicht mehr.

Die *Kommunikation und das Handeln* zielen auf Austausch und Integration. »Sieht das jemand anders?« Ein Flexibler möchte das ehrlich wissen. Er interagiert viel, selbst als introvertierter Mensch ist ihm Austausch ein Bedürfnis, dem er – wenn er ihm nicht nachgeht – gerne nachgehen würde. Andere Gedanken und Standpunkte werden dabei einbezogen. Der Flexible schätzt den Dialog. Er liebt auch Sparring und Gedankenaustausch.

Richard ist Politikwissenschaftler und arbeitete als Kommunikationschef einer Digital-Agentur. Im Vorgespräch sagte er mir, er wolle sich weiterentwickeln, wüsste aber nicht wohin. Er hätte vieles erreicht, aber langsam zweifelte er, ob er noch im richtigen Film mitspiele. Er hätte Ideen, darüber wolle er sich einfach mal mit mir austauschen.

In solchen Fällen bin ich im Grunde ein Dialogpartner. Ich höre zu, stelle Fragen, äußere Gedanken und thematisiere Beobachtungen. Bei Richard fiel mir auf, dass er gepresst sprach, wenn es um seine Perspektiven in seiner Firma ging. Inhaltlich schien er begeistert zu sein von den Chancen, die er dort bekommen könnte. Aber seine Stimme und die Körperhaltung sagten etwas anderes. Ich konnte das aussprechen, das war wertvoll. Ich konnte philosophische Themen einstreuen, auch über Freud sprachen wir. Sein Feedback war, dass ihm das unheimlich viel gebracht hatte. Er hätte nie gedacht, dass ein Dialog so fruchtbar sein könnte. Schließlich wusste er auch, in welche Richtung er weitergehen wollte. Da war keine Zielvereinbarung nötig. So wie wir am Anfang auch kein Ziel besprochen hatten. Es ging einfach um »Klärung von Gedanken«.

Worauf Menschen in der flexiblen Phase ansprechen

Menschen in der flexiblen Phase suchen weniger Coaching als vielmehr Sparring und Dialog. Sie wollen sich entwickeln und brauchen deshalb Partner, die sie weiterbringen können. Das bedeutet, dass der Flexi-Coach eine entsprechende Reife braucht, im Idealfall ist er noch etwas weiter in seiner Entwicklung als der Coachee. Nicht einmal fünf Prozent aller Menschen entwickeln sich über die flexible Phase hinaus, deshalb wird die Luft hier »dünner«. Flexible brauchen Coaching, das von einer starren Orientierung an Konzepten und Modellen absieht. Die Bemühungen um Vereinheitlichung des Coachings beziehungsweise seiner Standards seitens einiger Coaching-Verbände sind für diese Zielgruppe absurd.

Flexible verzetteln sich manchmal in ihrem Relativismus und suchen im Coaching Klärung und Gedankenaustausch. Flexible sind noch offener als viele Effektive für dialektische Ansätze, nach denen es nicht das eine oder andere gibt, sondern beides. Man kann sie teils auch mit epistemologischen Ansätzen abholen. Sie sind sich schon bewusst, dass auch Sprache bedeutungsgebend ist. Indem ich etwas benenne, erschaffe ich es. Damit suchen sie letztendlich nach dem wahren Kern der Dinge. Das sind Themen, bei denen Wir-, Richtig- und Effektiv-Menschen im Wortsinn »abschalten«.

Wie Sie als Coach Schritt für Schritt flexibler werden

Ja, auch bei mir haben einige abgeschaltet, meist (so hoffe ich) habe ich es früh genug gemerkt und etwas anderes probiert. Gerade am Anfang meiner Tätigkeit, Ende der 1990er-, Anfang der 2000er-Jahre, war ich häufig noch auf jeweils neu Gelerntes fixiert. Und habe dadurch den einen oder anderen vermutlich überfahren. Das ist die Gefahr, wenn Menschen über Tools und Methoden lernen. So hilfreich diese sind, sie verstellen manchmal den Blick. Allerdings ist das Lernen über Tools und Methoden auch eine Riesenchance. Je mehr Unterschiedliches man kennt, desto eher kann man sich lösen. Ich sehe das immer sehr deutlich in unserer Ausbildung zur Teamentwicklung, in die wir die Ich-Entwicklung integrieren. Anfangs bestehen manchmal Widerstände, sich damit zu beschäftigen, so wie auch mit Motiven oder den Big Five. Am Ende aber erkennen alle, dass die unterschiedlichen Sichtweisen extrem hilfreich sind und Denken flexibilisieren. Das Gleiche beobachte ich bei Tools. Anfangs besteht die Neigung, sich an Tools festzuhalten. Die Teilnehmer wollen am liebsten nur ein Tool und dabei bleiben. Sie wollen wissen, welches Tool »richtig« ist. Wir aber wollen einen flexiblen Umgang vermitteln. Am Ende sollen die Teilnehmer in der Lage sein, geeignete Tools mit Blick auf die Kunden auszuwählen – und nicht einfach dasjenige anwenden, das ihnen selbst am meisten zusagt.

Ich möchte nochmals auf das Bild des Hammers zurückkommen, der Nägel bearbeitet, damit sie in der Wand hängen bleiben: Als Coachs lernen wir, wie man etwas machen sollte, achten dabei aber zu wenig auf unser Gegenüber. Zudem glauben wir oft an die

Überlegenheit einer gerade erlernten Methode, erinnern uns an Studieninhalte oder haben Angst, etwas »Abweichendes« zu tun. Wir trauen uns nicht, Methoden zu variieren oder etwas Neues auszuprobieren. Doch wer sein Gegenüber tatsächlich im Blick behält, *muss* experimentieren – Coaching als Kunst. Sonst bleibt er im Gewohnten stecken, entdeckt nichts Neues mehr und agiert viel weniger wirksam, als er könnte. Aber eins nach dem anderen, schauen wir uns die Schritte im Einzelnen an.

Erster Schritt: Weg mit dem Coaching-Hammer

Schon früh bin ich selbst »Opfer« kategorischer Methodenanwendung geworden. Und jedes Mal fiel mir auf, dass mein Gegenüber nicht flexibel reagierte, sondern festhielt an seinem »Hammer«. Ich habe die unterschiedlichsten Richtungen ausprobiert.

Ich nahm zunächst Stunden bei Business Coachs. So nett die Kollegen waren, es nervte mich, wenn sie mit mir Ziele vereinbaren wollten. Ich brauche das nicht. Wenn ich mir über etwas im Klaren bin, setze ich es um. Dieses schriftliche Fixieren ist für mich Kindergarten-Niveau. Das sagte ich auch, es ging aber keiner wirklich darauf ein. Auch die strukturierte Prozesssteuerung mit Flipchart & Co. empfand ich bei aller Empathie des Coachs als unangenehm. Nicht falsch verstehen: Ich mache das bei vielen Klienten auch so. Viele finden das richtig gut. Aber eben nicht alle. Ich achte darauf, was der andere will. Und wenn ich nur einen Hauch von »Das ist nicht sein/ihr Ding« spüre, frage ich nach und lege alle Stifte weg.

Mein nächstes Experiment fand im Life Coaching-Kontext statt. Der Coach kam aus dem NLP, dem Neurolinguistischen Programmieren. Hier wird Coaching nochmals anders definiert, weniger zielorientiert. Der Verband DVNLP e.V. schreibt in seiner Definition: »Coaching ist die individuelle Begleitung eines Menschen in beruflichen oder persönlichen Reflexions- und Veränderungsprozessen.« Das ist deutlich näher am Verständnis von Coaching als psychosoziale Beratung, also dem bereits erwähnten Counseling oder auch meinem Coaching-Verständnis B.

Die Coacherin hatte ein recht starres Selbstverständnis. Dieses lautete: »Die Antwort liegt immer im Klienten selbst, jeder ist Experte für sein Anliegen.« Entsprechend versuchte sie, mir mit Fragen eine tief in mir verborgene Antwort zu entlocken. Die Antwort lag aber nicht in mir, ich wollte andere Meinungen, Gedanken und Gefühle zu meinem Anliegen kennenlernen. Ich sagte, »Sagen Sie mir doch einfach Ihre Meinung dazu«. Das hat sie sehr verwirrt. Ich glaube, sie konnte nicht glauben, dass ich das so meinte. Und das ist ein Problem, denn so konnte sie zumindest mir keine wirksame Hilfe geben.

Eine andere wollte mit Bodenankern arbeiten, auf die sie Begriffe schrieb, die mit meiner Frage zu tun hatten. Welche das waren, weiß ich nicht mehr genau. Vermutlich waren es die verschiedenen Möglichkeiten meiner eigenen Weiterentwicklung, die mich lange beschäftigten, als ich tief in der Flexibel-Phase steckte. Alles ist möglich, man kann alles so und so sehen, es gibt unendlich viele Perspektiven: Das Thema »destruktiver Relativismus« kenne ich aus eigener Erfahrung sehr gut.

Dank meiner Kenntnisse der Ich-Entwicklung kann ich heute klar zuordnen, dass ich damals von einer verbreiteten »Krankheit« befallen war. Ich hatte den klaren Standpunkt verloren. Der kommt später wieder, so weit zur Beruhigung. Man muss aber aktiv danach suchen.

Es liegt mir fern, die Arbeit mit Bodenankern als falsch zu deklarieren. Sie kann sehr wirksam sein, aber eben nicht als pauschales Tool für alle. Besonders befremdlich finde ich es, wenn man eigene oder von einem Lehrinstitut injizierte Werthaltungen wie »Die Wahrheit liegt in dir« einfach auf andere projiziert. In manchen Menschen liegt die Wahrheit tatsächlich, aber das zu verallgemeinern, entspricht keinem systemisch-konstruktivistischen Grundverständnis. Eine solche Verallgemeinerung ist einer der Irrtümer vieler Coachs, die ihre Methoden auf alle Klienten herunterbrechen, ohne zu differenzieren. Und das nennen sie dann systemisch.

Meine Reise durch die Coaching-Landschaft war danach noch nicht zu Ende. Ich habe es auch mit Hypnose, Klopftechnik und Wingwave® versucht. Letzteres sogar mehrmals. Wingwave® arbeitet mit der Reaktion des Körpers und geht auch davon aus, dass die Antworten in einem selbst liegen. Zunächst wird der Coachee durch Handbewegungen in einen traumähnlichen Zustand versetzt. Dann folgt ein sogenannter »Myostatiktest«. Der Coachee bildet mittels Daumen und Zeigefinger einen festen Muskelring. Der Coach hält diesen dann mit maximaler Kraft. Ein schwacher Muskeltest, also ein schnelles Auflösen der Kraft zwischen Muskel und Zeigefinger deutet auf Stress hin. Das lässt sich beispielsweise nutzen, um Fragen zu beantworten wie: »Soll ich mit meinem Kollegen eine GmbH gründen oder nicht?« Es ist eine tolle Methode, die ausgesprochen nützlich sein kann, das stelle ich nicht in Abrede.

Aber für meine damalige Fragestellung war auch das nicht das Richtige. Ich wollte immer mehrere Dinge tun, nicht nur das eine: Bücher schreiben, Konzepte entwickeln, Dinge erfinden, Menschen coachen … So hatte ich zwar die Erkenntnis, dass ich die Vielfalt meiner Tätigkeiten behalten könnte. Das war verbunden mit dem Bild eines blühenden Apfelbaums. Aber es half mir nicht wirklich, denn im Grunde suchte ich jemanden, der mich sowohl etwas stärker führen als auch mich konfrontieren konnte.

Manche warfen mir inneren Widerstand vor, eine Protesthaltung, die zu dieser Wirkungslosigkeit führte. Andere wurden richtig wütend, wenn ich sagte, das habe mir nichts gebracht. Sie schoben es auf unfähige Coachs und schlechte Ausbilder, aber das war es nicht. Ich habe mich immer auf die Coachings eingelassen, es gab auch stets eine gute Beziehung zu den Coachs.

Aber es war nicht das, wonach ich suchte. Ich brauchte im Grunde nur einen tiefen Dialog, jemanden, der neue Gedanken in mir entfachen und mich dadurch inspirieren konnte. Das weiß ich, seitdem ich einen Coach fand, der in diesen Dialog mit mir gehen konnte. Manchmal war es unstrukturiert und assoziativ, ohne Zielvereinbarungen, ergebnisoffen. Ich suchte keine Antworten, die in mir sind, sondern Perspektiven von anderen, Beobachtungen, Empfindungen, Symbole. Mir ging es um Zusammenhänge, auch die größeren, und um Reflexion auf der Meta-Ebene. Noch hilfreicher waren Entwicklungsgruppen mit Menschen in ähnlicher Denk- und Handlungslogik.

Legen Sie also Ihren Hammer weg und fragen Sie sich als Erstes, wer Ihnen gegenübersitzt.

Zweiter Schritt: Ehrliches Herz

Sie haben eine erste Vorstellung von meinem »Flexi-Coaching-Konzept« bekommen, das kein Methodenkoffer ist, sondern eher ein flexibler, kunstvoller Ansatz, sich auf andere einzustellen und sich dabei verschiedener Ansätze zu bedienen. Das möchte ich in den nächsten Kapiteln konkretisieren und vertiefen. Meine Annahme ist, dass es Probleme gibt, die sich mit der vorhandenen Denk- und Handlungslogik lösen lassen, und andere, die ein neues Denken, also Entwicklung voraussetzen. Es geht also zunächst darum zu unterscheiden, wo jemand steht.

Hier möchte ich nochmals auf unsere Protagonistin Sabine zurückkommen. In den unterschiedlichen Reifephasen haben ihr jeweils unterschiedliche Menschen und Herangehensweisen geholfen. Mal war es die schlichte Beratung, mal ein zielorientiertes Business Coaching. Auch ihre Bedürfnisse änderten sich: Zunächst ging es darum, Sicherheit für eine Entscheidung zu bekommen, später suchte sie nach einem Sparring. Die einzige Gemeinsamkeit der verschiedenen Hilfsansätze: Es gab eine Beziehung zum jeweiligen Coach. Mal war diese distanziert, mal nah und sehr persönlich – aber immer war es eine gute Beziehung:

- Vom Studienberater konnte Sabine eine Empfehlung annehmen, weil er gut ausgebildet und kompetent war. Sie traute seinen Messinstrumenten. Das vermittelte ihr Sicherheit.
- Der Business Coach half ihr, sich im Job besser zu regulieren, vor allem mit Blick auf ihre berufliche Leistung. Sie traute dem Menschen und der Methode.
- In der Therapie nach dem Burnout gelang es ihr, sich von den Erwartungen der anderen noch weiter zu lösen und zu ihrem inneren Kern zu finden. Sie kam mehr in die Balance. Sie öffnete sich dafür, dass ein Mensch sie in die Tiefe führte, dem sie bedingungslos vertraute.
- Zuletzt suchte Sabine einen Sparringpartner für einen Dialog. Es ging ihr darum, grundlegende eigene Annahmen zu reflektieren. Sie suchte einen Menschen, dem sie vertraute, der ihr aber auch intellektuell folgen konnte.

Das zeigt, dass es keine überlegene Methode oder Herangehensweise gibt, sondern nur Ansätze, die in einem gegebenen Moment gerade passen. Ganz sicher hilft auch bei den jeweiligen Frage- und Problemstellungen nicht nur *eine* Vorgehensweise, sondern verschiedene. Könnte es also sein, dass es egal ist, mit welchem Hintergrund und »Instrument« jemand Hilfe spendet? Ist es möglich, dass es am Ende nur um wirksame Hilfe in einer bestimmten Situation geht, nicht um Methoden und Ansätze, Tools und Denkschulen? Ich bin davon überzeugt. Und es gibt dafür auch einige Indizien.

Die weltweit bekannt gewordene Consumer Reports-Studie aus dem Jahr 1995 befragte Nutzer von Psychotherapien und anderen psychologischen oder sozialen Dienstleistungen. Die Antwortenden konnten selbst einschätzen, ob eine Maßnahme geholfen hat. Dabei reichten die Antwortmöglichkeiten von »Alles ist besser geworden« bis hin zu »Alles ist schlechter geworden«. Das Ergebnis war, dass vieles hilft – aber was genau, das blieb unklar. Längere Maßnahmen waren kürzeren überlegen. Hier muss man jedoch hinzufügen, dass es um leichte bis schwere psychische Symptome ging. Viele Menschen im Coaching-Kontext haben keine Symptome oder nur geringe. Ich könnte mir vorstellen, dass dieser Aspekt das Thema »Dauer« relativieren könnte, weil eben die Symptome weniger gravierend sind. Normalerweise dauern Business Coachings bis zu zehn Sitzungen, sind also im Vergleich viel kürzer als therapeutische Maßnahmen, die oft mindestens 20 Stunden umfassen.

Das Interessanteste an der Studie war, dass es fast egal war, bei wem sich jemand Hilfe geholt hatte. Es bestand kein signifikanter Unterschied zwischen Psychologen, Psychiatern und Sozialarbeitern – alle konnten mehr oder weniger gleich viel helfen. Mit welchen Methoden und Denkansätzen geholfen wird, ist für das subjektive Empfingen also oft zweitrangig.

Ich glaube, dass wirksame Hilfe vor allem drei Dinge erfordert:

- Den unbedingten Wunsch zu helfen und die entsprechende Haltung mit »ehrlichem Herzen«. Keine Eigeninteressen, kein Verstellen, nur ein Sich-Einstellen. Ein Flexi-Coach darf nichts verkaufen wollen, auch nicht sein eigenes Konzept. Ich sehe es vor diesem Hintergrund kritisch, wenn Coachs sich langfristig – und nicht nur für den ersten Einstieg – vor allem auf ein Tool (etwa den beliebten Test MBTI®) oder auf eine Schule berufen (etwa auf systemisches Coaching).
- Es muss eine Beziehung zwischen Coach und Coachee bestehen. Der Coachee muss den Coach akzeptieren, auf welcher Basis dies auch immer geschieht. Jeder wird Augenhöhe unterschiedlich begründen – Stichwort Kompetenz in der Richtig-Phase.
- Persönliche Reife des Coachs. Der Coach muss den Coachee abholen können bei seiner Art zu denken. Das bedeutet, dass ein Coach mindestens in der Reifephase seines Coachees sein muss, am besten darüber hinaus. Die Zielgruppenauswahl sollte also gut überlegt sein.

Daraus ergeben sich ganz konkrete Ansätze für alle, die Menschen entwickeln wollen.

Dritter Schritt:
Hilfreiche Maßnahmen erkennen

Was hilft? Eine Menge! Jedoch gibt es keine Maßnahmen, die immer wirken, auch wenn Verkäufer von Tools das gerne so darstellen. Was hilft, hängt von der Persönlichkeit der Beteiligten ab, von der Fragestellung, der Situation und der Vorerfahrung. Ich teile Hilfen in vier Bereiche ein, die gemeinsam einen (sicher nicht vollständigen) Katalog bilden. Wenn Sie helfen, nutzen Sie dabei meist Maßnahmen aus mindestens zwei oder drei Bereichen. Für alle Menschen können alle Hilfestellungen sinnvoll sein. Doch oftmals gilt: Menschen im Effektiv- und Flexibel-Modus mögen eher kognitive und intellektuelle Hilfestellungen. Menschen im Wir- und Richtig-Modus bevorzugen eher handlungsunterstützende Maßnahmen. Alle jedoch brauchen emotionale Hilfestellung.

Handlungsunterstützende Hilfestellungen im Flexi-Coaching können zum Beispiel sein:

- Aktivieren
- An-die-Hand-Nehmen
- Anspornen
- Ausprobieren
- Bauen (z. B. Lösungen für Konflikte mit Lego®)
- Führen, direktiv und non-direktiv
- Meditieren (auch zusammen)
- Sich bewegen (tanzen etc.)
- Steuern, den Prozess
- Spazierengehen
- Spielen
- Trainieren
- Üben
- Visualisieren (auch zusammen)
- Zeichnen (auch zusammen)
- Zeigen/Vormachen

Emotionale Hilfestellungen im Flexi-Coaching können zum Beispiel sein:

- Anerkennen
- Auffangen
- Aufstellen
- Beeltern (also eine Art elterliche Liebe geben)
- Berühren

- Bilder betrachten
- Blockaden lösen (z. B. EMDR, Wingwave®)
- Blockaden physisch überschreiten (z. B. auf eine Brücke gehen oder etwas tun, was man sonst nie tut; gern gemeinsam)
- (einfach) Dasein
- Die Hand nehmen
- Fantasiereisen
- Fürsorgen
- Hypnose
- Meditieren
- Mental unterstützen (durch Merksätze, Mut machende Worte)
- Motivieren
- Musizieren
- Prophezeien (im Ernst, z. B.: »Ich weiß, dass Sie das schaffen!«)
- Spüren lassen
- Stuhlarbeit
- Umarmen
- Visionieren (auch in Trance)
- Zuneigung spüren lassen

Kognitive Hilfestellung im Flexi-Coaching umfasst unter anderem:

- Bedeutung erfassen
- Bedeutung geben
- Beeinflussen (positiv, nicht manipulieren)
- Beraten (Rat geben)
- Einordnen (für einen anderen bewerten)
- Erkenntnis fördern
- Fragen
- Klären
- Mitdenken
- Muster aufzeigen
- Neudeuten
- Planen
- Reflektieren
- Rückblicken/Zeitreisen nach vorne und zurück
- Strukturieren
- Systematisieren
- Teilearbeit (Umgang mit verschiedenen Persönlichkeitsanteilen wie z. B. im Inneren Team nach Schultz von Thun)
- Verständnis fördern
- Zeitreisen (in die Vergangenheit, Familiengeschichte, aber auch in die Zukunft)
- Ziele konkretisieren
- Zurückblicken (in die Kindheit, Biografie)

Intellektuelle Hilfestellung im Flexi-Coaching beinhaltet unter anderem:

- (intellektuell) Anregen
- Impulse geben
- Inspirieren
- Fantasieren
- Gedanken kreieren
- Geschichten erzählen
- Herausfordern
- Hinterfragen
- Konfrontieren
- Philosophieren (dialektisch, epistemologisch)
- Sinnfragen erörtern
- Verbinden (z. B. scheinbare Gegensätze)
- Verknüpfen
- Querdenken

Flexi-Coaching bietet also ganz viele unterschiedliche Ansätze zu helfen – und jeder Mensch braucht in unterschiedlichen Situationen andere Hilfestellungen. Auch braucht er mal einen einzelnen Coach, mal die Gruppe – und am besten beides. Es gibt auch Methoden, die zugleich verschiedene Bereiche berühren. Ein solcher übergreifender Ansatz ist das Life Story Forming, das ich im letzten Kapitel vorstelle. Er ist emotional, kognitiv und intellektuell anregend.

Die Phase, in der sich ein Mensch befindet, liefert Anhaltspunkte für die Form der Hilfe, die er braucht. Einige Maßnahmen sind grundsätzlich hilfreich, etwa Motivieren, Impulse geben und Neudeuten, andere eher phasenspezifisch, etwa Reflektieren und Hinterfragen. Lösungsorientierung kann genauso richtig sein wie die Beschäftigung mit den Ursachen. Positive Emotionen treiben Veränderung. Manchmal braucht es aber die Beschäftigung mit alten Mustern, Glaubenssätzen und Ängsten, um alte Konflikte aufzulösen. Deshalb sind heute auch im Therapiekontext sowohl aufdeckende Ansätze wie die Psychoanalyse akzeptiert als auch teils oder ganz zudeckende Formate wie die Verhaltenstherapie. Beides ist wirksam, entscheidend ist, in welchem Kontext und bei wem die Therapie stattfindet. Dies kann man auf das Coaching übertragen. Manchmal ist es eben auch »kleine Therapie«.

Die Hilfestellungen können mittels verschiedener Herangehensweisen stattfinden. Beispielsweise lassen sich Blockaden mit der

Ego-Modus	Wir-Modus	Richtig-Modus	Effektiv-Modus	Flexibel-Modus
Was sind typische Coaching-Fragestellungen?				
Praktische Lebens- und Berufshilfe	Praktische Lebens- und Berufshilfe	Praktische Beratung, z. B. Karriereberatung, Neuorientierung mit Fokus auf Karriereentwicklung sowie Karriereplanung	Zielerreichung, Selbstverwirklichung, Lebensbalance, Identität finden, Neuorientierung aufgrund von Werten	Selbstverwirklichung, Lebenssinn, Neuorientierung aufgrund von »Fremdheitsgefühl«, ganzheitliche Betrachtung der Familiengeschichte
Entwicklungsthemen				
Regeln und Normen annehmen, Stärkung des Wir	Gesunde Distanz von den anderen, Stärkung des »Ich«, bei Orientierung an schädlichen Gruppen: Zugehörigkeit zu neuen Gruppen herstellen	Bewusstheit für Entwicklung jenseits des Lernens (wird wenig gesehen). Unabhängige Maßstäbe etablieren. Eigene Bedürfnisse spüren.	Von zu viel Verantwortungsübernahme entlasten, Flexibilisierung des Denkens üben. Bei zu festen Maßstäben (erfolgreich sein, selbstbestimmt sein) diese lockern.	Bei zu starker Relativierung Prinzipiendenken stärken sowie die Sicht auf im Zeitverlauf stabile Persönlichkeitseigenschaften
Passende Hilfestellung, Bereich (Beispiel)				
Handlung, kognitiv (beeinflussen)	Handlung, Emotion, ideal in Gruppen oder Kombination von Einzeln und Gruppe	Handlung (üben), Emotion (Bedürfnisse), kognitiv (beraten)	Emotion (Bedürfnisse), kognitiv (Erkenntnis), intellektuell (Anregung)	Emotion (Bedürfnisse), kognitiv (Erkenntnis), intellektuell (Anregung), jeweils auf etwas tieferer Ebene
Flexi-Coach-Stil				
Sozialarbeiter	Pädagoge, Seelsorger	Experte, Seelsorger	Coach, Motivator, Sparringpartner	Sparring- und Dialogpartner

Klopfmethode oder mit Wingwave® lösen, und sicher gibt es noch eine Reihe anderer passender Maßnahmen und Methoden. Oft ist es gar nicht so wichtig, welche es ist. Und dann kommt natürlich noch der Coach selbst ins Spiel, der einen Zugang findet oder eben nicht. Der möglicherweise mit der einen Herangehensweise besser klarkommt als mit der anderen. Philosophieren ist nicht jedermanns Sache, andere zu berühren auch nicht. So spielt neben der Reife im Sinne der Ich-Entwicklung auch die Persönlichkeit eine Rolle.

Jede der Hilfestellungen beinhaltet eine breite und weite Auslegung mit vielen Facetten. Außerdem ergeben sich zahlreiche Kombinationsmöglichkeiten. Nehmen wir das Aktivieren: Sie können Menschen auf unterschiedliche Art und Weise aktivieren. Ihre Aktivierung kann mal mehr führend sein und mal mehr »sein lassend«.

Die Tabelle links stellt unterschiedliche Herangehensweisen des Flexi-Coachings übersichtlich zusammen.

Warum Gruppen oft mehr helfen als Einzelcoaching

Menschen im Wir-Modus lassen sich oft und stärker an die Hand nehmen als Menschen im Flexibel-Modus. Gruppenaktivitäten helfen allen, für Menschen im Wir-Modus sind sie aber ganz besonders wichtig.

Junge Menschen, die berufliche Orientierung brauchen, sind oft in der Wir-Phase. Sie profitieren von einem aktivierenden Verhalten bei beruflichen Fragestellungen und Themen der Persönlichkeitsentwicklung in der Regel mehr als von Reflexion. Um sie von der Fixierung auf ihre Peergruppe zu lösen, helfen ihnen neue Umgebungen, Umfelder und damit Erfahrungen. Eine Hamburger Initiative führt Jugendliche in einem Sommercamp an die Unternehmensgründung heran. Sechs Wochen geht es darum, ein Produkt zu entwickeln und hinterher zu verkaufen. In diesen sechs Wochen wachsen viele über sich hinaus, lernen auf Menschen zuzugehen und eigene Stärken zu spüren. Sie nähern sich damit stärker einer eigenen Identität an. Diese Art der Hilfe passt nicht nur für junge Leute, sondern auch für viele ältere, deren Denken um die gleichen Gedanken kreist und die glauben, alles über sich zu wissen. Nur ins Handeln kommen sie nicht. Dabei kann zum Beispiel Gruppenzwang viel mehr Bremsen lösen als Nachsinnen. Die Methode des Life-Work-Planning nach Richard Nelson Bolles, die darauf aufsetzt, ist deshalb sehr hilfreich, und zwar nicht nur für Menschen im Wir-Modus. Das Konzept der sogenannten »Werkakademien« der Jobcenter der Bundesagentur für Arbeit baut ebenso auf diesem Gruppengedanken auf. In sechs Wochen suchen sich Arbeitslose, moderiert von einem »Coach«, einen neuen Job. Eine weitere Form der Gruppenhilfe sind die sogenannten Erfolgsteams, die sich in zahlreichen Städten gründen, um Ziele zu erreichen und sich gegenseitig dabei zu unterstützen. Dies spricht vor allem Effektive an.

Auch viele therapeutische Angebote kombinieren nicht ohne Grund Einzelarbeit mit Gruppengesprächen. Die Gruppe hat dann auch eine Steuerungsfunktion. Sie übernimmt die Führung. Gruppen sind als Hilfsangebot in allen Phasen hilfreich, allerdings haben sie für Flexible eine andere Funktion. Diese profitieren oft eher von einer anregenden Reflexion unter Gleichen.

Ich motiviere meine Kunden, die etwas verändern oder erreichen wollen, immer, sich nicht nur auf mich zu verlassen, sondern sich auch eine Gruppe zu suchen, in der sie möglichst Menschen in der gleichen Phase treffen. Diese Gruppe sollte moderiert sein und sich selbst Struktur und Ordnung geben, sonst wird sie nicht dauerhaft funktionieren. Gruppen mit Menschen in der Wir- und Richtig-Phase brauchen dabei eher eine Moderation als Gruppen mit Effektiv- oder Flexibel-Menschen. Alle profitieren von klaren Regeln und »Commitment«, also Engagement und Verpflichtung.

Flexi-Coaching bei Verharren

Wenn jemand stecken bleibt und nicht weiterkommt, kann das mit einem »Entwicklungsstau« zu tun haben. Hinzu kommen weitere psychologische Faktoren. Typisch ist eine »Lageorientierung« im Unterschied zu einer »Handlungsorientierung«. Lageorientierte können Gedanken schlecht in Handlung übersetzen, drehen sich im Kreis. Im Unterschied dazu analysieren Handlungsorientierte eventuelle Fehler der Vergangenheit und preschen nach vorne. Oft hilft es gerade lageorientierten Menschen im Richtig-Modus, ganz kleine praktische Schritte zu gehen, die ich Mikroschritte nenne. Sie sollten sich selbst dabei beobachten und beschreiben, was sich verändert, auch wenn es nur eine winzige Vorwärtsbewegung zu sein scheint (etwa erstmals im Meeting etwas zu sagen, das gegen die Mehrheitsmeinung ist). Eine sehr kleinteilige Planung dieser Mikroschritte ist hilfreich. Ziele sollten kurz und überschaubar sein.

In der Effektiv-Phase ist eine solche Kleinteiligkeit nicht mehr nötig. Das Problem dieser Menschen ist meist ein anderes, nicht selten die Tatsache, dass sie eigenen Maßstäben nicht gerecht werden und sich selbst überlasten. Die passende Hilfestellung kann hier ein Neudeuten von Themen wie Lebenssinn oder Verantwortung sein.

In der Flexibel-Phase ist fehlende Handlungsorientierung öfter eine Folge von Unklarheit über eigene Prinzipien in einer relativen Welt. Alles ist möglich und nichts. Hier hilft Reflexion und Klärung. Ein intensiver Rückblick sowie die Einbindung der Familiengeschichte kann sehr guttun, vor allem auch, um sich mit ungeliebten Persönlichkeitsanteilen auszusöhnen. Das erfordert eine längere Biografiearbeit, also ein intensives Rückblicken, eventuell mithilfe von Familienfotos. Diese Vorgehensweise kann den Klienten anregen, darüber zu reflektieren, welcher Lebenssinn sich für ihn persönlich ableitet.

Wie Sie erkennen, welches Coaching Menschen brauchen

Wie finden Sie nun heraus, wen Sie vor sich haben? Im Anhang gibt es einen ausführlichen Fragebogen zur Fremdeinschätzung. Folgende fünf Fragen an den Coachee können erste Hinweise geben:

- Haben Sie Erfahrung mit Coaching?
- Was genau hat Ihnen dabei am meisten geholfen?
- Was fanden Sie weniger hilfreich?
- Wenn keine Erfahrung: Was hat Sie in der letzten Zeit persönlich weitergebracht? Was hat Ihnen geholfen?
- Was hat Ihnen gar nicht geholfen?
- Was wäre für Sie ein gutes Ergebnis? Was soll herauskommen? Welche Lücke soll unser Termin schließen?
  (Mehrere Fragen vermeiden eine eventuell zu enge Ergebnisorientierung)

Diese Fragen haben nichts mit Zielerreichung zu tun. Sie ergänzen somit die Ebene, die üblicherweise im Coaching in den Vordergrund gestellt wird, ausgedrückt in der Frage: »Was wäre für Sie ein gutes Ergebnis?« Falls Sie unkonkrete Antworten auf die genannten Fragen bekommen, versuchen Sie, genauer nachzufassen.

Ich erinnere mich, dass mir jemand auf die Frage, was ihm am meisten geholfen habe, antwortete: »eine systemische Herangehensweise«. Es stellte sich heraus, dass der Coach mit Bildern gearbeitet hatte und mit Methoden des sogenannten Neurolinguistischen Programmierens, was mit systemisch nichts zu tun hat. Nachfragen ist deshalb wichtig, und die wichtigste Frage hierbei lautet: »Was genau …?«

Eine weitere Frage, die Aufschluss geben kann, ist die nach dem Warum: »Warum kommen Sie ausgerechnet zu mir?«

Ich: Warum haben Sie sich für mich entschieden?

Kunde: Sie wurden mir von Peter Müller empfohlen.

Ich: Weshalb hat er mich empfohlen?

Kunde: Er hat gesagt, Sie sind sehr praktisch und konkret.
Ich: Was verstehen Sie unter praktisch und konkret?
Kunde: Ich wünsche mir von Ihnen auch Tipps. Mit Peter Müller haben Sie einen Plan ausgearbeitet. Für mich wäre das auch wichtig.

Damit ist für mich die Art der Hilfe klarer, wobei ich natürlich immer wieder neu auf dieses Thema schaue. Und ich mir jederzeit bewusst bin, dass der Kunde unterbewusst doch etwas anderes wollen könnte. Bei diesem Dialog spricht viel für einen Richtig-Modus, es könnte aber auch Effektiv sein. Der Flexibel-Modus ist weniger wahrscheinlich. Aber bitte, das sind Arbeitshypothesen. Diese sollten Sie immer nur für einen Tag aufstellen und jederzeit neu bewerten!

Oft frage ich auch einfach nach der wichtigsten Frage, die jemand hat. Ist es:

- Warum …?
- Wie …?
- Was …?

Die Fragen lasse ich dann individuell vervollständigen.
So könnte jemand sagen:

- Warum schaffe ich es nicht, meine Vision umzusetzen? Was hindert mich?
- Wie gehe ich vor, um X zu erreichen?
- Was muss ich tun, um zufriedener im Beruf zu werden?

Dadurch entsteht ein etwas klareres Bild, was jemand möchte. Die erste Antwort scheint auf den Wunsch nach Reflexion hinzudeuten, die zweite auf den Wunsch nach praktischer Handlungsorientierung, die dritte auf emotionale Hilfestellung.

Schauen wir in den Katalog der Hilfestellungen, passen zu der ersten Frage »Warum schaffe ich es nicht, meine Vision umzusetzen? Was hindert mich?« mehrere Maßnahmen. Sie alle stammen aus dem kognitiven Abschnitt:

- Hinterfragen

- Reflektieren
- Klären
- Strukturieren
- Neudeuten

Zur zweiten Frage, »Wie gehe ich vor, um X zu erreichen?«:

- Aus dem kognitiven Abschnitt: strukturieren, systematisieren, Ziele konkretisieren, planen
- Aus dem emotionalen Abschnitt: aktivieren

Zur dritten Frage, »Was muss ich tun, um zufriedener im Beruf zu werden?«:

- Aus dem intellektuellen Abschnitt: Sinn leben
- Aus dem kognitiven Abschnitt: Bedeutung erfassen
- Aus dem emotionalen Abschnitt: nachfühlen lassen
- Aus dem handlungsbezogenen Abschnitt: ausprobieren, trainieren

Mit den richtigen Fragen im Vorgespräch können Sie sich also besser vorbereiten und vielleicht mehrere Ideen parat halten, was Sie machen wollen.

Grundregeln des Flexi-Coaching

Flexi-Coaching braucht wenig Regeln. Es geschieht aus einer flexiblen Haltung, die viele verschiedene Stile und Herangehensweisen zulässt. Das öffnet Möglichkeiten und weite Experimentierfelder. Dennoch bedeutet es keine völlige Freiheit: Wer anderen helfen möchte, muss Prinzipien folgen. Diese haben ganz viel mit Ihnen selbst zu tun. Flexi-Coaching ist im Endeffekt anspruchsvoller als ein Coaching, das sich auf eine begrenzte Zielgruppe oder eng umrissene Problemstellungen bezieht, wie beispielsweise ein Berufsorientierungs-Coaching oder ein Coaching für besseres Selbstmanagement. Sie sollten sich also sehr bewusst damit auseinandersetzen, ob dies für Sie das Richtige ist. Flexi-Coaching schließt auch nicht aus, dass man sich als Konsequenz auf eine Zielgruppe konzentriert – das halte ich sogar für sehr sinnvoll.

Beispielsweise könnte eine Konsequenz lauten, sich noch bewusster auf Menschen in der Effektiv-Phase einzustellen, da diese mit dem klassischen Coaching am leichtesten zu erreichen sind. Eine andere Konsequenz könnte darin liegen, im Umgang mit bestimmten Personen stärker eigenen Impulsen zu folgen, die man vielleicht bislang unterdrückt hat. In meinen Seminaren nehme ich öfters Erleichterung bei denen wahr, die eher unmotiviert Coaching-Zielvereinbarungen getroffen haben – immerhin hatte man das ja so gelernt. Die meisten davon hatten schon oft den Impuls, dass das nicht immer passt. Mit einem flexibleren Selbstverständnis können viele guten Gewissens auf eine Zielvereinbarung verzichten.

Eine weitere Konsequenz könnte sein, sich auf eine bestimmte Zielgruppe oder auf Beratungsthemen zu konzentrieren, die keine komplexen Fragestellungen aufwerfen. Einer Teilnehmerin meines Karriereexperten-Seminars war nach dem Kurs sonnenklar, dass sie nichts (mehr) mit psychologischen Themen zu tun haben will. Mein Kurs machte ihr bewusst, dass sie mit dem Angebot »berufliche Neuorientierung« unweigerlich in die »Psycho-Zone« kommt. Also streichen! Bewerbungsoptimierung und Karriereberatung sind weniger »psycho«! Man könnte sich auch auf Visualisierungsmethoden konzentrieren, auf Motivation oder was auch immer.

Die Teilnehmerin jedenfalls reduzierte ihr Angebot und macht heute nur noch Bewerbungsberatung. Diese aber sehr konsequent und erfolgreich. Sie hatte einfach erkannt, dass es ihr nicht liegt, so flexibel zu agieren. Und sie begriff, dass sie nichts mit psychologischer Entwicklung zu tun haben möchte.

Überlegen Sie einmal, was Ihre persönliche Konsequenz sein könnte, bevor es weitergeht mit den Grundsätzen dieses neuen Coaching-Verständnisses.

1. Stellen Sie den Menschen in den Mittelpunkt, nicht Ihr Tool

Das hört sich jetzt selbstverständlich an, ist aber im Grunde eine Revolution. Schauen wir uns Coaching-Ausbildungen an, so vermitteln diese oft bestimmte Tools und Methoden. Einige sind ganz auf ein Tool ausgerichtet, andere beziehen sich auf ein Konzept. Sie sind deshalb nicht falsch, vielleicht sind sie ein guter Einstieg, um dann darauf aufzubauen. Wir erinnern uns: Tools, also Werkzeuge, sind dazu da, um darüber zu lernen und irgendwann an den Punkt zu kommen, auch ohne Tools wirksam zu sein. Das heißt: lieber mehr Unterschiedliches lernen als immer vom Gleichen. Wer mit unterschiedlichen Tools, Methoden und Konzepten in Berührung kommt, begreift diese eher als Konstrukt, also als etwas, das nicht »wahr« und »richtig« ist, sondern von Menschen konstruiert wurde.

Dadurch flexibilisiert sich der Umgang fast automatisch. Ich selbst hatte lange Zeit wirkliche Berührungsängste in Bezug auf Spiritualität. Inzwischen habe ich dazu einen anderen Zugang. Ich habe gesehen, dass man mit ganz unterschiedlichen Ansätzen und völlig konträren Denkweisen zum gleichen Ergebnis kommen kann. Und dass auch ein spiritueller Ansatz diesem dienen kann – aber nicht muss. So habe ich Coachees, die fest daran glauben, in einem früheren Leben dieses oder jenes erlebt zu haben. Diese feste Überzeugung wirkt sich auf ihr Hier und Heute aus. Teilweise löst es Probleme, teilweise schafft es welche. Wenn Letzteres der Fall ist, so lasse ich mich darauf ein, mit den Konstellationen der Vergangenheit zu operieren, um einen Zugang zum Jetzt zu finden. Ich tue das, obwohl ich überzeugt bin, dass solche spirituellen Konstellationen ebenfalls Konstrukte sind.

Flexi-Coachs brauchen Werkzeuge, ob sie ihren Schwerpunkt im handlungsunterstützenden, emotionalen, kognitiven oder intellektuellen Helfen sehen. Je mehr sie jedoch den Bereich »kognitiv« und »intellektuell« berühren, desto eher brauchen sie Kenntnis von möglichst viel Unterschiedlichem. Dadurch werden auch Grenzen sichtbar. Manche Konzepte fördern eine konventionelle Logik, andere eine postkonventionelle Logik. Die Transaktionsanalyse etwa ist eher auf den Effektiv-Modus ausgerichtet. Konzepte wie die Theorie U von Otto Scharmer zielen auf postkonventionelles Denken. Auch philosophische Ansätze sind eher postkonventionell.

Ich unterscheide zwischen Tools (Werkzeuge, wie z. B. Tests) und Methoden (Vorgehensweisen) fürs Coaching. Beide sind vor allem dann kritisch zu sehen, wenn man sie sklavisch anwendet. So gibt es im Coaching Methoden wie RAFAEL. RAFAEL ist im Grunde eine Eselsbrücke für die Gesprächsführung und steht für: Report, Alternativen, Feedback, Austausch, Erarbeitung von Lösungsschritten. Es geht also darum, im Anschluss an einen Bericht nach Alternativen zu fragen und Feedback einzuholen. Danach geht es um den Austausch und in der Folge um die Erarbeitung von Lösungsvorschlägen. RAFAEL kann vor allem am Anfang helfen, den Coaching-Prozess zu strukturieren, ist aber bei übertriebener Anwendung ein Dolchstoß für jedes freie Gespräch. Methoden sind gut, um Dinge zu lernen. Danach aber sollte man sie loslassen können.

Ähnliches gilt für Tools, also konkrete Werkzeuge. Dazu zähle ich Tests, aber auch konkrete Anwendungen wie das »Innere Team« von Schultz von Thun. Dabei gibt der Coachee Anteilen von sich selbst Namen und zeichnet sie in eine Figur ein. So kann er sehen, welche Teile seiner Persönlichkeit – etwa der »innere Kritiker« oder der »Boykotteur« – ihm bei einer Problemlösung helfen oder im Wege stehen. Man zieht dann die positive Anteile nach vorne – etwa den »Optimisten« – und fängt die anderen ein. Solche Tools sind sehr hilfreich, wenn man sie zielgruppenorientiert anwendet – das Innere Team passt gut zu einer Richtig- oder Effektiv-Phase.

Wer Testverfahren anwendet, sollte sich langfristig nie nur auf eines beschränken. Sonst führt es dazu, dass man die Welt fortan in den Farben dieses Verfahrens interpretiert. Man wird überall Bestätigungen suchen und auch finden. Dass man damit jedoch die eigene Wahrnehmung verengt, anstatt sie zu weiten, kann nur sehen, wer eine kritische Distanz entwickelt hat.

Die entscheidende Frage beim Einsatz von Tests ist, ob ein Test dem Coachee nutzt. Hier lässt sich wieder der Flexi-Coaching-Katalog heranziehen: Ist der Test beispielsweise hilfreich, weil er Erkenntnis fördert oder Einsichten ermöglicht? Wenn ja, sind Chancen und Risiken gegeneinander abgewogen?

Wer flexibel mit Tools und Methoden umgeht, kann auch variieren und sich ein und dasselbe Thema auf unterschiedliche Art und Weise erschließen. Menschen in früheren Phasen der Ich-Entwicklung denken weniger komplex als solche in späteren. Ihr Zugang zu Themen ist einfacher. Beispielsweise erkenne ich das am Umgang mit meinem Worklifestyle® StärkenNavigator, einem von mir entwickelten Tool mit 50 Stärken in fünf Bereichen. Ich kann es übergreifend und immer einsetzen, auf unterschiedliche Art und Weise. Menschen im Wir-Modus können sich mithilfe dieses Tools Stärken aussuchen, die zu ihrer Aufgabe passen. Menschen im Richtig-Modus können damit sich selbst entdecken. Effektiv-Menschen können es als Entwicklungshilfe nutzen, denn das System beinhaltet Ist- und Soll-Stärken. Flexible können damit dialektisch arbeiten: Was ist die eine Seite, was die andere? Wie verbinde ich beide? Sie können also verschiedene Anspruchsbereiche definieren und nutzen.

2. Lernen Sie sich selbst kennen

»Ich bin, wie ich bin«, ist ein schöner, selbstbewusster Satz. Doch er kann auch ausdrücken, dass jemand sich selbst als statisches Konzept begreift. Vor allem wenn hinzukommt: »Ich will so bleiben, wie ich bin.« Flexi-Coachs können so nicht denken, denn jede neue Erfahrung müsste sie auch verändern. Da Coachs besonders viel sehen und hören, sind sie noch viel fließender als ihre Coachees, die oft nur eine oder wenige Lebensformen kennen, etwa nur diese Ehe oder nur dieses Unternehmen.

Viele Coachs meinen, sich zu kennen, aber in Wahrheit haben sie bloß einen bestimmten Zustand von sich festgefroren. Ich stelle mir das oft vor wie Joghurt, der zu Eis gemacht wird. Im cremigen Zustand wäre es eine lebende Kultur. Einmal eingefroren, verändert diese sich – sie ist auch weniger gesund. Es ist gut, in Bewegung zu bleiben und seine Form verändern zu können.

Selbstkenntnis kann nur entstehen, wenn sich Menschen immer wieder in Bezug zu anderen setzen. Feedback ist ein wichtiges Hilfsmittel, um Selbstkenntnis zu erwerben. Dabei durchläuft Feedback meist unterschiedliche Stadien:

- Zunächst hilft es, sich selbst in einer Gruppe zu verorten. Wodurch falle ich auf, was nehmen andere an mir wahr?
- Danach ist es sinnvoll, sich im Kontext unterschiedlicher Gruppen zu beobachten und Rückmeldungen auch aus anderen »Kulturen« zu bekommen. An dem Punkt fällt vielen auf, dass sie verschieden »bewertet« werden.

- Die nächste Stufe ist, Feedback als Selbstaussage des Feedbackgebers zu begreifen. Was sagt dieses über ihn und unsere Beziehung aus? Was bedeutet das für mich?

In der ersten Hälfte des Buches habe ich geschrieben, dass es Merkmale gibt, die für alle Menschen gelten, dann solche, die für einige spezifisch sind, und schließlich Merkmale, die nur auf ein Individuum zutreffen. Das ist ein guter Leitfaden für eine Selbsterkenntnisreise: Fangen Sie mit den letzten beiden Aspekten an, erkunden Sie diese gründlich – und nehmen Sie sich später auch die Dinge vor, die für alle gelten. Denn als Flexi-Coach müssen Sie wissen, wie *alle* Menschen funktionieren. Wer sich selbst kennenlernen will, muss erkennen, wie er wahrnimmt. Dazu gehört ein Bewusstsein für den sogenannten »unconscious bias«, also für unbewusste Fehler und stereotype Vorannahmen. Wir merken auf, wenn plötzlich eine Pilotin aus dem Cockpit spricht, trotz aller Emanzipation. Mit einem solchen Bias gestalten wir auch unser Coaching. Das heißt, wir sind oft voreingestellt, ohne das wahrzunehmen. Ganz wichtig ist es, die sogenannte Selbstbestätigungstendenz im Zaum zu halten. Was können wir tun, damit wir uns selbst nicht immer in den eigenen Annahmen bestätigen? Hier fällt mir der berühmte Satz der Werbe-Ikone Paul Arden ein: »Egal, was du denkst, denk das Gegenteil.« Er ist sehr hilfreich, um sich selbst zu entwickeln. Sofern man das Gegenteil auch annehmen kann und es nicht gleich verwirft.

3. Hören Sie auf, geliebt werden zu wollen

Viele Menschen in helfenden Berufen, auch viele Coachs, wollen geliebt und gemocht werden. Sie tanken Bestätigung, wenn sie mit anderen arbeiten. Man merkt das daran, dass sie alles tun, um ein gutes Feedback zu bekommen. Das nimmt ihnen allerdings die innere Klarheit und macht sie unfrei. Für ein Lob oder Lächeln schlucken sie die innere Stimme herunter, die vielleicht die richtige Eingebung hatte … Wenn wir uns an die Motive erinnern, die ich im Zusammenhang mit Lernen und Entwicklung angesprochen habe, so geht es hier um die Anerkennung durch andere. Nicht wenige Coachs machen ihren Job aus einem Anerkennungsbedürfnis heraus. Das ist in Ordnung, wenn ein eigener Kern da ist.

Kritisch hingegen ist es, wenn die eigene Identität noch sehr an den anderen hängt. Das Streben nach Harmonie – oder anders gesagt, das nach Konfliktvermeidung – ist ein Anzeichen dafür, ebenso die Scheu, andere zu beeinflussen. Oft führt dies zu einem Verharren. Man will so sehr, dass der Coachee selbst entscheidet, dass beide stecken bleiben. Coachen ist aber auch führen.

Wer einem Menschen klare Grenzen setzt und auch unangenehme Dinge ausspricht, wer das Risiko in Kauf nimmt, sein Gegenüber zu verärgern, muss auf Anerkennung verzichten können. Um Liebe darf es gar nicht gehen.

4. Bauen Sie eine adäquate Beziehung auf

Ein Arzt kann noch so gut sein, wenn er mir unsympathisch ist, nehme ich seinen Rat nicht an. Ein Lehrer kann noch so kompetent sein, wenn ich ihn für beschränkt halte, kommt er nicht an mich heran. Beziehungen leben vom Vertrauen. Dies aufzubauen, ist deshalb das erste und höchste Ziel. Das muss gar kein bewusster Prozess sein, oft passiert es nebenbei.

Ohne eine vertrauensbasierte Beziehung ist Hilfe unmöglich. Erst recht kann man so nicht als Entwicklungshelfer agieren. Dabei geht es um gegenseitige Akzeptanz, manchmal um mehr. Manche Beziehungen sind näheorientierter, andere distanzierter. Beides kann gut und passend sein. Ich bin der Meinung, dass auch distanzierte Bewunderung die Basis für eine Beziehung und damit für wirksame Hilfe sein kann. Wenn ein Coachee den Rat seines »Idols« annimmt und danach sein Leben ändert – dann brauche ich keine Augenhöhe. Ja, diese stört vielleicht sogar. Bei einem Sparring zwischen zwei reifen Menschen sieht das allerdings ganz anders aus. Wieder hängt es mit der jeweiligen Phase zusammen, in der ein Mensch steckt.

Oft wird die Beziehung im Coaching, aber auch in der Therapie missverstanden. In der Therapie war jahrzehntelang Distanz das Allheilmittel. Denken wir nur an Freuds Couch. Blickkontakt durfte nicht sein. Das ist heute anders, viele Therapeuten gehen in eine nahe Beziehung, zu der auch Blickkontakt gehört. Allerdings ist die Couch inzwischen rehabilitiert. Fehlender Blickkontakt hilft wirklich, sich auf sich zu besinnen. Ich arbeite in manchen Situationen ganz bewusst ohne Blickkontakt, weil das Menschen freier macht, vor allem wenn es darum geht, über tief innen liegende Visionen zu sprechen. Und so ist in der Therapie und vor allem bei ihrer wissenschaftlichen Beurteilung auch ganz viel Sowohl-als-auch angekommen.

Im Coaching ist der Blickkontakt selbstverständlich, trotzdem wird eher zu professioneller Distanz geraten, wenn es um den Business-Kontext geht. Für Berater gilt das genauso. Der amerikanische Organisationspsychologe Edgar Schein mischt diese Sicht durch sein »Humble Consulting«-Konzept gerade etwas auf. Er plädiert für ganz nahe Beziehungen, die freundschaftlich sind.

Ich sehe die Berechtigung des einen und des anderen. Beratung kann, muss aber nicht auf Augenhöhe im Sinne eines basisdemokratischen Gleichseins stattfinden. Entscheidend sind der bevorzugte Modus des Klienten und die Situation. Coachees brauchen auch das Gefühl, dass jemand zwar vertraut ist, aber »über ihnen« steht. Die mütterliche Coacherin, die vor allem emotional hilft, kann da genauso ihre Berechtigung haben wie der distanzierte Coach, der jemanden durch seine Kompetenz weiterbringt.

Beziehungen entstehen eben nicht nur auf Basis von Nähe und Augenhöhe. Das Einzige, was sie brauchen, ist Vertrauen. Der Rest ist höchst unterschiedlich und kann in der Zusammenarbeit mit einer Person ruhig mal mehr so und mal mehr so sein. Der erwähnte Blickkontakt ist das größte Zeichen von Vertrautheit.

Die Beziehung muss natürlich immer gegenseitig sein. Flexi-Coachs müssen die Menschen mögen, mit denen sie arbeiten. Wer einen Hauch von Abneigung spürt, sollte das thematisieren. Eventuell unterliegt man einer Projektion, wird also zur Spiegelfläche von Emotionen, die der Klient oft ähnlich auch in anderen Beziehungen auslöst. Es kann aber auch Antipathie sein. Mir selbst ist das einmal passiert. Der Coachee hatte mir seine Haltung zum erfolgten Bilanzbetrug erläutert. Er fand das völlig okay, doch es widersprach meinen Prinzipien. Ich mochte mich da nicht mehr in sein Denkschema einfinden.

5. Suchen Sie nach dem Bedürfnis für Entwicklung

Jeder Mensch, der Hilfe sucht, hat ein Bedürfnis, das dahintersteht. Auch Veränderungswünsche sind stets von einem Bedürfnis begleitet. Nicht immer ist das kommunizierte Bedürfnis das tatsächliche Bedürfnis. Deshalb haben Flexi-Coachs die Aufgabe, genau zuzuhören und ihre Gedanken auszusprechen, wenn sie wahrnehmen, dass ein Bedürfnis vorgeschoben sein könnte.

Tom Diesbrock erläutert in seinem Buch *Hören Sie auf, sich im Weg zu stehen*, in dem es um mentales Selbstmanagement geht, wie man sich selbst führt. Im Grunde beschreibt er nicht nur, wie Menschen ihre Passivität überwinden, sondern auch, wie sie sich entwickeln. Denn das, was passiert, wenn ein Mensch zum Steuermann seines Lebens wird, fördert die Persönlichkeitsentwicklung. Es führt ihn in den effektiven oder einen effektiveren Modus. Wer immer kleine Schritte geht und sich im Kopf immer wieder zentriert, entwickelt sich selbst. Das lässt sich auch neurobiologisch erklären.

Flexi-Coachs sollten jedoch innere Bedürfnisse und äußere Motivationen voneinander unterscheiden. Innere Bedürfnisse kommen aus einem selbst. Deshalb ist man bereit, an sich zu arbeiten. Äußere Bedürfnisse entstehen durch eine »Abweichungsanalyse«. Jemand sieht, dass er schlechter dasteht als andere. Das daraus entstehende Bedürfnis hält er noch für sein eigenes – obwohl es nur eine äußere Motivation ist. Es ist unwahrscheinlich, dass man weiterkommt, wenn man sich an solchen Dingen orientiert. Äußerungen wie »Ich möchte auch einen sinnvollen Job« oder »Ich möchte mehr verdienen« formulieren kein Bedürfnis, sondern irgendetwas zwischen Neid und äußerer Motivation. Der Coach sollte nach dem inneren Bedürfnis des Coachees suchen.

Ein echtes Bedürfnis ist dagegen folgendes: »Meine Vorstellung von Sinn ist eine andere, als ich sie lebe. Das möchte ich ändern und meinen Sinn realisieren.« Oder: »Ich möchte mich innerlich freier fühlen und mit Konflikten anders umgehen lernen.« Ein solches Bedürfnis hat viel mehr Tiefe. Es kommt ganz von innen, aus dem, was ich als »Kern« bezeichnet habe – und entstammt nicht der Abweichungsanalyse.

6. Passen Sie Ihre Sprache an

Reifere Menschen ab dem Effektiv-Modus besitzen oft eine komplexere und dichtere Sprache. Das heißt aber nicht, dass jeder, der sich kompliziert ausdrückt, auch reif denkt. Sprache kann auch mit vielen Worten Inhalte verschleiern. Das spricht dann eher für eine Begrenzung im Denken, denn Kompliziert-Sprecher verwenden häufig Fachworte oder Begriffshülsen.

Es geht auch weniger um den Inhalt als vielmehr um die Struktur der Sprache. Was kommt darin zum Ausdruck? Flexi-Coachs erreichen mehr, wenn sie sich auf die Struktur des Gegenübers konzentrieren und sich an dessen Begriffswelt orientieren. Greifen Sie ganz konkret die Worte und den Satzbau des Gegenübers auf, wiederholen Sie viel!

Das, was Sie sagen, ist nicht unbedingt das, was ankommt. Je mehr Sie ausdrücken wollen, desto mehr kann verloren gehen. Was ankommt, hat aber noch mit anderen Faktoren zu tun. Das lässt sich mit dem Kommunikationsquadrat von Schultz von Thun erklären, das Sie vielleicht kennen. Demnach hat eine Aussage verschiedene Ebenen: Selbstkundgabe, Sachebene, Beziehungsebene und Appellebene. Wenn Sie sich in der Sprache auf andere einstellen, sollten Sie als Coach diese Bereiche bei sich selbst einmal durchgehen. Wie agieren Sie in der Selbstkundgabe (z. B. »Ich passe mich dir an«), wie auf der Sachebene (z. B. »Ich mache mich verständlich«), wie in der Beziehung (z. B. »Ich tue das, um zu helfen«) und was ist Ihr Appell (z. B. »Ich möchte Erkenntnis fördern«)?

Halten Sie sich vor Augen, dass Sprache immer nur abwärtskompatibel ist. Das bedeutet, dass wir einfacher werden können, aber die Komplexität von Gedanken nicht hochschrauben können. Das ist logisch: Wer Aspekte nicht sieht, kann sie auch nicht benennen – es sei denn, er macht etwas nach. Die geringere geistige Flexibilität würde spätestens in einer Diskussion auffallen, aber auch nur jemandem, der aus einem reiferen Modus darauf blickt. Achten Sie also darauf, ob jemand Gedanken auch selbst produzieren kann – und diese nicht nur nachspricht. Einfache, offene Fragen sind dabei sehr hilfreich.

Ich habe gute Erfahrungen damit gemacht, auch der Bedeutung eines Wortes nachzuspüren. Beispielsweise der Bedeutung von Wörtern wie Macht, Entwicklung oder Konflikt. Gerade sehr zentrale Begriffe sind oft höchst individuell »belegt«. Da kann es sein, dass ein Begriff negative Schwingungen auslöst, der für einen selbst positiv besetzt ist. Ich suche dann gemeinsam mit dem Coachee nach einem adäquaten Wort.

Manchmal hilft alles Sich-einstellen-wollen nichts, weil gar kein Dialog zustande kommt. Das ist öfter der Fall, wenn wir es mit dem Ego- und Wir-Modus zu tun haben.

Die eigenen Emotionen zu thematisieren, ist eine sehr wirksame Intervention – in fast jedem Modus. Es ist oft auch zugleich Konfrontation. Und sagte nicht schon der bereits zitierte Schultz von Thun: Entwicklung ist Wertschätzung mal Konfrontation? Unbedingt, ja, dieser Satz gilt!

Eine weitere wichtige Intervention ist es, nach den Emotionen des Coachees zu fahnden. Auf die Frage »Was löst das in Ihnen aus?« könnte es viele Antworten geben, die helfen, ein Bild von seiner Denkweise zu bekommen. Ich wähle einfach mal drei aus:

- Das irritiert mich. Nein, es verunsichert mich. Auf der einen Seite. Auf der anderen Seite habe ich auch ein Symbol gefunden, das alles zusammenführt. Es ist die Tänzerin. Dieses Bild habe ich seit vielen Jahren im Keller stehen. Immer wenn ich hineingehe, sehe ich darauf. Das hilft mir, das Wesentliche zu begreifen.
- Ein Unbehagen. Ich spüre Angst. Was kommt auf mich zu?
- Das macht mir Druck.

Wahrscheinlich wird es Ihnen wenig Schwierigkeiten bereiten, anhand der Komplexität der Antworten zu erahnen, aus welchem Modus heraus sie gegeben worden ist. Die oberste ist ganz klar eine postkonventionelle Antwort. Hier ergeben sich deutlich mehr Ansätze des intellektuellen Weiterführens als bei den anderen, etwa:

- Was ist das Wesentliche?
- Welche Bedeutung hat etwas Wesentliches für die Person?
- Was verbindet Sie mit Symbolen?
- Wo ist der Bezug zum Wesentlichen?
- Warum führt eine Irritation zur Verunsicherung?
- Was ist hier die eine Seite und was die andere?
- …

Das verlangt mehr vom Flexi-Coach: Es geht um Bedeutungsgebung, um Polarität, Symbolik und Sinn. Immer noch ist eine einfache und klare Sprache gefordert, jedoch muss diese viele Schichten abdecken können, um Menschen wirksam durch ihr eigenes inneres Labyrinth führen zu können.

Die zweite und dritte Antwort könnten auf konventionelles Denken (Richtig- oder Effektiv-Modus) hindeuten. Sie lassen sich durch Konkretisierung oder Wiederholung leicht weiterentwickeln, zum Beispiel: »Was könnte auf Sie zukommen?« oder »Was macht Ihnen

Druck?« So kommt man dem Kern näher, ohne selbst viel zu sagen. Hilfestellung könnte hier eher handlungsunterstützend oder emotional sein, oft beides.

7. Bieten Sie Sowohl-als-auch und nicht Entweder-oder

Viele Coachs, egal aus welchem Bereich sie kommen, haben ihre Lieblingsmethode oder ihren Lieblingsstil. Sie bauen ihre Hilfe, sei es nun Beratung, Coaching oder auch die soziale Arbeit, immer auf die gleiche Weise auf. Oftmals orientieren sie sich an nur einer »Schule« und integrieren wenig. Das hat teilweise mit Gewohnheit, teilweise mit fehlendem Mut und oft auch mit zu wenig Ideen zu tun. Verstehen Sie dieses Buch deshalb bitte auch als Ideenlieferant, als Mutmacher und Gewohnheitsbrecher. Eine der wichtigsten Maßnahmen ist eine Veränderung im Kopf: Warum mache ich nur das eine, weshalb scheue ich mich vor dem anderen?

In meinen Weiterbildungen erlebe ich oft Unsicherheit. Darf man das so oder so machen? Ist das richtig so? Wenn Sie dieses Buch bis hierhin gelesen haben, können Sie diese Frage sicher gut zuordnen – sie gehört zum Richtig-Modus. Wenn Sie mir aber bis hierhin gefolgt sind, denke ich eher nicht, dass das Ihr Haupt-Modus ist. Ich denke vielmehr, dass Sie sich daran festhalten, weil er Sicherheit gibt – Sie aber darüber hinausgehen könnten. Ein anderer Grund könnte sein, dass Sie von Ihren Werten getrieben sind und insgeheim andere bekehren möchten. Andere sollen sich »befreien« oder auch so leben wie Sie. Das ist typisch für ein Denken im Effektiv-Modus. Wenn es Ihr bevorzugter Modus ist, fragen Sie sich, was Sie dazu bringt, das zu glauben. Bis hierhin ist es mir vielleicht – ich hoffe! – gelungen, Sie zu überzeugen, dass es verschiedene Phasen und Modi gibt, und entsprechend auch jede Menge unterschiedlicher Herangehensweisen.

Mehrere Ansätze verbinden bedeutet, dass Sie sich freimachen von der Vorstellung, dass nur der eine Weg nach Rom führt – ja, sogar von der Frage, ob das Ziel immer Rom sein muss. Es könnte auch der Weg selbst sein. Oder ein kleiner Vorort.

Gehen Sie nie von sich, sondern von Ihren Kunden aus. Eigene Vorlieben sind nur dann relevant, wenn Sie ein sehr eng zugeschnittenes Konzept anbieten. Durchforsten Sie Ihren Methoden- und Toolkoffer nicht danach, was Ihnen hilft, sondern was in unterschiedlichen Phasen nützlich ist. Ich empfand das »Innere Team« von Schultz von Thun für die sogenannte »Teilearbeit« als profan. Das lag daran, dass es mir persönlich nichts mehr brachte. Für manche Kunden ist es aber extrem hilfreich, also wende ich es heute wieder an. Auch die Frage »Wenn heute Ihr letzter Tag wäre …«, habe ich nicht mehr gestellt, weil sie mir zu simpel vorkam. Aber das ist sie nicht für jeden. Also habe ich sie wieder »im Angebot«. Flexi-Coaching ist eben ein Sowohl-als-auch-Ansatz.

Das Verbindende sollte aber immer zu dem Bedürfnis des Coachees passen und diesen abholen, in seiner Sprache, seinen Bildern und seinen Vorstellungen. Wenn ich mit Coachees Visionsarbeit mache, gestalte ich diese mal komplexer und mal einfacher. Komplexer sind beispielsweise »Drei Jahre in der Zukunft«, die die Klienten selbst auswählen. Einfacher ist ein Tag in der Zukunft, den die Klienten aussuchen. Ich fordere sie auf, die Augen zu schließen, und dann beginne ich, eine auf sie zugeschnittene Geschichte zu erzählen. Ich führe weiter in eine vorgestellte Zukunft und belasse dabei alles in der Gegenwartsform, als wäre es jetzt.

8. Leben Sie Ressourcen frei aus und/oder schaffen Sie neue

Ich habe in diesem Buch schon öfter vom inneren Kern geschrieben. Das ist unser »Ich« ohne unsinnige und störende Glaubenssätze aus der Kindheit, ohne einengende soziale Prägungen und sonstige

»Überwucherungen«. Dieses »Ich« kann frei entscheiden, hat ein Gewissen, weiß, was es will. Dieses »Ich« hat alle Ressourcen, sich weiterzuentwickeln und immer wieder selbst zu aktualisieren. Dieses »Ich« beginnt etwa ab der Effektiv-Phase wirksam zu sein. Aber da und selbstverständlich auch in späteren Phasen kann es von Schattenseiten überlagert sein. Dies hat ganz wesentlich mit unserem »inneren Kind« zu tun. Das sind unsere frühen Prägungen, die uns zum Beispiel ständig glauben lassen, nicht zu genügen. Es kann ein wichtiger Schritt auf dem Weg zur Ich-Entwicklung sein, sich mit dem inneren Kind anzufreunden, hier empfehle ich das Buch von Stefanie Stahl *Das Kind in dir muss Heimat finden*. Es geht hier also darum, beim Klienten Ressourcen freizulegen, die da sind.

In einem anderen Kontext geht es aber auch darum, neue hinzuzufügen. Schauen Sie, wo ein fruchtbarer Boden ist, und säen Sie, was das Zeug hält. Das gilt gerade bei Personen in früheren Ich-Entwicklungsphasen, die noch unsicher sind und keinen oder nur einen schwachen inneren Kern haben. Bei mir war als Jugendliche kein Bewusstsein dafür da, dass ich das Wesen von Dingen, die sich verbal erfassen lassen, schneller durchdringe als andere – bis mir ein Lehrer sein Erstaunen darüber mitteilte. Während andere Texte wieder und wieder lasen, genügte mir oft ein Überfliegen. Ich konnte damals schon sehr schnell Verbindungen herstellen, was mir das Analysieren von Zusammenhängen leicht machte. Das wusste ich damals nicht; ich hielt mich für unbegabt. Dass dieser Lehrer mir dieses Feedback gegeben hat, war für meinen weiteren Weg entscheidend. Es hat mir Kraft gegeben. Ohne diese Bemerkung hätte ich womöglich nie studiert. Sie hat mir eine Ressource hinzugefügt – unabhängig davon, ob das, was mir der Lehrer sagte, nun objektiv »wahr« war oder nicht. Ich habe es in mir aufgenommen. So konnte ich bewusst darauf zurückgreifen, es benennen.

Durch meine eigene Geschichte ist mir bewusst, wie extrem wichtig es ist, Menschen Feedback zu geben, das sie stärkt, trägt und weiterentwickelt. Für mich bedeutet das, anderen auch neue Ressourcen mitzugeben. Dabei lehne ich mich manchmal weit aus dem Fenster –

auch weil ich weiß, dass Menschen nur etwas annehmen, wenn es zu ihnen passt. Ihr neurobiologisches Bewertungssystem sortiert immer anhand vorhandener emotionaler Markierungen und Muster in »mag ich/mag ich nicht«. Deshalb werden sie nichts annehmen, was nicht wirklich zu ihnen gehörig ist.

Für einen meiner Klienten war es ein bahnbrechender »Mag ich«-Gedanke, als ich ihm sagte, ich sähe ihn als Politiker. Er hatte bis dahin nichts mit Politik zu tun gehabt. Ich weiß auch nicht mehr, warum ich darauf kam; ich habe einfach einen Gedanken ausgesprochen, der auf fruchtbaren Boden fiel. Er fiel deshalb auf fruchtbaren Boden, weil dieser Klient mich akzeptierte und weil er sich für Politik interessierte (»mag ich«). Ich werfe mit Feedback nicht um mich, ich höre auf das, was in mir hochkommt. Und spreche es aus.

Auf die gleiche Weise lassen sich auch Ressourcen stehlen, schrumpfen, kleinhalten. Mir hat ein Berater einmal gesagt, ich sei kein Selbstständigen-Typ, was mich gebremst hat. Ein weiteres Beispiel: Die Trainerin Marie ließ sich von einem Coach, den sie sehr schätzte, ein Feedback geben. Dieser bemängelte ihre fehlende Prozessorientierung, sie ließe sich zu wenig auf das ein, was um sie herum passierte. Marie nahm das als »wahr« an, was dazu führte, dass sie sich in Zukunft mehr einschränkte. Sie fühlte sich einfach nicht mehr kompetent.

Deshalb sollten wir sehr, sehr vorsichtig mit allen einschränkenden und gut gemeinten Feedbacks sein und sehr, sehr großzügig mit motivierenden Impulsen! Gerade und erst recht bei Menschen in früheren Entwicklungsstufen, die ihren inneren Kern noch nicht frei geschaufelt haben und Feedback – erst recht Kritik – kaum annehmen können, ohne grundlegend an sich zu zweifeln. Auch wenn wir über das Ziel hinausschießen: Der Coachee wird es verwerfen, wenn er sich nicht daran orientieren will. Das ist viel weniger schlimm, als wenn er etwas nicht tut, das er tun könnte.

Wie Sie Menschen helfen, über Brücken zu gehen

»Frau Hofert, helfen Sie mir. Bin ich richtig?« Das fragte mich kürzlich eine langjährige Kundin, die sich aus ihrem Schwarz-Weiß-Denken verabschiedete, was sie total verwirrte. Bis dahin war sie damit sehr erfolgreich gewesen, jetzt waren Grenzen erreicht. Meist begleitet innere Unruhe eine persönliche Veränderung, bei der sich das Denk- und Handlungsschema wandelt. Menschen schlafen schlechter. Vielleicht sind sie öfter schlecht gelaunt. Irgendetwas passt nicht mehr, aber was? Beim Übergang aus der Effektivphase kann es sein, dass Menschen das Gefühl haben, ihre frühere Sicherheit zu verlieren.

Oft höre ich von Coaching-Klienten, dass sie endlich ankommen möchten. Doch wo? Was als »ankommen« gewertet wird, hängt von der jeweiligen Phase ab. Es kann der Job sein, in dem man endlich seine Stärken auslebt. Die Liebe, bei der man bleibt, Familie und Heimat. Es kann ein übergeordneter Lebenssinn sein. Es kann aber auch (erst mal) viel diffuser sein. Dann ist gar nichts sicher. Und das verwirrt sehr.

Stellen Sie sich vor, auf der Reise durch die Landschaft der persönlichen Entwicklung Ihres Coachees gäbe es Brücken, die von einem Land in das andere führen. Vor den Brücken stehen Schilder. Auf dem ersten steht »Halt«, auf dem zweiten »Ich«, das dritte heißt »Identität«, das vierte »Selbstverwirklichung« und das fünfte »Freiheit«.

Und nun ordnen Sie Ihre Bedürfnisse. Ich weiß, jeder will Halt, jeder will Ich-Sein, Identität ist ein großes Thema und Integration auch, Freiheit sowieso. Wenn Sie sich aber all dessen gar nicht mehr sicher sind? Oder Ihnen das Bisherige zu wenig, zu klein, nicht mehr attraktiv vorkommt? Wohin geht es dann? Kann sich Lebenssinn verändern? Oh ja! Und in der Übergangsphase ist es oft so, dass etwas sicher Geglaubtes geht und etwas Neues noch nicht richtig sichtbar ist. Widersprüchliche Gefühle und Gedanken können den Blick auf das Neue auch zunächst versperren.

Die Coacherin Andrea hat das bei sich selbst erlebt. Sie dachte immer, ihr Job sei ein Traumjob, bis diese Sicherheit verschwand. Sie schämte sich, darüber zu sprechen, dass sie ihre Tätigkeit plötzlich nicht mehr als erfüllend empfand. Das durfte doch nicht sein! Sie traute sich, mit mir darüber zu sprechen. »Aber anderen kann ich so etwas doch nicht sagen?« Warum eigentlich nicht? Es ist nur Effektiv-Denken, das uns hier festhält.

Bei unseren Coachees ist es genauso, oft noch verwirrender, weil ihnen diese Prozesse in der Regel viel weniger bewusst sind. Die meisten erwarten, dass es so etwas wie Sinn gibt und dass dieser nicht mehr von der Lebensbühne verschwindet, wenn er einmal da war. Was kennzeichnet Übergänge? Neben der Verwirrung ist es auch fehlender Halt. Dann ist es wichtig, neuen Halt zu finden.

Manche Menschen sind noch weiter vom Übergang entfernt. Wir merken es daran, dass jemand etwas gedanklich nachvollziehen, aber nicht selbst produzieren kann. Das ist wie bei Kunst, die man anschauen und bewundern, aber nicht selbst erschaffen kann.

Manche Menschen können beispielsweise Selbstverwirklichung denken, aber nicht produzieren. Dann hängen sie in ihrem Job fest und schieben es auf die Umstände. Möglicherweise wünschen sie sich Freiheit, können diese aber nicht erzeugen, weil sie innerlich noch viel zu sehr an ihr soziales Umfeld gebunden sind und sich anpassen.

Zwischen dem einen und dem anderen gibt es Brücken. Welche Brücken gibt es und was kennzeichnet den jeweiligen Übergang? Wenn wir dies erkennen, können wir klarer sehen, was jemand braucht, der über diese Brücke geht oder gehen möchte:

- Brücke 1, der Übergang von der Ego- in die Wir-Phase.
  - > Bedürfnis: Ich suche Halt in meiner Gruppe.
  - > Haltung: *Ich passe mich an.*
- Brücke 2, der Übergang von der Wir- in die Richtig-Phase.
  - > Bedürfnis: Ich stärke das, was mich ausmacht.
  - > Haltung: *Ich entwickle Selbstbewusstsein.*
- Brücke 3, der Übergang von der Richtig- in die Effektiv-Phase.
  - > Bedürfnis: Ich strebe danach, etwas zu erreichen.
  - > Haltung: *Ich will mich selbst verwirklichen.*
- Brücke 4, der Übergang von der Effektiv- in die Flexibel-Phase.
  - > Bedürfnis: Ich integriere immer wieder neue Perspektiven.
  - > Haltung: *Ich werde selbstaktualisierend.*
- Brücke 5, der Übergang aus der Flexiblen in eine spätere Phase.
  - > Bedürfnis: Ich suche nach Prinzipien, die auch anderen Halt geben. *Ich bin selbstaktualisierend, aber ich gebe auch Halt.*

Brücke 1: Übergang von der Ego- in die Wir-Phase

Nach seinem BWL-Studium war Frank im Vertrieb gelandet, »weil man da richtig Kohle machen kann«. Anfangs hatte er gute Erfolge, seine Verkaufsbilanz war beeindruckend. Er ließ sich gerne abwerben und hüpfte von Arbeitgeber zu Arbeitgeber. Loyalität? Für ihn kein Wert. Wenn ein anderer mehr versprach, so war doch klar, dass er dem neuen Ruf folgte. So reihten sich mit kaum 15 Berufsjahren mehr als zehn Stationen aneinander. Mittlerweile blieben die Erfolge aus. Durch die häufigen Wechsel hatte er nirgendwo fundierte Branchenerfahrung aufbauen können. Zudem war er oft im Streit gegangen. Miserable und fehlende Zeugnisse waren die Folge. Das wuchs sich für ihn zum Problem aus – die Fragen im Vorstellungsgespräch wurden immer kritischer. Sein Selbstbild bekam erste Knicke, und er vereinbarte einen Termin mit mir.

Ich stelle oft die Frage nach dem Lebenssinn, weil die Antworten darauf helfen, die Denklogik zu ergründen. Man kann eine erste Hypothese aufstellen, sollte dann aber unbedingt nach Gegenbeweisen suchen. Das ist wichtig. In meinen Weiterbildungen lehre ich die Teilnehmer, Arbeitshypothesen für maximal einen Tag aufzustellen. Sonst geht man der eigenen »Selbstbestätigungstendenz« auf den Leim.

Auf die Frage nach dem Lebenssinn erklärte Frank, dass er viel Geld verdienen wollte. Das steuere ihn, das sei ihm wichtig. Er äußerte auch die Meinung, dass jeder sich selbst der Nächste sei. Um seine Ziele zu verwirklichen, hielt er alle Mittel für angebracht, sofern das keine negativen Konsequenzen für ihn bedeutete. Er hielt sich also nicht deshalb an Regeln, weil er von ihnen überzeugt war, sondern weil er negative Folgen vermeiden wollte. Das ist ein entscheidender Unterschied. Wenn Sie es mit Menschen in dieser Phase zu tun haben, so ist auffällig, dass sie diese – ihre eigene – Haltung für normal und selbstverständlich halten. Aus ihrer Sicht muss jeder so denken.

Wer sich aus dieser Phase in die nächste entwickelt, tut es meist, weil dieses Selbstkonzept an Grenzen stößt. So war es auch bei Frank. Frank war einer vorkonventionellen Denklogik tief verhaftet. Das bedeutet, sein Denken und auch sein Handeln waren von seinen Impulsen gesteuert, nicht von den Regeln der Gemeinschaft.

Menschen in der Ego-Phase können egoistisch und eigennützig sein und sich auch offen so verhalten. Sie können auch charmant wirken und ihren Impulsen verdeckt nachgehen. Dann unterscheidet sich das, was sie sagen und was sie tun. Ihr Tun ist geleitet von dem, was ihnen Vorteile bringt. Sie sind sich selbst der Nächste.

Frank log zum Beispiel, wenn er einen Termin verschob, ohne dabei ein schlechtes Gewissen zu haben. Andere lügen auch, aber eher um nicht negativ aufzufallen. Werden sie entdeckt, schämen sie sich.

Frank log, weil es ihm nutzte. Dazu zog er haarsträubende Begründungen wie »Waschmaschine defekt« heran, die wenig Reflexion darüber zeigten, wie andere das aufnehmen würden. Auf sein Gegenüber konnte er nicht eingehen. Sein Gesprächsstil war ein reiner Monolog. Wenn er andere zu Wort kommen ließ, ging es nicht ums Zuhören, sondern darum, sich die passenden Argumente zurechtzulegen, um das eigene Ziel zu erreichen. Dass viele Menschen in der Ego-Phase im Vertrieb gute Leistungen bringen, überrascht Sie jetzt sicher nicht mehr. Es können auch Unternehmer sein, deren Rücksichtslosigkeit auch ihr Erfolgskonzept ist.

Beim Übergang in die Wir-Phase lernt ein Mensch, sich anzupassen und an Regeln zu halten. Er entwickelt konventionelles Denken. Der zentrale Merksatz bei dieser Entwicklung lautet: *»Ich passe mich an.«* Das werden manche ungern hören, die das Bild eines freien und selbstbestimmten Menschen in sich tragen, der alle Ressourcen zur Selbstentfaltung hat. In dieser Phase sind Menschen »uncoachbar«. Sie brauchen eine klare und regelorientierte Führung, um in die nächste Phase zu kommen. Der Coaching-Stil muss direktiv sein und sich an gemeinsam vereinbarten Regeln ausrichten. Ein solches Coaching ist – selbst im Managementbereich – mehr Sozialarbeit: an die Hand nehmen und auf den richtigen Weg bringen. Menschen wie Frank hintergehen selbst ihre Vertrauten, wenn diese keine klare Position übernehmen. Sie zahlen Rechnungen nicht, geben falsche Adressen an, tricksen.

Im Gespräch mit solchen Menschen haue ich durchaus mal auf den Tisch, und zwar nicht nur symbolisch, sondern wirklich. Ich unterbreche, lehne mich vor und zeige Autorität. Das Ziel ist, Zweifel zu säen oder zu bestätigen – und auch die Lösung zu bieten: Anpassung. Ego-Menschen müssen verstehen, dass sie mit ihrer Art nicht weiterkommen werden. Konfrontation ist gerade bei Managern wirksam. Sie dürfen sich dabei ruhig unterlegen fühlen, aber eher im Sinne einer freiwilligen Unterlegenheit, nachdem die Positionen klar sind.

Haben Sie in Ihrer Arbeit mit diesen Menschen zu tun, vergessen Sie alles, was Sie über Coaching gelernt haben. Die Hilfe zur Selbsthilfe liegt hier darin, die Erkenntnis zu fördern, dass sie so nicht weiterkommen:

- In der Beziehung zwischen Ihnen und dem Coachee geht es um Respekt, aber nicht um Augenhöhe. In der Arbeit mit Ego-Menschen kommen Sie besser voran, wenn sie als moralisch höherstehend und überlegen angesehen werden.
- Fördern Sie als Coach die Wahrnehmung für Regeln in sozialen Kontakten und Beziehungen unter Menschen. Sprechen Sie über Regeln, die in den unterschiedlichen Kontexten gelten und über Gründe, diese Regeln anzunehmen.
- Übernehmen Sie die Führung. Diese Menschen können mit »Weicheiern« wenig anfangen, sie brauchen klare Ansagen und deutliche Hinweis auf das, was »richtig« ist. Vermeiden Sie unbedingt ein »Sowohl-als-auch«. Das können sie gar nicht denken.
- Vereinbaren Sie gemeinsame Regeln. Fördern Sie die Akzeptanz dafür. Menschen in dieser Phase brauchen ganz klare Absprachen, auch schriftlich fixiert.
- Konzentrieren Sie sich auf den Flexi-Coachingbereich »Verhalten«. Sprechen Sie auf emotionaler Ebene den Wunsch nach Zugehörigkeit an.
- Trainieren und üben Sie den Dialog, und hier vor allem das Eingehen auf das Gegenüber.

Was Sie nicht tun sollten:
- Interpretationsspielräume lassen: Es ist immer *so*,
  und nicht »so oder so«.
- Regelbruch zulassen.
- Sich zum Narren halten lassen.
- Monologe ungebremst fließen lassen.
- Intellektualisieren jenseits des Small Talks (eloquente Ego-Menschen werden Kants kategorischen Imperativ zitieren, aber ihn ganz sicher nicht für das eigene Leben produzieren können).

Dass Ihr Coachee in der Wir-Phase voll und ganz angekommen ist, merken Sie daran, dass er die Regeln der Gemeinschaft nicht nur benennen kann, sondern auch danach lebt.

Brücke 2:
Übergang von der Wir- in die Richtig-Phase

Erinnern Sie sich an Theo aus dem Prolog dieses Buchs? Seine Frau, eine Bankerin, hatte auch ein Coaching. Sie absolvierte zehn Stunden, offensichtlich handelte es sich um ein Programm zur beruflichen Neuorientierung. Zunächst hatte sie das Coaching gut gefunden. Wahrscheinlich hat sie sich dem Coach gegenüber begeistert geäußert. Aber im Nachhinein war das Coaching »völlig am Ziel vorbei«. Theo sagt: »Sie hat sich dann auch über das rausgeworfene Geld geärgert. Jetzt sucht sie seit mehr als zwei Jahren nach einem Job, und alle sagen, sie sei schon zu lange arbeitslos. Das verschlechtert ihre Situation. Schuld ist der Coach.«

Theo und seine Frau denken vermutlich aus der Sicht von Wir-Menschen. Sicher würde jeder Mensch Arbeitslosigkeit und eine lang andauernde Jobsuche als negativ bewerten. Theo betont jedoch auch stark den Aspekt des Ausgeschlossenseins. Die Priorität ist also weniger das Einbringen eigener Stärken oder Kenntnisse (Richtig-Phase) oder die Selbstverwirklichung und das Umsetzen eigener Maßstäbe (Effektiv-Phase), als das »Teil der Gesellschaft« sein. In späteren Phasen würde die Argumentation mehr auf der Nicht-Erfüllbarkeit eigener Standards (Richtig) und der eigenen Vorstellung von Lebenssinn (Effektiv) liegen. Auch das pauschale Urteil (»Schuld ist …«) spricht für »Wir«.

In meiner Praxis sehe ich viele Menschen, die vorher bei anderen Coachs waren und Ähnliches erlebt haben. Das Coaching war sicher gut, nur haben die Coachs nicht gesehen, mit wem sie da zusammenarbeiten. Sie waren auf ihr Produkt fokussiert, etwa eine etablierte und über viele Jahre erprobte Vorgehensweise zur Berufsfindung. Damit lässt sich sehr gut arbeiten, wenn ein Mensch bereits im Effektiv-Modus denken kann. Menschen im Wir-Modus brauchen etwas anderes. Bei beruflichen Themen geht es nicht um Selbstverwirklichung, sondern vielmehr darum, endlich mit den eigenen Stärken gesehen zu werden. Menschen im Wir-Modus, die sich in die Richtig-Phase entwickeln wollen, zweifeln oft an sich. Sie haben kein stabiles Selbstbild, oder dieses ist ins Wanken geraten. Sie sind sich ihrer Stärken nicht bewusst. Das Ziel des Coachings muss es sein, dieses Selbstbild aufzubauen.

Auch hier können wir nicht von einem selbstverantwortlichen Coachee ausgehen, der sein Leben in die Hand nimmt und selbst steuert. Dazu fehlt der stabile eigene Kern. Und auf diesem Weg zum eigenen Kern benötigt der Coachee ein Bewusstsein für das, was ihn ausmacht. Bevor er eine Öko-Kommune gründen kann, muss er den Stall ausmisten. Theos Frau wäre wohl besser gedient gewesen, wenn jemand zunächst ihren Lebenslauf analysiert und mit ihr auf den Arbeitsmarkt bezogene, realistische Perspektiven entwickelt hätte. Wichtig wäre mehr konkrete Beratung gewesen. Denn ein verantwortlicher Coach weiß auch: Bei Menschen im Wir-Modus zerbröckelt das Selbstbewusstsein, wenn sie sich nicht auf andere beziehen können. Jeder braucht Beziehungen, für sie aber stellt die Gruppe auch den Rahmen, in dem sie agieren. Ohne Gruppe verlieren sie den Halt, und sie werden unselbstständiger. Deshalb sind Gruppenangebote für sie besonders wichtig. Die Gruppe braucht dabei einen Moderator und Leiter, da sich Menschen in der Wir-Phase noch nicht über einen längeren Zeitraum selbst steuern können.

Die Frage nach dem Lebenssinn kann in die Irre führen, weil der kommunizierte Sinn selten der gelebte ist. Einen echten eigenen Lebenssinn gibt es tief drinnen schon, doch ist dieser noch sehr von anderem überlagert. Menschen im Wir- und Richtig-Modus haben besonders viele »Introjekte« in sich. Das sind Werte und Bedürfnisse von anderen. Oft sind es die Werte der Familie. Wir alle »sind« am Anfang unsere Familie, auch wenn wir rebellisch sind. Das ist nur Charakter. Man kann Werte annehmen oder ablehnen, das ist am Ende strukturell kein Unterschied, weil es dieselben Werte sind, die zugrunde liegen. Man bewerten diese mit »mag ich/mag ich nicht«, aber wir produzieren sie nicht neu – was ein Zeichen von Entwicklung wäre.

Nichtsdestotrotz stelle ich die Frage nach dem Lebenssinn. Viele nennen Aspekte des Miteinanders in der Familie oder im Kollegenkreis. Es ist selten, dass in der Antwort die Makroebene berührt wird, es sei denn, es geht um soziale Fürsorge oder Mitmenschlichkeit oder einen noch wenig fundierten Idealismus im Sinne von Weltverbesserung.

Haben Sie in Ihrer Arbeit mit Menschen im Wir-Modus zu tun, die in die Richtig-Phase wechseln, dann stärken Sie deren Gefühl für das »Richtige«:

- In der Beziehung zwischen Ihnen und dem Coachee geht es um Nähe und Verständnis. Der Coachee muss sich wohlfühlen, angenommen. Es ist gut, wenn er Sie in einem gemeinsamen Wir verortet. Ähnlichkeiten und Parallelen herzustellen, ist sinnvoll.
- Fördern Sie die Wahrnehmung von Unterschieden. Was kann der Coachee besser als andere, was sind seine Stärken? Wichtig ist, dass der Coachee diese Stärken auch emotional annehmen kann.
- Bitten Sie den Coachee, sich Feedback von anderen einzuholen. Das wird ihm noch schwerfallen. Deshalb kann es hilfreich sein, Fragebögen auszugeben, die anonym sind. Es passt auch die Feedback-Box, die ich schon vorgestellt habe.
- Üben Sie einen Zweischritt: Erst soll der Coachee seine Gefühle wahrnehmen und dann seine Handlungen. Entsprechen diese Handlungen den Gefühlen (oft ist das nicht der Fall), oder richten sie sich danach, was andere (vermutlich) erwarten? Erstellen Sie eine Liste von Handlungsmöglichkeiten im Zusammenhang mit Gefühlen. Kann beim nächsten Mal, etwa in einem Konflikt, ein anderes Verhalten angewandt werden?
- Vereinbaren Sie nach jedem Coaching-Termin kleinteilige und sehr konkrete Schritte.
- Konzentrieren Sie sich im Helferkatalog auf den Bereich Handlung und Emotionen.

Was Sie nicht tun sollten:

- Langfristige Ziele setzen.
- Erwarten, dass komplexe Pläne eigenverantwortlich umgesetzt werden.
- Erwarten, dass das, was gesagt, auch getan wird.
- Erwarten, dass Sie ein wirklich offenes Feedback zu Ihrer Arbeit oder was gefällt / nicht gefällt bekommen.
- Sich »aufspielen« und erhöhen.

Dass Ihr Coachee in der Richtig-Phase voll und ganz angekommen ist, merken Sie daran, dass er sich seiner Stärken und Standards (Qualität etc.) bewusst ist und mit Freude weiterlernt.

Brücke 3: Übergang von der Richtig- in die Effektiv-Phase

In unserem Party-Prolog sagt Axel: »Seid doch nicht so negativ. Mir hat es sehr geholfen, als ein Coach mit mir konkret besprochen hat, was ich meinem Chef sagen soll, wenn der mich kritisiert. Das hat viel gebracht.« Axel zeigt sich hier im Richtig-Modus. Der Coach ist eher Berater und Experte, der Ansagen macht und konkret wird.

Die Richtig-Phase ist sehr robust. Viele verlassen sie nie. Doch wird unsere Lebens- und Arbeitswelt ein Verbleiben in diesem Modus immer weniger zulassen. Spätestens wenn Axel selbst eine Vorgesetztenposition übernehmen möchte, wird er umdenken müssen. Vielleicht wird es auch die Partnerin sein, die Entwicklung von ihm erwartet – etwa wenn sie über den Lebenssinn mit ihm sprechen möchte. Wenn Axel unglücklich ist, sollte er sich ebenfalls entwickeln. Der Anstoß für Entwicklung kommt in dieser Phase oft von außen. Es kann sich zum Beispiel um einen Konflikt handeln – wenn etwa plötzlich ganz andere Maßstäbe gelten sollen, kann das einen Menschen in der Richtig-Phase erschüttern. Auch Widersprüche sind für ihn schwer akzeptierbar, er versucht sie aufzulösen. Im Richtig-Modus wird man leicht zum Opfer der eigenen Ansprüche.

Die Frage nach dem Lebenssinn beantworten Menschen im Richtig-Modus meist in einem eher kleinen Maßstab. Sie wollen eine gute Arbeit haben, erfolgreich sein, anerkannt. Fragt man sie nach Prinzipien, die sie leiten, so sind sie entweder gegen Prinzipien oder prinzipientreu. Ihre Prinzipien sind aber abgebildet im Kontext ihres Bereichs und keine selbst produzierten. Mein Kollege Christoph Burger hat in seinem Blog einmal ein gutes Beispiel dafür gebracht, was selbst produzierte Prinzipien ausmacht: Sie sind überindividuell und nicht irgendwo nachzulesen. Er hat das an dem von ihm entwickelten »Handtuch-Dilemma« gezeigt: »Auf einem Kreuzfahrtschiff auf dem Sonnendeck belegen viele Menschen schon morgens die Liegen mit ihren Handtüchern. Wie sollte man dieses Problem lösen?« Ein Mensch im Wir-Modus würde einfach mit anderen zusammen auf dem Sonnendeck liegen wollen und interessiert sich weniger für allgemeingültige Regeln. Ein Mensch im Richtig-Modus würde hier eher einfache Lösungen nennen wie: »Man sollte das vom Steward beaufsichtigen lassen.« Ein Effektiver würde eigene Lösungen entwickeln, etwa jedem Passagier ein bestimmtes Zeitkontingent zur Verfügung zu stellen. Im Flexibel-Modus würde jemand vielleicht grundlegend hinterfragen: Warum akzeptieren eigentlich alle die Rolle des Handtuchs als Platzhalter? Welche Wirkung hätte eine beaufsichtigende Autorität? Davon ausgehend könnte er das Handtuch grundlegend infrage stellen und z. B. darüber nachdenken, welche Folge der konsequente Verzicht auf Handtücher hätte. So käme er darauf, dass dies auch das Problem selbst beseitigen könnte: Es gäbe keine überfüllten Sonnendecks mehr, jeder würde von sich aus besser mit seiner Zeit auf der Liege haushalten.

Dilemmata sind überhaupt gut geeignet, um herauszufinden, wie weit jemand denken kann. Etwa das »Heinz-Dilemma«. Das geht so: Heinz' Ehefrau ist schwer krank. Nur ein einziges Medikament kann sie retten, doch dieses kostet Millionen. Heinz hat nur eine Chance: es aus einer Apotheke zu stehlen. Soll er das tun oder nicht? Egal, ob jemand mit Nein oder Ja antwortet, die Komplexität der Antwort deutet auf den Modus. Im Wir-Modus würden Menschen eher einfach antworten, etwa: »Ja, denn er liebt seine Frau.« Menschen im Richtig-Modus tendieren zu einer Antwort, die eine Orientierung an Richtig oder Falsch zeigt, etwa »Nein, das ist gegen das Gesetz« oder »Ja, denn er hat ein Ehegelübde gegeben«.

Effektive würden eher Wertvorstellungen durchklingen lassen, etwa: »Ein Leben ist mehr wert als Geld.« Flexible würden stärker abwägen und ein allgemeines Prinzip durchscheinen lassen, das eine überindividuelle Perspektive zeigt.

Die Entwicklung eines Menschen am Übergang von Richtig zu Effektiv ist somit vor allem dadurch geprägt, die wirklichen inneren Bedürfnisse herauszuschälen. Was sind seine Überzeugungen? Wonach handelt er? Was leitet ihn?

Mein Kunde Jürgen war genau in dieser Brücken-Situation. Inzwischen Geschäftsführer einer Firma, arbeitete er schon seit dem Studium bei diesem Arbeitgeber. Teil des Unternehmens zu sein war ihm sehr wichtig. Dabei konnte er viel in seinem Sinne gestalten, wobei er sich an modernen Konzepten wie Design Thinking orientierte. Dies stieß nicht nur auf Gegenliebe, was ihn belastete. Im Coaching fiel immer wieder auf, dass er nach Anleitungen suchte und nach Best Practice. Etwas Eigenes zu kreieren, fiel ihm noch schwer. Gegenteilige Meinungen und Kritik begriff er noch nicht als hilfreich, das nagte an ihm. Außerdem unterschied er zwischen Kopf und Bauch, als wären das zwei Personen und nicht beides er.

Der Umgang mit Feedback und Kritik ist eines der zentralen Themen in dieser Phase des Übergangs. Es wird noch nicht als Chance begriffen, sich selbst zu verbessern. Damit das geschehen kann, ist es wichtig, dem Coachee seine eigene Entwicklung vor Augen zu führen. Viele, die noch stark in der Richtig-Phase verhaftet sind, neigen zu einem statischen Bild von sich. Ein kleiner Dialog mit einer Filmemacherin, die an sich zweifelte, mag das verdeutlichen:

Filmemacherin: »Ich war schon immer so.«

Ich: »Wirklich? Ich nehme eine Veränderung wahr. Sie haben eben erzählt, dass sie damals noch keine Vorstellungen davon hatten, was ihren Stil ausmacht. Gerade eben haben Sie ihn mir beschrieben. Sie haben gesagt, dass es Ihnen aufgrund ihrer Erfahrung heute darum geht, die Dinge zu zeigen, wie sie wirklich sind. Das ist doch ein Unterschied zu früher.«

Filmemacherin: »Stimmt, wenn Sie das sagen. Mir war das nicht bewusst.«

In der Arbeit mit Menschen im Richtig-Modus sollte Ihr inneres Ohr auf Bedürfnisse, aber auch auf Themen gerichtet sein, die mit persönlicher Veränderung über die Zeit zu tun haben. Was ist heute anders als früher? In der nächsten Phase – der Effektiv-Phase – können Menschen erkennen, vor welchem Hintergrund sie frühere Entscheidungen getroffen haben oder gar nicht treffen konnten. Sie sehen, dass sie heute anders sind und ihre Entscheidungen unter anderen Voraussetzungen fällen können. Die Berufswahl eignet sich ganz besonders dazu, frühere Entscheidungen zu hinterfragen und mit der heutigen Situation zu kontrastieren. Im Wir-Modus werden junge Menschen sich von anderen und äußeren Anreizen treiben lassen. Sie wollen »auch« etwas mit Mode machen wie die beste Freundin oder den familiären Traditionen folgen. Im Richtig-Modus wird mehr entlang eigener Stärken entschieden, im Effektiv-Modus schließlich ist die Berufs- auch eine bewusste Lebensmodellwahl. Am Übergang in den Effektiv-Modus verstehen Menschen das nicht mehr nur intellektuell, sondern nehmen es auch für sich an. Ihr nächster Schritt ist dann die erste wirklich eigene Entscheidung – eine Entscheidung, die aus ihnen selbst kommt. Man könnte auch sagen die erste »Das-bin-ich-Entscheidung«. Hier ist die Arbeit mit Motiven hilfreich. Anders als Stärken gehen sie von einem emotionalen Antrieb aus, der bei jedem individuell ist. Handlungen sind mit Emotionen gekoppelt. Menschen am Übergang zur Effektiv-Phase spüren den Zusammenhang zwischen Emotionen und Handlungen. Sie merken zum Beispiel, dass es ihnen gut geht, wenn sie die Dinge steuern können. Gleichzeitig beginnen sie zu verstehen, dass jeder Pol einen Gegenpol hat und dass das Ziel eine Verbindung sein muss: Selbstsicherheit braucht Unsicherheit, Flexibilität braucht Strukturiertheit, Risiko braucht Vorsicht. Menschen in der Richtig-Phase spalten Seiten, die sie als nicht zu sich gehörig begreifen, häufig noch ab. Der vorsichtige Mensch lehnt beispielsweise den Risiko-Typen ab. Auch die Trennung von Kopf und Bauch wie bei Jürgen ist typisch. Hier gilt es, die Einheit wieder herzustellen, indem Sie die Klienten erleben lassen, dass Gedanken und Gefühle zusammengehören.

Mehr und mehr geht es jetzt darum, eigenen Lebensvorstellungen gerecht zu werden. Menschen im Richtig-Modus haben einen eigenen Standpunkt, doch findet sich dieser immer innerhalb der eigenen Disziplin. Effektiv-Menschen suchen nach übergeordneten Werthaltungen und verbinden Disziplinen innerhalb der Bandbreite dessen, woran sie sich orientieren. Sie hinterfragen eher. Wenn Sie mit Menschen im Richtig-Modus zusammenarbeiten, sollten Sie genau das fördern. Das können Sie tun, indem Sie bewusst das »Fragen« üben. Nutzt der Coachee Sätze mit »aber«, fordern Sie ihn auf, einmal zu versuchen, diese mit »und« zu verbinden.

Menschen im Richtig-Modus lösen sich oft von alten, festgefahrenen Standpunkten, wie etwas zu sein hat. Das können Sie durch Perspektivwechsel unterstützen. Eine gute Übung ist es auch, die Interpretation des Coachees von einer Situation mit möglichst vielen anderen zu kontrastieren. Das nenne ich Hypothesen-Sammeln. Theo gibt dem Coach die Schuld für die Misere seiner Frau. Wie könnte er die Situation noch sehen? Es gibt viele Möglichkeiten: eine schlechte

Auftragsklärung, die Bedürfnisse waren nicht klar genug formuliert, Theos Frau hat sich zu sehr auf andere verlassen oder auf ein Konzept vertraut, anstatt auf sich, usw.

Haben Sie in Ihrer Arbeit mit Menschen im Richtig-Modus zu tun, helfen Sie ihnen dabei, ihren inneren Kern zu finden und ihre Identität zu stärken:

- Der Coachee braucht Sie als kompetente Begleitperson. Betonen Sie eigene Erfahrungen und Expertise. Nehmen Sie eine Beratungsposition ein, fordern Sie vom Coachee aber immer wieder auch die eigene Einsicht: »Was empfinden Sie in dieser Situation? Was ist Ihr Bedürfnis? Wie würden Sie handeln?« Gleichzeitig sieht er bestimmte Aspekte noch nicht deutlich, auf diese sollten Sie hinweisen. Dazu gehört eine dynamische Sicht auf sich als Coach und auf eigene Veränderungen.
- Der Richtig-Modus ist robust. Menschen neigen zum Lernen, wollen sich aber oft nicht entwickeln, also ihr Denkschema ändern. Hilfreich sind alle Maßnahmen, die Reflexion fördern und neues Denken anregen. Beispiel: Besser als das Fernstudium, das auf Lernen angelegt ist, ist die Selbsterfahrungsgruppe mit Teilnehmern auf unterschiedlichen Entwicklungsstufen.
- Üben Sie den »Vierschritt der Wahrnehmung«: Zunächst soll der Coachee sein erstes Gefühl (1), dann seine Gedanken (2) wahrnehmen, schließlich sein daraus wachsendes Bedürfnis (3) und am Ende seine tatsächliche Handlung (4). Empfehlen Sie, dass er das unmittelbar nach einer Situation aufschreibt. Probieren Sie das bitte vorher selbst bei sich aus. Können Sie diese vier Schritte für sich gehen, können Sie das auch Ihren Coachees empfehlen. Wenn Sie das selbst nicht können, dann verkürzen Sie auf drei Schritte: Gefühl, Bedürfnis, Verhalten.

Was Sie nicht tun sollten:

- Nur das Ziel formulieren und den Prozess dem Coachee überlassen.

- Zu große Ziele definieren.
- Zu abstrakt sein, zu wenig konkret.
- Die eigene Kompetenz infrage stellen.
- Kein klares Feedback geben.
- Große Schritte erwarten.

Dass Ihr Coachee in der Effektiv-Phase voll und ganz angekommen ist, merken Sie daran, dass er eigene Vorstellungen vom Leben entwickelt hat und zu realisieren beginnt. Er denkt und handelt selbstbestimmt.

Beispieldialog: Vom Richtig- in den Effektiv-Modus

Sarah lernte ich kennen, als sie vom Richtig- in den Effektiv-Modus wechselte. Zuvor hatte sie sehr erfolgreich eine Initiative in Bayern auf den Weg gebracht. Nun wollte sie endlich ihre eigenen Ideen realisieren und sich selbstständig machen. Doch das Loslösen fiel ihr schwer – vor allem von ihrem Chef.

Sarah: »Ich will unabhängiger sein, ich will mich von dieser Firma lösen und mir etwas aufbauen. Ich meine, andere haben das auch geschafft, und ich kann es wirklich besser. Ich bin besser. Aber dann frage ich mich immer ›Kann ich das?‹ Rational ja. Das sagt mein Verstand. Aber ich fühle nicht, dass ich das kann. Da ist immer wieder dieses alte Gefühl »Mich will keiner«.

Ich: »Was da passiert, hat viel mit Ihrer Familie zu tun.«

Sarah: »Ja, mein Chef war der Erste, der mir etwas zugetraut hat. Aber es geht da nicht weiter ... Ich habe so viele Ideen, ich könnte so viel Gutes bewirken. Sie haben gesagt, ich muss mich selbst lieben, dann wird alles andere gehen. Aber schaffe ich das? Ich fühle nur Angst.«

Ich: »Kennen Sie das Gefühl, wenn etwas Freude macht? Wie ist das? Wo ist das Gefühl?«

Sarah: »Ja, das kenne ich. Es ist im Bauch.«

Ich: »Legen Sie es über die Angst.«

Sarah: »Das fühlt sich komisch an, wie Zwillinge.«

Ich: »Es sind zwei Kinder. Stellen Sie sich vor, das eine ist groß und nimmt das andere an die Hand. Welches ist groß?«

Sarah: »Die Freude? Die Freude sollte groß sein.«

Ich: »Wie fühlt es sich an, wenn die Freude groß ist?«

Kurze Pause.

Sarah: »Wahnsinn, Frau Hofert. Frau Hofert, was denken Sie denn jetzt über mich? Schaffe ich das?«

Ich: »Ich denke, dass Sie einen großen Sprung gemacht haben. Sie sehen viel mehr als früher. Sie fühlen die Ängste von früher, das ist das Kind in Ihnen. Aber Sie sind auch erwachsen, Sie gehen voran. Und das macht Ihnen Freude.«

Brücke 4: Übergang von der Effektiv- in die Flexibel-Phase

Im Prolog ist es Sabine, die von allen Freunden am weitesten entwickelt ist. Das merkt man an der Komplexität ihrer Aussage:

»Ich stehe am Wendepunkt. Meine Arbeit fühlt sich nicht passend an. Eigentlich wollte ich nur ein Feedback zu meinen Gedanken, diese einmal in ihrer Tiefe beleuchten, darüber reflektieren. Ich habe so viele Fragen! Warum gehen mir diese Dinge im Kopf herum? Warum handeln viele Menschen völlig anders als ich? Bin ich richtig so? Aber der Coach hat gar nicht verstanden, was ich wollte. Er verstehe sich als Prozessgestalter – was immer das ist. Dann wollte er mit mir eine Aufstellung machen. Das fand ich richtig blöd! Ich suche nun nach einem neuen Coach. Kennt einer von euch jemanden, mit dem man einfach mal so sprechen kann, ohne dass er gleich seine Tools auspackt?«

Was Sabine erlebt, ist ebenfalls typisch: Ein Coach, der auf die Anwendung von Tools und Methoden fokussiert ist, kann ihre Bedürfnisse gar nicht wahrnehmen. Er wird versuchen, den Auftrag konkreter zu fassen. Sabine aber will einfach nur reflektieren. Sie hat kein konkretes Ziel und braucht es auch nicht. »Ziellosigkeit« ist indes nicht das einzige Thema, das Menschen am Übergang in diese ganz neue Phase haben. Es ist ja auch der Übergang von einer konventionellen in eine postkonventionelle Denk- und Handlungslogik. Diese ist dadurch gekennzeichnet, dass alles, was bisher als richtig angesehen worden ist, ins Wanken gerät. Das kann zu einem destruktiven Relativismus führen und damit zu Orientierungslosigkeit. Ist dies der Fall, gilt es, zu übergeordneten Prinzipien zu finden. Was leitet einen Menschen bei seinen Handlungen, welches sind seine Metakriterien? Oft bedeutet das auch, alte Lebensentwürfe abzustreifen.

Gernot hatte immer geglaubt, dass es sein Ziel sei, als Lehrer einen möglichst guten Job zu machen und junge Erwachsene auf ihrem Weg ins Leben zu begleiten. Doch irgendwann fühlte es sich nicht mehr so an, als sei dies die einzige Möglichkeit für ihn. Das Bedürfnis, sich in anderen Bereichen zu erproben, wurde so groß, dass er seinen Beamtenstatus ruhen ließ und zwei Jahre durch die Welt reiste.

Wenn Menschen sich aus der Effektiv-Phase lösen, sind sie oft noch unsicher. Sie haben über vieles bereits nachgedacht und suchen jemanden, mit dem sie das besprechen können. Manchmal wollen sie mithilfe des Coachings Kopf- und Bauchgefühl noch näher zusammenbringen (die Trennung ist oft weniger rigoros als im Richtig-Modus). Ich achte ganz besonders auf Widersprüche zwischen dem Gesagtem und Körpersprache und Gesichtsausdruck. Diese zeigen oft an, dass etwas noch im alten Modus gedacht und gesagt wird, während die Emotionen etwas anderes anzeigen. Und das spreche ich dem Coachee gegenüber auch an:

- »Sie sehen irgendwie viel entspannter aus, wenn Sie das sagen.«
- »Als Sie über X gesprochen haben, war Ihre Stimme ganz anders.«

Außerdem frage ich noch viel mehr als bei anderen Coachees nach Gefühlen. »Was geht in Ihnen vor? Wie fühlt sich das an?« Menschen im Flexibel-Modus haben ein reiches Gefühlsleben. Dabei fällt auf, dass sie ihre Gefühle auch differenziert betrachten können. Nicht selten gibt es zu einer Situation mehrere Gefühle. Bei Kritik durch einen anderen zum Beispiel: erst Scham, dann Selbstzweifel und schließlich Freude darüber, eine Erkenntnis gewonnen zu haben.

Je weiter ein Coachee bereits im Flexibel-Modus ist, desto mehr wird er sich selbst steuern können. Er braucht also kaum Zielvereinbarungen, sehr wohl aber »Aufgaben«. Diese sollten Sie vorschlagen, je nachdem, wo jemand »hängen bleibt«.

Die Arbeit mit der Biografie ist in diesem Modus anspruchsvoll und differenziert. Es gilt, den Prozess der Veränderung mit dem stabilen Kern zu verbinden: »Was hat Sie damals geprägt? Was davon ist immer noch gültig? Und als Ausblick in die Zukunft: Was wird weiter gültig sein?« Da der Flexibel-Mensch sich zunehmend als dynamisch begreift, sucht er nach dem, was ihn ausmacht.

Haben Sie in Ihrer Arbeit mit Menschen im Flexibel-Modus zu tun, helfen Sie ihnen dabei, den wahren inneren Kern zu finden und die Identität zu stärken:

- Der Coachee braucht Sie als Sparringspartner. Sie sollten seine Komplexität mitdenken können und wollen. Und Sie sollten bereit sein, eventuell auf Tools und Methoden zu verzichten.
- Der Coachee will das Bild, das er von sich hat, immer wieder aktualisieren. Er braucht deshalb Feedback und profitiert davon sehr.
- Ermutigung ist ebenso wichtig. Da die Flexibel-Phase selten ist, kann der Coachee ein Fremdheitsgefühl entwickeln. Er kann sich für »falsch« halten, wenn alle um ihn herum anders ticken und ihn oft nicht wirklich verstehen.
- Psychologische Begriffe und die in manchem Coaching-Verständnis verpönte »Warum?«-Frage sind oftmals willkommen. Der

Coachee möchte lernen und sich entwickeln, dazu gehört die Auseinandersetzung mit sich selbst.

Was Sie nicht tun sollten:
- Stur eine Methode anwenden.
- Einen werdenden Flexibel-Menschen coachen, wenn Ihnen dessen Denken fremd ist.
- Das Thema Lebenssinn ausklammern.
- Mit den relativen Annahmen zu stark mitschwingen und den Fokus verlieren.

Dass Ihr Coachee in der Flexibel-Phase voll und ganz angekommen ist, merken Sie daran, dass er sich selbst immer wieder aktualisieren kann. Er hat ein fließendes und dynamisches Selbstbild. Mit früher als negativ erlebten Anteilen (z. B. »Ich bin nicht kreativ!«) hat er sich ausgesöhnt und erkannt, dass er das doch sein kann. Er hängt nicht mehr an einem festen Bild von sich oder seinen Lebensentwürfen. Er glaubt nicht mehr an die Richtigkeit des einen Konzeptes, sondern integriert viele. Sein dialektisches Denken ist ausgeprägt in dem Sinne, dass er verschiedene Pole aufnimmt und einbezieht.

Beispieldialog: Vom Effektiv- in den Flexibel-Modus

Peter ist auf dem Sprung in den Flexibel-Modus. Er beginnt zu erkennen, dass es unterschiedlichste Perspektiven gibt und integriert immer mehr Aspekte. Er ist bewusster geworden und hälft oft inne, um seinen eigenen Bedürfnissen und Wahrnehmungen nachzuspüren. Jetzt fragt er mich, ob er diesen Schritt weitergehen soll, ob es sich für ihn lohnt, sich persönlich weiterzuentwickeln. Das ist ein sehr kleiner Ausschnitt eines längeren Prozess-Coachings, vielleicht vermittelt er aber einen Eindruck.

Ich: »Aus welcher Perspektive haben Sie die letzte Frage gestellt?«

Peter: »Was meinen Sie?«

Ich: »Ob es sich lohnt ... Diese Zielorientierung – das ist effektiv. Sie wollen wissen, was Sie davon haben. Bringt Sie das in Ihrer Position weiter?«

Peter: »Wohl eher nicht. Ich muss ja komplexe Themen im Auge behalten und Mitarbeiter dazu motivieren, unsere Veränderung mitzumachen ... Wann wäre es denn besser dazubleiben, wo ich bin?«

Ich: »Wenn Sie eine Dönerbude aufmachen. Zum Beispiel. Aber Quatsch, was sage ich, auch dann schadet Entwicklung nicht. Vielleicht, wenn Sie ein Thema mit ganz viel Kraft voranbringen wollten und nicht nach links und rechts schauen.«

Peter: »Verstehe, Sie meinen ich muss da durch. Manchmal denke ich, dass ich früher schon weiter war als heute. Da war ich idealistischer.«

Ich: »Ist idealistischer weiter?«

Peter: »Ich war flexibel, ich habe viele Dinge gemacht. Heute habe ich nur diesen Job. Ist das nicht weniger?«

Ich: »Man könnte es auch so sehen: Sie haben Ihre Prioritäten gesetzt. Sie sind Manager in einem interessanten Unternehmen. Sie können Ihre Leute voranbringen. Hätten Sie das früher schon gekonnt?«

Peter: »Eher nicht.«

Ich: »Was war früher anders?«

Peter: »Macht es Sinn, darüber zu reden?«

Ich: »Ich glaube schon. Wenn Sie diese Dinge erkennen, werden Sie vielleicht sicherer in dem, was Sie jetzt tun.«

Peter: »Sie meinen, ich höre dann auf, der Vergangenheit nachzutrauern?«

Ich: »So in etwa.«

Brücke 5: Flexible weiterbringen

Auf die nächste Phase möchte ich nur kurz eingehen, da sich insgesamt nur vier Prozent dahin entwickeln. Menschen, die sich aus dem Flexibel-Modus wegbewegen, beginnen wieder eine stärkere Haltung zu haben – auf einer ganz anderen Ebene als im Richtig-Modus. Sie verkörpern übergeordnete Prinzipien, die sie selbst produzieren können. Dieses »selbst produzieren« ist ein entscheidender Unterschied gegenüber reinem »Verstehen«. Viele Menschen können Ideen, Gedanken und Konzepte auf einer inhaltlichen Ebene verstehen – aber sie können sie nicht erzeugen. Den wahrscheinlich postkonventionellen Publizisten Roger Willemsen haben viele verstanden und konnten

Brücke 1	**Brücke 2**	**Brücke 3**	**Brücke 4**	**Brücke 5**
Ego- zu Wir-Modus	**Wir- zu Richtig-Modus**	**Richtig- zu Effektiv-Modus**	**Effektiv- zu Flexibel-Modus**	**Flexibel-Modus zu später**
Typische Themen, die Entwicklung anstoßen				
Anecken, so nicht weiterkommen	Nicht bzw. falsch gesehen werden	Lebensbalance, Selbstverwirklichung	Suche nach persönlichem Sinn	Suche nach höherem Sinn
Zu stärkende Themen				
Regeln, Beziehungen	Individualität, eigene Standards	Eigene Vorstellungen und Maßstäbe	Integration anderer Perspektiven	Spiritualität, Ganzheitlichkeit/Holismus
Was neben dem Flexi-Coaching helfen könnte				
Klare Führung, Autorität, Vorgaben, Meditation, Therapie	Neues lernen, Neues erfahren, Meditation, Therapie	Alternative Lebensmodelle kennenlernen, Abenteuerreisen, Auszeiten im Ausland, Meditation, Therapie	Neue Perspektiven kennenlernen, Beschäftigung mit Philosophie und dialektischem Denken, Meditation, Therapie	Beschäftigung mit der eigenen Biografie, Philosophie (Epistemologie), Alleinsein, Meditation

ihm zustimmen. Dennoch werden die meisten nicht in der Lage sein, ähnliche Gedanken selbst zu produzieren. Die Produktion von Gedanken ist aber die Voraussetzung für gesprochene oder geschriebene Sprache auf dieser Stufe.

Haben Sie mit einem solchen Menschen zu tun, so folgen Sie seinen Assoziationen und geben Sie Ihre eigenen dazu. Diesem Menschen wird es um eine höhere Form der Selbstverwirklichung gehen, deshalb kann man spirituelle Themen kaum ausblenden. Symbolik wird wichtiger, denn Menschen beziehen immer mehr Ebenen ein. Auch philosophische Herangehensweisen im Coaching können nun helfen.

Mit der nebenstehenden Tabelle möchte ich die Brücken noch einmal zusammenfassen.

Das Brücken-Bild im Coaching nutzen

Die verschiedenen Phasen, die ich beschrieben habe, gehen ineinander über und bauen aufeinander auf. Sie wechseln zwischen »Ich« und »Wir«. Am Anfang sieht man nur die anderen, dann sich selbst und die anderen, schließlich sich im gesellschaftlichen Kontext. Und am Ende sieht man vieles, das weit darüber hinausgeht: Vergangenheit, Gegenwart und Zukunft, man selbst als Punkt in der Welt, im Kosmos. Der Mensch kommt auf die Welt als ein Wesen, das mit seiner Mutter eins ist. Und geht als Mensch, der ein kurzes Flackern im Bewusstsein des Kosmos war und wieder darin aufgeht. Die Ehrfurcht vor unserem eigenen Leben sowie vor dem Leben aller anderen wächst mit der Zeit auch deshalb, weil wir immer mehr sehen und erkennen. Die verschiedenen Phasen erweitern die Blickwinkel und Perspektiven, gleichzeitig machen sie einen selbst immer kleiner. Anfangs ist man Teil von etwas Kleinerem (der Gruppe), schließlich von etwas Größerem (der Gesellschaft, der Welt). Stellen Sie sich vor, es gäbe eine Wunderpille, die Sie Dinge erkennen lässt, die Ihnen vorher verborgen waren. Auf jeder Brücke erkennen Sie damit mehr Zusammenhänge, die Sie zum großen Ganzen zusammenfügen. Zunächst sieht man nur die anderen. Am Ende kann man fast alles damit sehen und immer wieder Neues entdecken. Dieses Bild lässt sich sehr gut im Coaching verwenden, da es einfach ist und prägnant. Geben Sie dem Coachee das Bild und fragen Sie ihn, was er sieht, wenn Sie sagen: »Schauen Sie auf das Leben und beschreiben Sie es.«

Auf der Wir-Brücke sehen wir nur die anderen und wie sie sich verhalten. Von der Wir-Brücke schauen wir auf die anderen. Wir urteilen aufgrund von Äußerlichkeiten und Verhalten. Wir mögen etwas sehr oder gar nicht. Vor allem aber zweifeln wir nicht, dass das, was wir über uns und andere denken, auch richtig ist. Unser Ausschnitt ist begrenzt. Wir sehen nicht besonders weit. Wir haben auch unsere Prinzipien, diese sind aber einfach.

Vielleicht denken wir:

- Jeder ist, wie er ist.
- Man muss die Menschen zu ihrem Glück zwingen.

Oder:

- Man muss sich durchsetzen.
- Es ist gut, sich anzupassen (also nachgeben etc.).

Die Aussagen beinhalten keine Zweifel, keine weiteren Sichtweisen und keine alternativen Möglichkeiten. Öffnen Sie diesen Blick einen Spalt weit, indem Sie die Sicht des Coachees stärken: *»Schauen Sie mal, wie finden Sie das? Blicken Sie von Ihrer Brücke einmal auf die andere Seite. Dort sehen Sie Menschen, die mehr Ich sind.«*

Auf der Richtig-Brücke stehen Menschen höher, sehen die Wir-Brücke unter sich und erkennen, wie sie früher waren. Menschen auf der Richtig-Brücke fehlt aber der Blick auf die eigene Sichtweise, das eigene Urteil. Sie suchen nach der Wahrheit in Fremdinhalten. Diesen Menschen zeigen Sie andere, die bereits nach eigenen Werten und Maßstäben handeln. *»Was meinen Sie selbst? Schauen Sie doch nicht immer auf Regeln und Best Practice! Fragen Sie sich einmal, was Sie selbst daran gut finden.«*

Auf der Effektiv-Brücke erkennen Menschen, dass sie jetzt etwas

Eigenes leitet, das vorher nicht da war. Vielleicht bleiben sie hier, vielleicht ziehen sie weiter. Dann sehen sie, dass auch das Eigene höchst subjektiv ist und es viele Möglichkeiten gibt, die Welt zu betrachten. Irgendwann stehen sie selbst mitten im Leben, ja, mitten in der Welt.

Die Effektiv-Brücke lässt viele Perspektiven zu. Sie ist sehr hoch gebaut. Wenn Sie Menschen darüber führen, zeigen Sie auf die nächste Brücke, auf der Menschen stehen, die nicht mehr an etwas festhalten. *»Lassen Sie einfach mal locker. Sehen Sie die da? Es muss nicht jeder sein Ding machen. Es gibt viele Möglichkeiten. Sie haben viele Möglichkeiten. Es gibt nicht nur eine.«*

Das kann Menschen im Effektiv-Modus helfen, endlich loszulassen, denn zu Entwicklungshemmnissen kommt es oft, wenn jemand festgefahren ist. Beispielsweise glauben einige Menschen so fest an das Konzept der Berufung, dass sie nicht mehr sehen, dass es noch viele andere Lebenskonzepte gibt.

Wollen, Dürfen, Können

Es gibt viele Gründe, Menschen zu entwickeln. Sie werden glücklicher, freier, zu demokratischeren Staatsbürgern. Wenn Sie Menschen helfen wollen, sich zu entwickeln, setzt das voraus, dass Sie bereit sind, Einfluss zu nehmen. Das ist ein ganz wichtiger Punkt. Ich kenne Coachs, die wollen nicht beeinflussen. Doch das geht nicht, wenn man mit Entwicklung zu tun hat. Da muss man beeinflussen wollen, und das ist auch eine Form der Machtausübung. Machen Sie sich das klar. Achten Sie auch auf Ihre Gefühle, wenn Sie dies lesen.

Die Leistungsformel lautet:
Leistung = Wollen × Können × Dürfen.

Sie lässt sich auf Entwicklung übertragen. Entwicklung braucht einen Anstoß – und diese drei Komponenten. Das Können spielt eine Rolle, vor allem das Bestimmte-Dinge-denken-Können. Dürfen ist insofern wichtig, als jede Entwicklung ein Umfeld braucht, das zu ihr passt. Dazu gehört das persönliche, aber auch das kulturelle Umfeld. In Nordkorea ist Entwicklung viel schwerer als bei uns … Doch beginnen wir mit dem Wollen.

Wollen braucht Gefühl

»Ich habe gedacht, du willst das«, sagt Maya. »Aber was willst du?«, fragt Tim. »Ich weiß nicht, ich bin unsicher«, antwortet sie. Es gibt ein blödes Sprichwort: »Wenn du das Ziel nicht kennst, ist auch der Weg egal.« Dieses Sprichwort unterstützt den Gedanken zielorientierten Coachings im Coaching-Verständnis A. Es stimmt aber nicht. Erstens kann ein Weg auch ohne Ziel wunderbar sein. Wer meditiert, hat kein Ziel. Wer liebt, hat auch kein Ziel. Wer liest, tut das oft ohne Ergebnisorientierung. Bei dem, was man ohne Ziel tut, spielen Emotionen eine größere Rolle.

Entwicklung ist Veränderung. Und Veränderung ist oft mit Angst und selten mit Freude verbunden. Fehlende Ziele machen Angst, die Angst, etwas nicht absehen zu können. Doch ist die Fähigkeit, dieses »Kein Ziel, kein Ergebnis« annehmen zu können, die Grundvoraussetzung für Entwicklung. Es gibt keine Garantie, dass etwas dabei herauskommt. Es ist der Weg, der einen weiterbringt. Es ist der Verzicht auf Ziele, der Entwicklung fördert.

Neue Erfahrungen sind die besten Entwicklungshelfer, weil sie sich mittels positiver Gefühle im Gehirn verankern. Man macht sie jedoch nicht, wenn man auf einem Ergebnis besteht. Ein Plan kann helfen, ja. Doch wer Ziele auch als Ergebnis interpretiert, der erreicht vielleicht Dinge, bleibt aber persönlich am Ende stecken. Ich habe viele Menschen erlebt, die nicht weitergekommen sind, weil sie Unbekanntes gemieden haben, kein Abenteuer wagten, sich nicht auf etwas einlassen wollten, dessen Ergebnis nicht absehbar war. Sie hatten Angst vor dem Nicht-Ziel. Der erste Schritt für Sie als Flexi-Coach ist also der, den Blick hin auf den Prozess und weg vom Ziel zu lenken. Gestalten Sie den Prozess stattdessen emotional – mit möglichst viel Freude.

Um uns dem Wollen zu nähern, müssen wir weiterhin nach Bedürfnissen suchen. Im Abschnitt über die fünf Brücken habe ich Ihnen übergeordnete Bedürfnisse der jeweiligen Phasen beschrieben. Die sind so etwas wie die Headline. Darunter stehen individuelle Bedürfnisse, die bei jedem Menschen anders sind. Weiter oben habe ich über Motive geschrieben. Bedürfnisse sind Motive, sofern es keine Impulse wie Hunger und Durst sind. Sie formen unser Wertesystem und sie sind mit Emotionen gekoppelt. Lässt man sie frei, so setzen sie Handlungsimpulse. Motive lösen Emotionen aus, Emotionen lösen Wollen aus und damit letztendlich ein Handeln auf einen Wert hin. Diesen Wert halten gerade Menschen im Effektiv-Modus oft für das Ergebnis und damit droht die eben beschriebene Schmälerung der Entwicklungsmöglichkeit. Deshalb muss dieser Wert ersetzt werden – beispielsweise durch »Erleben«, »Experimentieren«, »Laufenlassen«.

Wenn wir Menschen helfen möchten, sich zu verändern, geht es darum, nach ihren Bedürfnissen zu fahnden und ihnen zu helfen, sie neu zu bewerten. Nur Emotionen können nachhaltig etwas verändern. Das wissen wir aus den Neurowissenschaften, die in den letzten Jahren so unglaublich viele neue Erkenntnisse gebracht haben. Emotionen steuern Veränderungen im Kopf. Für einen neuen Verstand brauchen wir Gefühl. Das hat mit somatischen Markern zu tun, die wir in uns speichern. Somatische Marker beruhen immer auf einem Körpergefühl. Das Kribbeln im Bauch, wenn wir uns verlieben. Das beklemmende Gefühl bei Angst oder die Erhabenheit bei Freude. Diese somatischen Marker ermöglichen erst eine Bewertung. Ohne diese Bewertung können wir nicht vernünftig handeln. Der Gehirnforscher Antonio Damasio führt dazu den erfolgreichen und überdurchschnittlich intelligenten Manager Mr. Elliott an. Durch eine Tumoroperation waren bei ihm bestimmte Regionen im präfrontalen Kortex geschädigt, in denen genau diese Marker gespeichert sind. Man könnte auch sagen, das Bewertungssystem war ihm abhanden gekommen. Er konnte also nichts mehr entscheiden, nicht einmal mehr, ob er eine Gummibärchentüte kaufen soll oder nicht … Wir aber haben dieses Problem nicht. Wir können bewerten! Wir müssen nur unser Bewertungssystem gelegentlich erneuern, verändern, anpassen.

Wollen entsteht aufgrund von subjektiver Bewertung. Je mehr unterschiedliche Erfahrungen ein Mensch gemacht hat, auf desto mehr somatische Marker kann er zurückgreifen. Je mehr unterschiedliche Erfahrungen, desto vielfältiger die Gefühlswelt.

Was ist das eigentlich – Gefühl? Primäre Emotionen sind angeboren und haben ihren Sitz im Mandelkern. Man erkennt sie an typischen Gesichtsausdrücken. Primäre Gefühle wie Angst, Wut, Freude, Trauer, Überraschung und Ekel lassen sich auch bei bester Körperbeherrschung nicht ganz verbergen. Anders ist es mit den sekundären Gefühlen, die primäre Gefühle ausgestalten und differenzieren. Stolz ist eine Form von Freude, ebenso wie Hoffnung. Unsicherheit ist eine differenzierte Angst, die vielleicht schon von etwas Freude überlagert wird. Interesse ist ebenso eine Form der Freude, wie Melancholie eine differenzierte Trauer ist. Verachtung liegt zwischen Wut, Ekel und Angst.

Wenn sich Menschen verändern sollen, brauchen sie also neue Körpererfahrungen, die ihr Bewertungssystem verändern. Das erklärt, warum Meditation die Entwicklung fördert, und zwar unabhängig von der Reife – sie verändert die Aufmerksamkeit und richtet sie nach innen. Das erklärt aber auch, warum es je nach Reife Unterschiede in der Körperempfindung gibt. Reifere Menschen nehmen differenzierter wahr. Man erkennt das schon an der Art und Weise, wie sie über ihre eigenen Emotionen sprechen können. Sie nehmen verschiedene Emotionen wahr, zum Beispiel ein erstes Gefühl und ein zweites. Widersprüchliche Gefühle können sie leichter in sich integrieren: Wenn sie ein dickes Buch sehen, macht das vielleicht Angst, aber zugleich löst es Vorfreude und Interesse aus. Ein anspruchsvoller Dialog kann bei ihnen positive Emotionen auslösen: auf primärer Ebene Freude, auf sekundärer Ebene Interesse, einen Aha-Effekt und vielleicht auch Hoffnung auf Neues.

Wenn Menschen am Übergang von der Ego- in die Wir-Phase nach Zugehörigkeit streben und sich anpassen, so liegt dem eine spezielle Angst zugrunde – die Angst, kein Teil zu sein, ausgestoßen, etwas zu verpassen. Wenn Menschen am Übergang von der Wir- in die Richtig-Phase nach Individualität suchen, so liegt dem ebenso Angst zugrunde. Hier ist es die Angst vor Bedeutungslosigkeit. Wenn Menschen von der Richtig- in die Effektiv-Phase wollen, so treibt sie die Angst, ein sinnloses Leben zu führen. Jeder Angst liegt Freude gegenüber – die Aussicht auf Freude kann in Bewegung setzen!

Holen Sie Menschen also bei ihren Gefühlen ab. Versuchen Sie diese mit demjenigen Wollen in Verbindung zu bringen, das positive Gefühle auslöst. Eine Idealistin wird sich eher entwickeln wollen, wenn etwas ihr idealistisches Bedürfnis anspricht. Ein neugieriger Mensch wird sich eher entwickeln, wenn er intellektuell berührt ist. Ein anerkennungshungriger Mensch wird leichter durch Lob angetrieben werden können.

Die folgende Tabelle fasst das noch einmal für Sie zusammen:

Wollen aufgrund von	Emotion	Reaktion	Beeinflussbarkeit
Bewertung (Werten)	Das mag ich / mag ich nicht	Entscheidung	Groß, vor allem durch neue Erfahrungen und Neudeuten von Werten
primären Gefühlen	Angst, Wut, Freude, Trauer, Überraschung, Ekel	Zum Beispiel Flucht bei Angst	Gering. Körperempfindungen sind angeboren, die Reaktionen sind teils sozial erlernt.
sekundären Gefühlen	Abneigung, Stolz, Hoffnung, Liebe, Unsicherheit etc.	Handlung	Groß. Hängt individuell von den Motiven einer Person ab

Selbstwahrnehmung üben

Wenn Sie mit Menschen arbeiten, sollten Sie Ihre Beobachtungsgabe schulen. Beginnen Sie bei sich selbst. Welche Erst- und Zweitreaktionen nehmen Sie an sich wahr? Was passiert mit Ihrem Körper, wenn Sie etwas tun? Wie bewerten Sie etwas? Was passiert mit Ihnen, wenn Sie etwas mögen oder nicht mögen?

Ich habe bereits den Vierschritt der Wahrnehmung beschrieben und erweitere das Verfahren jetzt auf sieben Schritte:

1. Welche Emotion spüre ich im ersten Moment?
2. Wie reagiert mein Körper?
3. Wie ändert sich meine Emotion?
4. Was verändert sich dadurch in meinem Körper?
5. Welches Bedürfnis nehme ich wahr?
6. Welchen Wunsch zu handeln verspüre ich?
7. Wie handle ich wirklich?

Viele Menschen werden diese sieben Schritte nicht so differenziert erfassen können. Aber wenn Sie mit Menschen arbeiten und mehr als Fürsorge spenden wollen, sollten Sie diese Schritte an sich selbst durchspielen und voneinander trennen können.

Wenn Sie mit weniger selbstreflektierten Menschen arbeiten, so konzentrieren Sie sich auf Schritt 2: Wie reagiert der Körper dieser Menschen? Was passiert mit ihrem Gesichtsausdruck? Viele haben Körperempfindungen, die sie selbst gar nicht wahrnehmen. Wenn Sie zurückmelden, was Sie sehen, führen Sie den Coachee manchmal wieder an seine Empfindungen heran. »Stimmt, es ging mir irgendwie besser, als ich darüber gesprochen habe.«

So kann es eine sehr hilfreiche Übung sein, Klienten einfach reden zu lassen und dabei ihre Körperreaktionen zu beobachten. Lassen Sie Menschen in späteren Entwicklungsphasen das Thema selbst wählen. Menschen, die damit noch überfordert sind, legen Sie Stichworte vor: Partner, Gesundheit, Beruf, Familie, Hobby, Werte. Was fällt ihnen dazu ein? Hören Sie einfach aktiv zu. Fragen Sie nach, fassen Sie zusammen. Geben Sie weitere Stichworte. Reden Sie selbst wenig. Achten Sie auf die veränderte Sprachgeschwindigkeit und den Gesichtsausdruck. Man sieht es Menschen an, wenn sie angespannt sind oder befreit. Auch Widersprüche zwischen Gesagtem und Gefühltem sieht ein genauer Beobachter. Trauen Sie sich, Beobachtungen und intuitive Wahrnehmungen auf allen Ebenen auszusprechen. Das macht Ihr Coaching sehr viel emotionaler.

Dürfen: Es muss erlaubt sein

Manche Menschen brauchen vor allem ein anderes Umfeld, um sich zu entfalten. Kein Coaching der Welt wirkt so befreiend wie ein Umzug, ein Jobwechsel und neue Leute. In vertrauten Umgebungen geben uns andere auch den Takt vor. Sie sind unsere Vergleichsgruppe. Wir interpretieren die Welt nach jenem winzigen Ausschnitt, den wir kennen. Die meisten sind viel ordentlicher als wir? Wir halten uns automatisch für unordentlich. Da werden unkonventionelle Ideen gleich abgebügelt? Wir fangen erst gar nicht an, sie zu produzieren. Studien besagen, dass Universitäten, die freies Denken fördern, Menschen stärker entwickeln als traditionelle Lehranstalten, die vor allem das Lernen fördern. Ich könnte mir vorstellen, dass das auch für Schulen gilt. Momentan tun unsere Bildungsverantwortlichen alles dafür, den Kindern freies und kreatives Denken abzutrainieren. Selbst für argumentative Texte gibt es Musterlösungen. Das ist völlig absurd. Auch starre Bewertungssysteme in Unternehmen sind nicht eben geeignet, um eine Entwicklung jenseits des Richtig-Modus zu begünstigen.

Menschen, die noch nicht wirklich sie selbst geworden sind, sind leichte Beute für unterschiedliche Gruppierungen. Vor allem in frühen Modi können kriminelle Gruppen, Parteien, Sekten und Rattenfänger sie für ihre Zwecke einbinden. Die Inhalte sind dabei austauschbar. Gruppen, die nur eine Wahrheit gepachtet haben, sind denkbar schlecht für die Entwicklung. Wenn eigene Gedanken nicht gefördert oder gar unterdrückt werden, setzt das enge Schranken. Wenn hingegen eigene Gedanken erwünscht sind und ihr Äußern gefördert wird, wird auch das Übertreten von Denk-Grenzen wahrscheinlicher. Kurzum: Es gibt entwicklungsfördernde und entwicklungshemmende Umfelder. Sie sollten entwicklungsfördernde Umfelder suchen und schaffen.

Diese sind durch folgende Aspekte gekennzeichnet:

- Freies Denken ist erwünscht und wird gefördert.
- Eine ungewöhnliche, gegensätzliche Meinung wird positiv aufgenommen.

- Jedem ist der Unterschied zwischen Denken im Sinne von Verstehenwollen und Urteilen im Sinne von subjektivem Bewerten bewusst.
- Menschen und ihre Gedanken und Äußerungen werden nicht bewertet.
- Es gibt kein erwünschtes Denken.
- Das Einzige, was vorgegeben ist, sind Werte und Prinzipien wie »Wir behandeln uns gegenseitig mit Respekt«.
- Es gibt viele Anregungen von außen.
- Jeder sucht nach anderen Perspektiven.
- Es herrscht Respekt in jeder Hinsicht.

Es gibt solche entwicklungsfördernden Umfelder, auch wenn sie derzeit noch selten sind. Es sind einige wenige Schulen, einige wenige Universitäten, einige wenige Unternehmen und einige wenige Familien. Meist sind solche Umfelder nur dort möglich, wo es einen größeren Anteil an Menschen im postkonventionellen Modus gibt. Sie sind die Einzigen, die diese Umgebungen schaffen und prägen können. Weil sie die Einzigen sind, die wirklich neue Gedanken nicht nur verstehen, sondern auch selbst produzieren können. Sie schaffen ein Dürfen, in dessen Rahmen Entwicklung wirklich möglich wird.

Können: Es muss passen

Jeder Mensch hat unterschiedliche Stärken. Manchmal resultieren diese aus Bedürfnissen. Das Bedürfnis nach Ordnung wird dafür sorgen, dass ich ein Talent entwickle, diese zu halten. Vielleicht erfinde ich Ordnungssysteme, vielleicht entwickle ich einen besonderen Blick, vielleicht beides. Manchmal resultieren Stärken aus körperlichen, kognitiven, motorischen, künstlerischen oder musischen Fähigkeiten. Es können auch Eigenschaften sein, aus denen sich Stärken entwickeln. Sie stehen mit dem in Verbindung, was man Charakter nennt. Wenn Sie Menschen entwickeln, sollten Sie nach ihren Stärken fahnden, worauf immer sie basieren. Daraus ergeben sich oft Ansatzpunkte für weitere Entwicklung.

Valentina hat ein großes Gesangstalent (sie kann singen). Sie wird in einem Musikwettbewerb aber nicht ausgewählt, weil sie sich nicht so gut bewegt hat (sie kann nicht tanzen). Danach weint sie (die Ablehnung macht sie traurig). Ob sie sich nun weiterentwickelt oder nicht, wird von ihrem Umfeld (Dürfen), ihren Motiven (Wollen) und ihren Stärken (Können) abhängen. Das Umfeld kann sie ermutigen, sich den Herausforderungen zu stellen, oder ihr sagen »Lern lieber etwas Vernünftiges«. Ihre Motive können sie in den Kampf oder die Resignation führen. Und ihre Stärken können in die Höhe wachsen oder in die Breite – oder beides. In die Höhe wachsen sie, wenn sie sich weitere Fähigkeiten erwirbt, die zu ihrer Kernstärke passen. In die Breite wachsen sie, wenn sie ihr Gesangstalent weiter ausbaut. Die Erkenntnis, dass jede Stärke andere Stärken braucht, um zum Talent zu werden, fördert Entwicklung. Die Sprünge, die hier entstehen, sind oft weniger dramatisch als die über das Wollen und Dürfen vollzogenen, sind aber auch nicht zu verachten …

Können bezieht sich für mich auch auf Denken-Können. Was denkt jemand über sich? Was schreibt er sich als Stärke zu? Oft ist es gar nicht das wirkliche Können. Viele Menschen sind in Bezug auf ihre Stärken fehlsichtig. Sie sehen nicht, worin sie gut sind. Manchmal hat das damit zu tun, dass wir nicht glauben, dass Stärken einem leicht fallen könnten. Manchmal damit, dass wir uns immer noch so sehen wie andere uns geformt haben. Vor allem beim Übergang von der Richtig- in die Effektivphase kommen Menschen mehr in ihr wirkliches Ich, ein weiterer Schritt erfolgt, wenn sie »flexibel« werden. Sie sehen dann etwa, dass sie immer ordentlich und fleißig waren, weil ihnen das die Anerkennung wichtiger Bezugspersonen gesichert hat – in Familie und Beruf. Möglicherweise merken sie dann, dass dies mit ihnen selbst gar nicht viel zu tun hatte. Und sie entdecken ihre eigene kreative Kraft oder generell die Freude am Loslassen.

LifeStory-Forming: Menschen mit Geschichten zu neuem Denken führen

Wir kommen auf die Welt und haben noch kein Ich. Wir verschmelzen mit der Mutter, der Umwelt. Unsere Bedürfnisse sind nicht abgegrenzt, wir können sie nicht von der Mutter trennen. Dann werden wir beschrieben wie eine Festplatte. Wir speichern Muster, die andere uns eingeben. Wir atmen die Vergangenheit der anderen, unserer Familie, der Gesellschaft. So entsteht eine Hülle, die nicht mehr identisch mit den eigenen Bedürfnissen, den eigenen Emotionen, dem eigenen Kern ist. Wir nehmen fremde Sichtweisen an, bürden uns Probleme von anderen auf, entwickeln unser Denken in den Bahnen der Gedanken anderer weiter. Wir speichern Erlebnisse, weil sie mit Körperreaktionen verknüpft und mit Emotionen aufgeladen sind. So formen wir Erinnerungen, die uns prägen. So stricken wir Muster, wie wir sind. Nicht selten ergeben sie kein schönes Bild für uns selbst. Nicht selten hindern sie uns daran zu wachsen. Ich habe auf einem Flipchart ein paar Sätze aufgeschrieben, mit denen ich meinen Kunden die Ich-Entwicklung erkläre:

»Du bist wie du bist! Nein, das bist du nicht. Du bist sehr lange ganz viel, nur nicht du selbst. Am Anfang bist du dein Impuls, danach wirst du ganz und gar *die anderen*. Irgendwann merkst du, dass du mehr Ich brauchst. Schließlich gehst du Schritt für Schritt auf *dich* zu. Wenn dir das gelungen ist, wendest du dich wieder den anderen zu – aber anders, mit mehr *Ich* in dir. Dass du auf deiner Reise zu deiner eigenen Persönlichkeit angekommen bist, spürst du, wenn du gelassen wirst und dich öffnest: Du liebst alle Menschen, Wesen und die Welt, aber du tust nichts mehr, um geliebt zu werden.«

Das beschreibt die Reise der Ich-Entwicklung auf eine einfache Art und Weise. Es ist auch eine Geschichte, eine über Ich-Entwicklung. Sie könnte heißen »Dein Weg«. Geschichten haben für mich eine besondere Bedeutung, weil Sprache für mich als Buchautorin so wichtig ist. Dass Sprache auch helfen kann, Menschen zu entwickeln, wurde mir erst bewusst, als ich mich immer mehr mit dem Gehirn, mit Emotionen und der menschlichen Psyche beschäftigte. Der Artikel »A New Big Five« von Dan McAdams war für mich eine Offenbarung und machte all das rund, was ich vorher nur geahnt hatte: Persönlichkeit hat verschiedene Schichten, und eine ganz wichtige Schicht ist die der eigenen Lebensinterpretationen. Wie jemand auf sein Leben blickt und es deutet, sagt am allermeisten darüber aus, wie er es bewältigt. Indem er es umdeutet und neu interpretiert, erhält er einen ganz neuen Zugang zu sich. So kann er auch das beeinflussen, was ihm fest und unabänderlich scheint. Dazu habe ich einen Ansatz entwickelt, den ich LifeStory-Forming nenne. Er orientiert sich an Wendepunkten, also jenen Punkten des Lebens, an denen etwas Altes gegangen und Neues dazugekommen ist. Es ist ein Beispiel für eine »flexible« Methode, die auf Entwicklung zielt, und nicht nur aufs Lernen.

Warum Geschichten so hilfreich sind

Menschen verändern sich nur, wenn etwas sie berührt. Die Emotionen müssen in Wallung geraten. Es muss etwas passieren, das ein Störgefühl auslöst, sogar einen Widerstand. Erst dann bewegt sich etwas, entsteht Raum für Veränderung und Wachstum. Geschichten berühren. Sie lassen Bilder entstehen. Deshalb sind sie besonders geeignet, um Menschen nachhaltig zu entwickeln.

Jedes prägende Erlebnis aus der Vergangenheit hat eine Spur in der

Gegenwart hinterlassen. Was mag ich, was mag ich nicht? Subjektive Erlebnisse verankern sich durch Körpergefühle in uns. Über diese emotionalen Marker, unser »Bewertungssystem«, habe ich bereits geschrieben. Dies ist sehr »irrational«. Ich mag keine süßlichen Äpfel. Das geht zurück auf eine frühere Erfahrung, wo ein süßer Apfel ein Übelkeitsgefühl auslöste. Immer wenn ich Äpfel sehe, die mit hoher Wahrscheinlichkeit nicht sauer sind wie ein grüner Granny Smith, wird diese Erinnerung wieder wach. Es kommt Ekel hoch.

Auch wenn ich schreibe, vor anderen rede, durchs Fenster schaue, wird irgendetwas wach, der Körper reagiert, beim Schreiben auf positive Weise. Bei Ihnen ist das ganz genauso. Gegenstände, Situationen, Erlebnisse sind emotional markiert. Das Gefühl »mag ich/mag ich nicht« entsteht aufgrund von Erleben und ist höchst relevant für den Alltag; die damit verbundenen Bewertungen formen unser gesamtes Leben. Diese Bewertungen müssen wir durch neue emotionale Marker »überschreiben«, die neues Bewerten ermöglichen. Erzählungen sind dazu sehr gut geeignet, weil sie nah am Erleben sind, ja, mit dem Erleben verschmelzen können, wie wir noch sehen werden. Spontanes »mag ich/mag ich nicht« ist einfacher, wenn etwas emotional verknüpft ist Es fällt leichter, einen positiven Filmtitel zu mögen als nur ein Wort. Darum geht es bei dieser Vorgehensweise.

Sprache hilft uns, Bewertungen Ausdruck zu verleihen. Unsere Gefühle beeinflussen die Sprache – aber auch umgekehrt. Sehe ich einen süß aussehenden, (in der Regel) roten Apfel sage ich: »Nein, den mag ich nicht.« Wenn ich aber lächle, um den Apfel tanze, ihn in meine Mitte nehme – kurzum mich positiv einstimme – und dann »mag ich« sage (oder denke), steigt die Wahrscheinlichkeit, dass ich doch hineinbeiße. Es entsteht eine neue emotionale Markierung. Und möglicherweise wird sie gegenwärtiger sein als die alte und kann diese verdrängen. Sprache hilft also vor allem in Verbindung mit Körpererfahrung, Emotionen zu beeinflussen.

Wendepunkte sind die besten Geschichtenerzähler

Sabines Geschichte aus dem ersten Kapitel ist das Ergebnis eines solchen LifeStory-Formings. Sie konnte ihre Vergangenheit am Anfang nicht so sehen, wie es dort beschrieben ist. Es waren viele negative Gefühle im Spiel. Auch sah sie sich nicht als Gestalterin ihres Lebens. Der erste Schritt in unserer Zusammenarbeit lag darin, Wendepunkte ihres Lebens zu beschreiben. Also jene Punkte, an denen sich etwas fundamental verändert hat und die deshalb geeignet sind, ein Leben in ein Davor und Danach einzuteilen. Jeder erlebt diese Wendepunkte, der eine nimmt sie aber mehr, der andere weniger wahr. Man kann sie auch verdrängen. Wer in der Ich-Entwicklung weiter ist, hat höchstwahrscheinlich mehr Wendepunkte erlebt und kann diese leichter beschreiben.

Sie können runde Moderationskarten als Wendepunkte verwenden, weil das Runde den Punkt am besten symbolisiert. Um Menschen Wendepunkte erkennen zu lassen, hilft es, sie in einen entspannten Zustand zu versetzen. Wenn Sie Yoga machen, wissen Sie wahrscheinlich, wie das geht: Augen schließen, hinlegen oder entspannt sitzen und Bilder erzeugen.

Hier ist eine kleine Anleitung:

- Stellen Sie sich große grüne Punkte vor, die Wendepunkte Ihres Lebens.
- An diesen Punkten hat sich etwas in Ihrem Leben zum Positiven verändert. Sie haben etwas grundlegend Neues verstanden, sich geöffnet, einen mutigen Schritt gewagt.
- Sehen Sie diese Punkte?
- Welche Bilder entstehen in Ihnen?
- Welche Worte kommen Ihnen in den Sinn?
- Malen Sie die Wendepunkte auf.

Zunächst werden Sie nur eine Seite eines Wendepunkts sehen, den Übergang in etwas Neues. Später kommt eine weitere dazu. Sabine sah drei große Wendepunkte und stand gerade vor dem vierten. Der erste war ihr Abschied vom Sport, dann kam der Burnout, schließlich die Entscheidung für die Selbstständigkeit. Und nun waren plötzlich neue Themen da, von denen sie noch nicht wusste, wie sie sie benennen und integrieren sollte.

Die Wendepunkte wenden

Es geht etwas, etwas kommt. Wendepunkte haben zwei Seiten. Die eine schließt mit der Vergangenheit ab, die andere leitet über in die Zukunft. Auf der einen Seite von Sabines erstem Wendepunkt stand »Das Ende einer Karriere«, auf die andere schrieb sie »Die Suche nach etwas Neuem«. Wenn Sie mit diesem Ansatz für sich arbeiten möchten, machen Sie es genauso. Fragen Sie sich, was ein Ereignis oder eine Situation für das Ende einer Phase bedeutet und was für den Anfang. Jeder Wendepunkt bekommt also zwei Seiten.

Wendepunkte sollten aber nicht unbedingt so bleiben, wie sie sind. Zum einen ist da die bisherige Interpretation, die Geschichte, die das Gehirn abgespeichert hat und die ins Blut übergegangen ist, in die Glieder. Zum anderen ist da noch eine Seite: die Geschichte, die bislang verschlossen war, ungelesen und nie erzählt. »Das Ende einer Karriere« ist nicht sehr positiv. Würden Sie diesen Film sehen? Ich wahrscheinlich nicht. Auch »Die Suche nach etwas Neuem« hat keinen großen Charme. Das änderten wir, indem wir alternative Titel produzierten und die besten auswählten. Am Ende stand »Abschied vom Sport« auf der einen Seite und auf der anderen »Die Entdeckung neuer Talente«.

Wendepunkte brauchen zwingend zwei Seiten, das ist die Grundidee: Auf der einen Seite steht das, was hinter Ihnen liegt, auf der anderen Seite das, was neu hinzugekommen ist. Warum? Zum einen fördert diese Vorgehensweise die Wahrnehmung dafür, dass alles auf dieser Welt, wirklich alles, zwei Pole und zwei Seiten hat. Rational weiß das fast jeder. Der Chef meines Vaters hatte ihm das in den 1960er-Jahren erklärt. Mein Vater erzählt es heute noch, eben weil es so bedeutungsvoll für ihn war. Auch ich sehe, dass Menschen erstaunt reagieren, wenn sie begreifen, dass der Gegenpol von Ordnung und Plan keineswegs Chaos, sondern Flexibilität ist. Der Gegenpol von Chaos wäre Starrheit, denn das sind die jeweiligen Übertreibungen. Das Bild mit den zwei Polen spiegelt sich auch in Betrachtungsweisen und vor allem in ihrer sprachlichen Umsetzung. Berühmt ist das halb volle und halb leere Glas. Stets zwei Seiten mitzudenken, ist eigentlich nicht neu. Diese dialektische Herangehensweise halte ich im Coaching für extrem wertvoll und wichtig. Die Dialektik hält dabei verschiedene Schwierigkeitsgrade bereit, die zu den einzelnen Entwicklungsstufen passen. Anfangs ist es die Lehre von den Gegensätzen, dann von deren Verbindung und letztlich auch die der Aufhebung dieser Gegensätze.

Für viele Menschen ist es etwas Neues, so zu denken. Sie sind so selbstverständlich der einen oder anderen Sichtweise verhaftet, dass sie die Verbindung zwischen beiden nicht sehen. Das Denken in Gegensätzen selbst zu »produzieren«, fällt schwer, und das Verbinden noch viel mehr. Doch es hilft enorm dabei, ein vollständigeres Bild zu bekommen und auf diesem Umweg auch ein zufriedenerer Mensch zu werden. Denn wer die Zweiseitigkeit von allem erkennt, kann irgendwann auch mit Widersprüchen leben.

Weiterhin entsteht so eine klarere Sicht auf persönliche Entwicklungsprozesse und Dynamiken. Die eigene Persönlichkeit ist nicht statisch, sie ist das Ergebnis von Entwicklungen. Biografiearbeit, wie wir sie aus dem Coaching vielleicht kennen, lenkt den Blick dagegen oft nur auf die Vergangenheit – frühere Interessen und Erlebnisse, nicht aber auf den Coachee als einen Menschen, der heute ganz anders ist. Wenn ich mit Menschen arbeite, merke ich, dass es einigen sehr schwer fällt, dies anzunehmen. Sie denken oft ewig über Entscheidungen der Vergangenheit war, die sie heute nicht mehr treffen würden. Aber anstatt zu sagen, »Für mein damaliges Ich war es richtig, so zu handeln«, möchten sie die Uhr zurückdrehen, grämen sich über

»falsche« Entscheidungen und machen sich das Leben schwer. Das hat meiner Meinung nach sehr viel damit zu tun, dass alle Welt einem einredet, man sei so, wie man ist, und zwar mehr oder weniger von Anfang an. Wer so etwas glaubt, muss sich schlecht fühlen, wenn er noch kein starkes Gefühl für sich selbst hat. Wenn er oder sie wüsste, dass er dabei in bester Gesellschaft ist – Menschen sind in einem dauernden »Werdezustand« –, würde es manch einem besser gehen.

Sabine fiel es nicht schwer, diese zwei Seiten zu sehen und anzunehmen. Schwerer war es bei den Wendepunkten, die auf die Abkehr vom Sport und die Hinwendung zu den neuen Talenten folgten. Was war gut daran gewesen, dass sie im Burnout gelandet war? Hätte sie nicht besser vorbeugen können? Hätte sie früher Beratung suchen oder das falsche Coaching abbrechen sollen? Doch ziemlich bald sah sie selbst: Die Erkenntnis für all das wäre ohne den Zusammenbruch gar nicht gekommen. Danach konnte sie Anerkennung in sich selbst finden, was man auch als Selbstliebe übersetzen könnte. Jedenfalls eignet sich dieses Wort eher für einen Filmtitel, und für Sabine hatte es eine positive Anmutung. Das ist wichtig – Wörter sind Wörter mit individueller Bedeutungsgebung, und Menschen verbinden Unterschiedliches damit. Nehmen Sie beispielsweise das Wort »Macht«. Es wird für den einen dieses und für den anderen jenes beinhalten und auch unterschiedlich emotional aufgeladen sein.

Was für Sie positiv ist, mag für einen anderen absolut negativ belegt sein. Beim Wort »Macht« habe ich diese Erfahrung gemacht. Es hat nicht nur zwei Pole, es polarisiert. Selbstliebe ist in unserer Gesellschaft ein weniger polarisierendes Wort, doch könnte ich mir interkulturelle Unterschiede sehr gut vorstellen. Selbstliebe dürfte im asiatischen Raum anders besetzt sein. Sabine also schrieb auf die eine Seite ihres Wendepunktes »Burnout« und auf die andere »Selbstliebe«.

Werden Sie zum Helden im eigenen Film

Versuchen Sie einmal, eigene Wendepunkte mit einer kurzen Filmbeschreibung zu skizzieren, bevor Sie mit anderen an deren Wendepunkten arbeiten. Gesetzt ist, dass Sie der Held sind. Klar ist auch, dass am Ende etwas anders ist als vorher und Sie etwas überwunden, gelöst, verstanden haben. Gern darf das Ganze auch mit einem Happy End abschließen, aber bitte nicht mit einem »und wenn sie nicht gestorben sind, dann leben sie noch heute«, sondern mit einem vorläufigen Serienende. Ihr Film soll schließlich nach diesem Wendepunkt nicht vorbei sein.

Suchen Sie die Wendepunkte bei den größeren inneren Veränderungen. Finden Sie Filmtitel, die schön klingen, gern dramatisch, gern verheißungsvoll. Wenn Sie Ihre Wendepunkte beschrieben haben, schauen Sie sich die beiden Seiten genauer an. Welche Emotionen kommen bei der einen und bei der anderen Seite hoch? Befühlen Sie Ihre Wendepunkte. Ich meine das im doppelten Sinn. Fassen Sie sie an, aber fühlen Sie auch in sich selbst nach.

Welche Geschichte können Sie zu der einen und welche zu der anderen Seite erzählen – wie lautet also Ihre Filmbeschreibung? Es gibt Menschen, denen fällt diese Übung sehr leicht, und anderen fällt gar nichts ein. Versuchen Sie in Worte zu fassen, was in Ihrem Kopf ist. Fangen Sie vor allem jene Worte ein, die Ihnen weglaufen wollen, die Sie sich nicht auszusprechen trauen. Ist da nichts, malen Sie ein Bild oder erstellen Sie eine Collage. Und kehren Sie dann zu Ihrem Filmtitel zurück. Fällt Ihnen immer noch nichts ein, lassen Sie es liegen und kommen Sie mit etwas innerem Abstand dazu zurück. Wenn man eine Übung gar nicht mag, gibt es zwei Gründe dafür: Die Zeit ist noch nicht reif oder es ist genau die Herausforderung, die Sie bräuchten. Bei beiden geht es im Grunde um dasselbe: Sie laufen davon.

Deutlich mehr Dynamik bringen Sie in Ihre Wendepunkte, wenn Sie weitere Geschichten dazu finden. Was wäre eine Geschichte, die Sie bisher nicht erzählt haben? Wie viele unterschiedliche Geschichten fallen Ihnen ein? Zeigen Sie verschiedenen anderen Menschen einen oder zwei Ihrer Wendepunkte. Geben Sie ihnen Ihre Filmgeschichte und bitten Sie sie, die Geschichte ganz anders zu erzählen. Bewerten Sie die Geschichten nicht. Schreiben Sie sie einfach auf oder nehmen Sie sie digital auf. Achten Sie zunächst gar nicht auf die Worte, sondern auf das Gefühl, das in Ihnen entsteht. Absurd? Vertraut? Nah? Fern?

Entwickeln Sie mehr Erzählperspektiven

Es ist oft spannend zu sehen, wie unterschiedlich ein und dieselbe Sache interpretiert werden kann. Hier schwenke ich von Sabine zu einer anderen Kundin, für die ein Ereignis im Privatleben sehr viel verändert hat. Dies ist ein gutes Beispiel für eine Vielzahl von Perspektiven, die dasselbe Geschehen erzeugen kann. Ein wichtiger Wendepunkt in Annas Leben war, dass sie ihren leiblichen Vater nach Jahrzehnten wiedergetroffen hatte. Auf die eine Seite des Wendepunktes schrieb sie spontan »Der Schatten«.

Annas Filmgeschichte könnte auf unterschiedlichste Weise erzählt werden:

- Der Mann hatte in einem anderen Land gelebt und nie an seine Tochter gedacht, dann fand er zufällig ihr Bild im Internet. Er war irritiert von der Ähnlichkeit ihrer Berufswege und meldete sich. Sie trafen sich nach 25 Jahren wieder und entdeckten viele Parallelen. Für Anna war das wichtig, denn endlich verstand sie Seiten an sich, die ihr so fremd vorgekommen waren.
- Nach Jahrzehnten meldete er sich aus dem Ausland mit »Hier ist dein Vater«, als wäre nichts geschehen. Sie konnte ihm nicht verzeihen, dass er sich nie gemeldet hatte. Ihre Begegnung nach 25 Jahren war kurz und kühl, nicht der erhoffte Zauber. Ja, das war ihr Vater. Aber andererseits hatte sie ein Leben, das unabhängig von ihm war. Jetzt wollte sie endlich sie selbst sein.

- Sie hatten wenig gemeinsam, sein Leben war ganz anders verlaufen, in einem anderen Land. Und doch verband sie die Blutsverwandtschaft. Ihre Leben kreuzten sich, um danach wieder getrennt zu verlaufen. Nach 25 Jahren hatte sie endlich ein Bild von diesem Mann. Nach diesem Bild hatte sie immer gesucht. Jetzt konnte sie leichter zu ihrem eigenen Leben zurückkehren.
- Es war ein Zeichen des Himmels. In dem Moment, in dem sie an die Möglichkeit seines Todes dachte, erreichte sie seine E-Mail. 25 Jahre lang hatte er im Ausland gelebt, Tausende Kilometer entfernt. Dann war er ihr nah gekommen, trotz dieses Abstands. Es fanden immer mehr Begegnungen im Kopf statt. Sie glaubte nicht an Zufälle. Sie wusste: Jetzt fügt sich eines zum anderen. Sie konnte ihre Familiengeschichte aufarbeiten und generationsübergreifende Muster entdecken. Sie konnte etwas in sich integrieren, das immer dagewesen war, aber nie greifbar.

Die Fakten sind in allen vier Geschichten die gleichen, und es könnte noch viel mehr Varianten geben. Annas Geschichte war die letzte: Mit ihr ging sie in Resonanz, konnte sich damit also identifizieren. Für sie war der übergeordnete Sinn wichtig, um in die Zukunft zu gehen. Die Suche nach Ganzheit, die eher spezifisch für postkonventionelles Denken ist, hatte sie angetrieben.

Wichtig bei der Arbeit mit Filmgeschichten ist:

- Die Geschichte muss anschlussfähig sein. Danach ändert sich etwas, das eine andere »Ära« des Denkens einleitet.
- Die Geschichte muss lebendig und leicht sein.
- Es muss eine Wendung zum Positiven sein, ob dies eine Lösung, eine Erkenntnis, eine Vervollständigung oder ein »Friedenschließen« ist.

Wichtig ist nicht Wahrheit, denn es geht einzig um das, was unbestritten existiert. Unbestreitbar ist nur, worüber sich alle einig sind. Das ist: ein Vater, eine Blutsverwandtschaft, eine Begegnung an einem Ort, über den Einigkeit besteht. Was wirklich besteht, erkennen wir daran, dass es für unterschiedlichste Menschen unbestreitbar stattgefunden hat und Belege für das Existieren da sind, etwa Fotos, Videomaterial, Briefe. Aber schon die Interpretation dieser Belege wird zu ganz unterschiedlichen Geschichten führen.

Wahrheit entsteht in unserem Kopf. Das zu wissen, ist unendlich wichtig für den Umgang damit. Es geht also immer und immer wieder um unsere Deutungen. Die Persönlichkeit eines Menschen ist ausschließlich eine Deutung. Je mehr Menschen in früheren Phasen fest stecken, desto schwieriger ist es für sie, diesen Punkt anzunehmen. Im Wir- und Richtig-Modus lässt sich das nur auf der intellektuellen Ebene begreifen. Andererseits ist die Hinführung zu einem erst dialektischen und dann epistemologischen Verständnis eine Möglichkeit, den Kunden die Augen zu öffnen. Der Umgang mit Geschichten gibt alldem etwas Spielerisches und Leichtes. Sie werden selbst merken, mit wem Sie dabei philosophisch werden können und bei wem das einfach (noch) nicht passt.

Hintergrund: Wahrheit gibt es nicht

Unser Erleben ist keine Wahrheit. Es basiert auf den Erfahrungen, mit denen wir etwas zu deuten gelernt haben, auf Mustern in unserem Kopf. Unsere Deutungen sind es aber, die unsere Gefühlswelt bestimmen. Angst entsteht aufgrund von Erfahrung: In einer einfachen Welt haben wir abgespeichert, dass große Bären gefährlich sind, also weichen wir ihnen aus. In einer komplexeren Welt haben wir gelernt, dass wir im Beruf nicht sein dürfen, wie wir sind, weil es sich nicht gehört. Wir empfinden eine mit sozialer Interpretation überlagerte Angst. Durch Neuinterpretation haben wir eine Chance, damit besser und produktiver umzugehen.

Wahrheit ist ein sehr individuelles Gebilde, ein »Konstrukt«. Meine Mutter erzählte jahrelang die Geschichte ihrer Hochzeit. Ihr Kleid ging in Flammen auf, der Onkel warf geistesgegenwärtig sein

Jackett über sie und rettete sie damit. Nach der Scheidung meiner Eltern brach der Kontakt über Jahrzehnte ab. 45 Jahre später fragte ich meinen Onkel nach dieser Geschichte, die ich als Kind immer wieder gehört hatte. Er behauptete, gar nicht bei der Hochzeit gewesen zu sein, sondern auf See. Wer hat recht? Meiner Mutter half ihre Sicht, ein Heldenbild von meinem Onkel zu bewahren. Der vermutlich wirkliche Retter könnte mein Vater gewesen sein. Er aber war für sie so »unten durch«, dass eine solche Heldentat undenkbar war. Möglicherweise war es auch ganz anders gewesen. Jeder erinnert sich eben anders.

Das ist normal. Erinnerungen können selbstdienlich oder selbstschädlich sein – und in beiden Fällen auch falsch. Nicht nur Kriminologen wissen, dass das Gedächtnis von Menschen trügerisch ist. Manche Menschen glauben an etwas, das sie sich ausgedacht haben. Indem sie sich die Erinnerung wieder und wieder vor Augen führen, wird sie immer lebendiger und irgendwann real. Suggestion kann den gleichen Effekt auslösen. Wenn ein Zeuge immer wieder zum gleichen Fall befragt wird, erinnert er sich am Ende an mehr Details als am Anfang – auch weil er anderes gehört und gedacht hat und dies seine Erinnerung formt. Wahr ist es deshalb aber noch lange nicht. Aus der reinen Fantasie kann so ein echtes Erlebnis werden. Die britische Rechtspsychologin Julia Shaw konnte in mehreren Befragungen Testpersonen Kindheits- oder Jugenderinnerungen an Straftaten einreden. Bei über 70 Prozent der Personen war sie erfolgreich. Elizabeth Loftus, eine amerikanische Psychologie-Professorin, beschäftigt sich seit Jahrzehnten mit falschen Erinnerungen, die auch in der Therapie erzeugt werden. Sie schildert den Fall von Nadean Cool, der von ihrem Psychiater eingeredet wurde, dass sie als Kind brutal missbraucht worden sei. Als der Frau das bewusst wurde, zeigte sie den Arzt wegen Kurpfuscherei an und erhielt Schadenersatz.*

Durch Anregung der Fantasie kann man Menschen sogar suggerieren, dass sie einen Mord begangen haben. Neun Jahre saß der ver-

* http://www.spektrum.de/magazin/falsche-erinnerungen/823559

mutlich unschuldige Brendan Dassey im Gefängnis, bis er 2016 freigesprochen wurde. Nach mehrfacher Befragung behauptete Dassey, dass er seinem Onkel geholfen habe, eine Fotografin zu vergewaltigen und zu töten. Seine Aussage war dabei extrem detailliert und glaubwürdig. Falsche Zeugenaussagen haben der Organisation Innocence Project zufolge zu 242 der 343 Fehlurteile in den USA beigetragen, die bislang durch DNA-Tests aufgehoben wurden.

Das sind nur einige Beispiele, die zeigen, dass unsere Erinnerung nicht nur lückenhaft ist, sondern schlichtweg falsch sein kann. Andere können sie bewusst oder unbewusst manipulieren, genau wie wir selbst. Doch daneben können wir sie auch – und das ist dann positiv – formen. In den genannten Beispielen wirkte die falsche Erinnerung zum Nachteil der Menschen. Sie kann jedoch auch zu ihrem Vorteil sein. Dabei müssen wir gar nicht so weit gehen, Erinnerungslücken durch Unwahrheiten zu füllen. Es reicht aus, die Interpretationen zu verändern. Das empfinde ich als ethisch verantwortbar, da es Menschen helfen kann.

Natürlich darf es nicht in eine freie Wirklichkeitsgestaltung ohne Grenzen ausarten. Damit wären wir bei einem gefährlichen »Alles ist möglich« und an einer ethischen Grenze angelangt. Hier komme ich nochmals auf die Erkenntnistheorie zurück, die sich damit beschäftigt, was wirklich ist und was die Bedingungen für die Entstehung von wirklichem Wissen sind. Was ist unbestreitbar existent? In unserem Zusammenhang müssen wir dafür als Erstes auf die unbestreitbaren Fakten reduzieren. Wir befreien sie von Interpretationen. Und dann interpretieren wir die Fakten neu.

Nehmen wir Annas Beispiel: Es gibt einen leiblichen Vater, eine Begegnung an einem bestimmten Tag an einem bestimmten Ort, die nach 25 Jahren stattgefunden hat. Es gab verschiedene Wohnorte, der Vater lebte im Ausland. Alles andere ist reine Interpretation durch das soziale Umfeld und Anna selbst – was mitunter schwer zu trennen ist. Selbst über die Begegnung, den Vater und den Zeitpunkt könnte man sich streiten: Man könnte aus einer bestimmten Sicht sogar die Fakten der Begegnung infrage stellen, auch wenn sich mehrere Personen darüber einig sind, dass sie stattgefunden hat. Doch mir geht es hier nicht um eine solche Diskussion. Ich möchte Menschen helfen, ihr Denken mit dieser Herangehensweise weiterzuentwickeln.

Ich zitiere Matthias Brandt, dessen einführende Worte zu seinem Erzählungsband *Raumpatrouille* für mich etwas Geniales haben: »Alles, was ich schreibe, ist erfunden. Manches von dem, was ich erlebt habe, hat stattgefunden.« Besser könnte man nicht beschreiben, wie unsere Erinnerung bestimmt, was wir erleben. Und besser könnte man nicht zum Ausdruck bringen, wie unwichtig am Ende ist, ob Erleben subjektiv wahr ist oder nicht.

An dem Beispiel der Hochzeit meiner Mutter sehen Sie, dass viel mehr bestritten werden kann, als unbestreitbar da ist. Für die Hochzeit gibt es Belege in Form von Dokumenten und Fotos. Vielleicht existiert noch ein Hochzeitskleid. Doch schon über die Anwesenheit des Onkels bestehen unterschiedliche Auffassungen. Es gibt wenige Fakten, aber unendlich viele Deutungen.

Geschichten mit Gefühlen füllen

Wichtig ist deshalb: Welche Geschichte hilft jemandem bei einem produktiven, positiven, nach vorne gerichteten Umgang mit etwas? Alle Geschichten von Anna haben dieses Potenzial, doch nicht jede Geschichte passt zu jedem Übergang. Das ist überhaupt die entscheidende Frage: In welchen nächsten Zustand hat der Wendepunkt geführt? Welches nächste Thema hat er eingeleitet, welches alte Thema aufgelöst? Bei Anna war dieses Thema Ganzheit. Sie hatte begonnen, sich mit dem eigenen familiären Kontext zu beschäftigen und sich auch spirituell geöffnet.

Für Sabine gab es drei Wendepunkte. Bisher waren diese alle zwar ein bewusster Teil ihres Lebens, aber die positive Deutung fehlte. Das hatte auch mit den Emotionen zu tun. Sie hatte immer einen Kloß im Hals, wenn sie an ihre Sportlerjahre zurückdachte und die Zeit, in der sie sich neu erfinden musste. Das Gefühl für die Etappe als Leistungssportlerin war noch mit einem Schatten belegt. Sie war nicht ganz frei. Es fehlten positive Gefühle. Sie empfand nichts, auch keinen Stolz. Dabei war sie doch sehr erfolgreich gewesen. Dabei hatte sie doch Medaillen gewonnen. Je mehr sie sich auf dieses Gefühl besann, desto mehr nahm sie widersprüchliche Emotionen wahr: Da war dieser ewige Wettkampf und das Gewinnen-Müssen. Da war Druck. Körperlich immer noch zu sehen, denn wenn sie darüber sprach, verspannte sie sich. Stolz? Freude am Wettbewerb? Nein. Dabei lassen sich solche Gefühle durchaus aufrufen. Wir erinnern uns: Auf der einen Seite von Sabines erstem Wendepunkt stand »Abschied vom Sport«, auf der anderen »Die Entdeckung neuer Talente«. Würde man eine Szene zu »Abschied vom Sport« schreiben, so wären darin die Emotionen Trauer (»Es ist zu Ende«) und Freude (»Es kommt etwas Neues«) verankert. Zur Trauer kann sich aber auch Stolz gesellen, Letzterer ist ein sekundäres Gefühl, sozial interpretiert. Stolz ist versprachlicht, weshalb dieses Gefühl leicht andocken kann. »Ich habe das geschafft«: Wer das immer wieder laut sagt, es betont und ein gutes Gefühl im Bauch aufruft, kann dem leicht nachspüren. Wie fühlt sich Stolz an? Es ist das Gefühl von Zufriedenheit mit sich. Es ist so etwas wie Freude, die sich mit Selbstanerkennung mischt. Man kann dazu herumlaufen, tanzen, sich bewegen.

Je öfter Sabine das Stolzsein für sich nachempfand, desto mehr wurde es Teil von ihr. Das ist nichts anderes, als füllte man durch intensives Erleben, wiederholtes Hören und Nachfühlen eine Erinnerungslücke. So entsteht Wahrheit – für den jeweiligen Menschen eine gute, eigene Wahrheit. Eine Wahrheit, die hilft.

Irgendwann war Sabine stolz darauf, dass sie sich angestrengt und zu den Besten gehört hatte. Sie hatte alles gegeben, war an Grenzen gegangen. Als diese Zeit vorbei war, hat sie nicht einfach aufgegeben, sondern sofort die Ärmel hochgekrempelt und sich neu aufgestellt. Sie hat sich nicht treiben lassen, sie hat ihr Leben in die Hand genommen.

Ich schrieb »Stolz« auf eine Karte und schenkte ihr diese.

»Ich war Leistungssportlerin in der DDR. Der Sport war alles für mich, er war mein Leben, meine Familie. Dann kam die Wende. Von heute auf morgen musste ich mich zurechtfinden in einer neuen Welt. Ich habe neue Talente gesucht und gefunden. Darauf bin ich stolz. Ich war aktiv, habe mein Leben in die Hand genommen.« So lernte Sabine ihre Geschichte zu erzählen, sich selbst, aber auch anderen. Sie war die Gestalterin einer Erzählung, in der sie die Heldin war.

Wie in Filmgeschichten müssen auch die im echten Leben nicht immer zum Happy End führen, aber zu einer Erkenntnis, einem Learning. Wie Filmgeschichten sind auch die eigenen lebendig und aktiv. Wie in Filmgeschichten passiert etwas, das für die Zuhörer nachvollziehbar ist und mitreißend. Wie in Filmgeschichten muss sich das Drehbuch nicht immer sklavisch an die Vorlage halte.

Oft arbeiten Coachs nur mit Sprache, Bildern oder Symbolen; wenige verknüpfen alles. Genau das ist aber besonders hilfreich, um starke Verbindungen im Kopf entstehen zu lassen. Das Sprachzentrum im Gehirn steht mit anderen Arealen in Verbindung, die teilweise visuell, teilweise auditiv sind. Für eine weitere Verstärkung sorgen reale Gegenstände, die sich auch anfassen lassen. In Sabines Fall war es eine alte Medaille. Je mehr unterschiedliche Gehirnareale am neuen Erleben beteiligt sind, desto besser für die Verankerung.

Neue Lebensmuster kreieren

Die Methode des LifeStory-Forming muss sich nicht nur auf Wendepunkte beziehen. Sie eignet sich auch, um Muster, die die Persönlichkeit ausmachen, auf eine positivere Art und Weise zu beschreiben. So entwickeln Menschen ein Bild von sich, das sie stärkt. Es zeugt von Reife, wenn Menschen sehen, wie sie und andere sich im Laufe der Zeit verändert haben. Wichtig ist dabei aber auch die Sicht auf stabile Elemente. Sie sind mit 50 nicht vollkommen anders als mit 15 oder 25 oder 35 – Sie sind derselbe Mensch. Sie sind aber mehr »Ich« geworden. Erinnern Sie sich an das »Denkgefäß«, das seine Form ändert? In die neue Form passt nicht nur mehr rein, sie nimmt auch anders auf.

Trotzdem bleibt etwas darin. Es wird Dinge geben, die früher spezifisch für Sie waren und es heute auch noch sind. Diese liegen auf der Ebene der Eigenschaften: die rege Fantasie, die nüchternen Kommentare, der Humor. Aber nicht nur dort, sondern auch in Lebensmustern finden sich stabile Elemente. Lebensmuster sind spezifische Verhaltensweisen bei Herausforderungen privater und beruflicher Art. Meist sehen Menschen vor allem sich wiederholende Negativ-Muster. Immer wieder geraten sie an cholerische Chefs oder Männer, die fremdgehen, immer wieder schaffen sie etwas nicht, halten nicht durch – was auch immer. Dann müssen die Muster der Vergangenheit auch für gegenwärtiges Verhalten herhalten und das Leben sogar generell erklären. Viele kapitulieren mit einem »So bin ich eben«. Nein, so *sehen* sie sich – aufgrund ihrer Interpretationen, die auf etwas basieren, das, wie wir gesehen haben, so gut wie keinen Wahrheitsgehalt hat. Es gibt auch positive Muster, die manche Menschen nicht bei sich erkennen können, weil sie so auf die negativen fixiert sind. Und es gibt Muster, die beides sein können. Im Grunde ist es egal, mit welchem Muster Sie als Coach zu tun haben – alle lassen sich auflösen und neu betrachten.

Ich bin in meinem Leben mehrmals bei Prüfungen durchgefallen, das erste Mal bei meiner Abiturprüfung im Englisch-Leistungskurs: Shakespeare. Ich musste in die Nachprüfung, die ich dann geschafft habe. Noch 20 Jahre später verfolgte mich der Albtraum, kein Abitur zu haben. An der Universität bin ich in einer Zwischenprüfung durchgefallen. Vor anderen verbarg ich das. Es war mir peinlich. Ich erzählte mir diese Geschichte als »Du bist zu dumm« und kannte nur diese eine Seite. Heute würde ich ihr den Titel geben: »Wie Phönix aus der Asche«.

Ich lief also herum in der stillen Überzeugung, eher dumm zu sein, das aber im Alltagsleben gut überspielen zu können, solange ich nicht zu viel sagte (weshalb ich oft sehr still war). Mir war immer bewusst, dass ich im Vergleich zu anderen wohl nicht besonders viel lernte, aber darauf bezog ich mein Durchfallen nicht. Ich hatte auch nie Prüfungsangst. Ich ging in jede Prüfung und war erst mal überzeugt, es zu schaffen. Psychologisch gesehen bin ich erfolgsmotiviert – im Unterschied zu misserfolgsmotivierten Menschen, die viel lernen, um sicherzugehen, dass sie nicht versagen. Trotzdem hatte ich für mich diese Erklärung. Natürlich sitzt mir da eine Familiengeschichte im Nacken. Intelligenz war ein hoher Wert, ohne dass er direkt gelebt wurde. Intelligente Leute – wie mein Opa, der studiert hatte – genossen bei uns eine Sonderstellung. Eher im Sinne von Narrenfreiheit. Dass ich mich mit dieser Sichtweise auf die intelligenten Leute identifizierte und alles andere danach bewertete, ist mir sehr spät klargeworden. Doch bis ich an diesen Punkt kam, hatte ich nur die Erklärung »Du bist dumm«. Das hört sich für Sie vielleicht blödsinnig an, und so ist es mit all diesen Geschichten. Für andere sind sie immer schwer nachvollziehbar. Sie sind eben nicht rational.

Dass eine andere Heldengeschichte in meinem Muster stecken könnte, war mir lange nicht bewusst. Ich stellte mich in beiden Fällen sofort einer Nachprüfung und meisterte diese mit Bravour. Es gab in meinem Leben noch weitere Beispiele. So habe ich am Anfang meiner Karriere einmal einen Vortrag gehalten, der völlig nach hinten losging. Die Leute waren sauer und viele verließen den Raum. Ich aber bin geblieben und habe mich einer kritischen Diskussion mit denen gestellt, die abgewartet hatten. Meine Auftraggeberin meinte, andere wären weinend nach Hause gegangen. Jahre vorher sollte ich ein Radiointerview geben, ohne jede Erfahrung. Ich war schüchtern und ungeübt, und das erste Mal live auf Sendung war ein furchtbarer Reinfall mit viel Gestottere. Beim zweiten Mal aber war ich richtig gut.

Misserfolg bedeutete für mich zu sagen: »Jetzt erst recht!« Heute kann ich den Bogen dieses Musters noch viel weiter zurückverfolgen: Schon als kleines Kind fiel ich oft hin. Ich jammerte nie, sondern rappelte mich sofort wieder auf. Keine Angst haben, etwas ausprobieren, auch ohne perfekt zu sein, scheitern, noch mal neu machen und dieses Mal besser. Bei anderen Lebensthemen war es ähnlich. Mir hat mal jemand gesagt, ich sei ein Phönix aus der Asche. Und das kann ich jetzt auch annehmen. Ganz oft habe ich von vorne angefangen. Und ganz oft habe ich mich schwierigen Situationen ein zweites Mal gestellt und diese dann komplett »drehen« können. Sie sehen: In solchen Lebensmustern stecken viele Ebenen. Man wird immer wieder etwas Neues entdecken können, neue Verbindungen herstellen, je nachdem, in welchem Modus man gerade ist. Im Wir-Modus sieht man irgendwann die Interaktion mit anderen, die einen prägt. Im Richtig-Modus erkennt man zusätzlich, wie der Kontext prägt. Im Effektiv-Modus sieht man darüber hinaus auch den Lebenssinn und den Prozess, wie man zu dem geworden ist, der man ist. Ab dem Flexibel-Modus werden die unterschiedlichsten Aspekte integriert: Man sieht die Vergangenheit, die Gegenwart, die Zukunft in dynamischer Interaktion. Auch das große Ganze kommt hinzu.

Sabines Muster war, dass sie jede Aufgabe, die man ihr gab, mit größter Perfektion erledigte. Sie arbeitete sich ein und machte im wahrsten Sinne das Beste daraus. Dazu brauchte sie keinerlei Antrieb, es kam aus ihr heraus. Sie sah in ihrem Muster aber vor allem die verzweifelte Suche nach Anerkennung, die sie überwinden wollte. Sie machte das ja alles, um Lob zu bekommen. Natürlich lag all dem die frühe kindliche Erfahrung zugrunde, nur »gemocht« zu werden, wenn man etwas sehr Gutes leistete – und nicht etwa Mittelmaß. Genau das wollte sie loswerden. Ihr Filmtitel hieß zunächst »Die Perfektionistin« – und das meinte sie nicht wohlwollend. Als wir weiter hinter die Kulissen schauten, entdeckten wir etwas, das Sabine bisher gar nicht gesehen hatte: eine unglaubliche Anschiebe-Kraft, Umsetzungsstärke und die Fähigkeit, Menschen mitzunehmen. Es ist nicht selbstverständlich, dass jemand die Ärmel hochkrempelt, sich in alles neu einarbeitet und dann Leute mitnehmen kann. Sabine war nicht nur besonders genau, sie war auch besonders fähig, etwas aufzubauen und dabei mit Menschen zu arbeiten. Über allem stand ihr Vermögen, sich selbst ein Bild zu machen und sich einen Puzzlestein nach dem anderen zu erarbeiten – und dann auch andere zu einem Ziel zu bringen. Als ihr das bewusst wurde, konnte sie die Vergangenheit neu bewerten. Sie konnte aber auch klarer fassen, dass sie sich nun mit ganz anderen Themen beschäftigen wollte: Die Leitung einer Nichtregierungsorganisation im Bildungsbereich faszinierte sie. Eine Organisation führen, die etwas Sinnvolles tat, gern auch im Ausland. Auch in diesem Feld könnte ihr das »alte« Muster nützlich sein: schnell verstehen, etwas durchdringen, andere Menschen für neue Themen motivieren. Ihr Lebensmuster erhielt auch einen Namen: »die Pyramidenfrau«. Die Pyramide stand sinnbildlich für das Erschaffen von etwas Besonderem, das viele Menschen forderte und miteinander vereinte, um gemeinsam an etwas Großem zu arbeiten. In allen Filmen konnte sie jetzt als solche auftreten.

Nach unserem Coaching begann Sabine, sich intensiv mit ihrem neuen Thema zu beschäftigen. Wo gab es Institutionen, die etwas machten, was sie gut fand? Sie baute Kontakte auf, absolvierte einen Lehrgang in Stiftungsmanagement und arbeitet heute in der Geschäftsführung eines kleinen Thinktanks.

Ein Zukunftsbild erschaffen

Die Technik des LifeStory-Formings können Sie auch nutzen, um einen ganz besonderen Wendepunkt in den Fokus zu nehmen: den vom Jetzt ins Morgen. Dazu kann es sehr hilfreich sein, mit der Vision anzufangen, und nicht mit dem aktuellen Wendepunkt, der letztendlich zur Vision führen wird. Vorstellungen, die in einem sind, lassen sich sehr gut über Fantasiereisen abrufen. Je entspannter jemand ist, desto mehr Bilder werden hochkommen. Das Bild des nächsten Films, in dem Ihr Kunde spielt, kann seine Fantasie zusätzlich anregen. Lassen Sie ihn mehrere Filme an sich vorüberziehen. Welches ist sein Film? So entstandene Visionen sind gut, bergen aber auch eine Gefahr: Sie können zu Idealbildern werden. Das ist so ähnlich wie mit dem Traummann oder der Traumfrau – die ideale Zukunft, sei es beruflich oder privat oder beides, kann einerseits motivieren, andrerseits aber auch desillusionieren. Das sollten Sie bei der Arbeit mit Visionen im Blick behalten. Die aufkommenden Bilder sind nicht »richtig«. Es können auch Bilder sein, an denen sich jemand abarbeitet. Wenn ein solches Abarbeiten spürbar wird, suchen Sie nach alternativen Filmen. Ich leite meine Klienten an, bei diesen Übungen die Augen zu schließen und sich zu entspannen. Merke ich, dass jemand zu sehr am Gewohnten festhält, oder ein Bild erscheint mir starr, führe ich in alternative Szenarien, die ich konstruiere und wiederum mit Filmtiteln überschreibe. Das kostet ein wenig Übung, funktioniert aber immer. Meist habe ich einen Impuls, wie die Filme meiner Klienten sonst noch heißen könnten, und ziemlich oft docke ich damit genau da an, wo etwas unausgesprochen geblieben ist. Wichtig bei Fantasiereisen ist, dass sie das Herz erreichen. Gehen Sie immer wieder auf die Gefühlsebene. Wenn Menschen nicht gewohnt sind, Gefühle differenziert zu beschreiben, biete ich Farben an: rot für ein warmes, gutes Gefühl, gelb für ein neutrales und blau für ein kaltes Gefühl.

Welches dieser Bilder repräsentiert die Zukunft? Im nächsten Schritt malt sich der Klient die Bilder gedanklich ganz konkret aus – auch den Weg dorthin. Je konkreter die Bilder sind, desto eher merkt er, ob er einer fixen Idee aufsitzt oder einer Vorstellung, die andere ihm eingepflanzt haben. Wenn man sich den Weg zur realisierten Vision und das Bild so konkret wie möglich ausmalt, merkt man viel eher, ob es wirklich das eigene Bild ist.

Eine Zeit lang habe ich mit einem Kosmetikstudio an der Ostsee liebäugelt. Dann habe ich mir den Arbeitsalltag, die Abläufe und die einzelnen Jahreszeiten konkret vorgestellt. Ich merkte: Das ist nicht mein Bild, hier will ich nicht Heldin sein. Das kalte Wetter, oft Regen, Wind – nicht meins. Mitarbeiter anleiten, mit Lieferanten sprechen – das löste keine Lust aus. Ganz anders war es, als meine Vorstellung wuchs, in den Süden zu gehen, wo ich inzwischen teilweise lebe. Diese Vorstellung war konkret und nah. Ich konnte mich sehen, aufs Meer blickend und schreibend. So wie ich mich Jahre zuvor in einem eigenen Büro gesehen hatte, einem Altbau mit hellen Möbeln.

Bei Sabine war es genauso. Als sie zu ihrem letzten Wendepunkt kam, stockte sie. Sie konnte nur einen langweiligen Filmtitel nennen, »Etwas Neues wird kommen«. Das war ihr zu wenig. Grund genug, in die Zukunft einzusteigen. Sie spielte mehrere Bilder durch, fühlte sich in sie ein, hing die Bilder vor ihrem inneren Auge auf und wieder ab … Sie blieb beim Bild von sich selbst inmitten eines Teams hängen, das in einem schönen Altbau arbeitete. Alle Mitarbeiter waren engagiert und begeisterten sich für ein Thema, das wirklich relevant für die Zukunft war, die Digitalisierung der Bildung zum Beispiel. Das konnte sie denken.

Sie werden bei sich selbst oder anderen erleben, dass Bilder nicht immer leicht entstehen. Manchmal hat es damit zu tun, dass jemand bestimmte Bilder nicht zulässt. Innere Verbotsschilder hindern ihn daran. Hier kann es sinnvoll sein, vor der Übung mit Fotos zu arbeiten, die helfen, Assoziationen freier zu entwickeln. Man schaut sich zehn Minuten lang Fotos an und spricht darüber. Das nennt sich Dissoziation. Der Kunde kommt so aus dem bisherigen Denken heraus und in neues hinein.

Es kann aber auch sein, dass keine Bilder entstehen, weil es an Erlebtem fehlt. Nicht wenige Menschen sind über Jahre so von ihrem Umfeld geprägt, dass sie nur das abrufen können, was ihnen vertraut ist. 30 Jahre im Konzern hinterlassen auch Spuren im Gehirn. Man kennt eben nur das eine und nicht das andere. Dann gilt es, Neues zu erleben. Ich empfehle Menschen, die keine Idee haben, gerade die Dinge zu machen, die sie sonst nie tun würden: durch die Welt reisen, Tango tanzen, malen, komponieren – was auch immer, Hauptsache es kommen neue Gefühle.

Schlusswort und Dank an Sie

Nun haben wir es fast geschafft, Sie und ich. Mit diesem Buch wollte ich Ihnen einen komplexen Ansatz auf eine klar verständliche und leicht fassbare Weise nahebringen. Ob mir das gelungen ist? Das können nur Sie beurteilen. Jetzt, da ich hier angelangt bin, kann ich auf meine Reise zurückblicken, auf die Entstehung dieses Buches. Kein anderes meiner zahlreichen Buchprojekte seit 1998 habe ich so oft neu konzipiert und umstrukturiert, stets bemüht, gehaltvoll und dennoch einfach zu bleiben.

»Ganz schön komplex«, höre ich manchmal, wenn ich das Modell erkläre. Ja, man muss sich länger damit beschäftigen. Es ist nicht so eingängig wie Rot, Blau, Grün, Gelb. Dennoch bin ich überzeugt, dass es unendlich wichtig ist für alle, die mit Menschen arbeiten und ihren Job wirklich ernst nehmen, die mehr lernen wollen als das Anwenden von Tools.

Ich habe mit dem Modell der Ich-Entwicklung nach Loevinger ein zeitgemäßes Modell eingeführt. Wie aktuell es ist, zeigen auch die Forschungen des Harvard Professors Robert Kegan, der mit seiner »Theory of adult meaning making« Entwicklung als notwendige Konsequenz unserer Zeit begreift, ja, als Schlüssel zu einer besseren, friedlicheren Welt. Menschen mit postkonventionellem Denken führen keine Kriege! Sie sind gesund, produktiv, kreativ, selbstsicher und suchen Lösungen, die für alle gut sind. Es spricht einiges für Entwicklung.

Ich wollte aber auch zeigen, dass man niemanden zu einer Entwicklung führen kann, für die er noch nicht bereit ist. Erst wenn der Job oder das Privatleben mit der aktuellen Denk- und Handlungslogik nicht mehr zu bewältigen sind, kann ein Coach zum Entwicklungshelfer werden. Vorher ist er ein Lern-Unterstützer, der seinen Coachee in dessen Denk- und Handlungslogik abholt und ihn somit besser erreichen und auf Entwicklung vorbereiten kann.

Mein Wunsch war es, ein theoretisches Fundament verständlich zu machen, ohne theoretisch zu sein. Dazu habe ich auch den Begriff Flexi-Coaching eingeführt. Das Flexi-Coaching ist so etwas wie die Konsequenz aus dem Wissen, dass man auch im Coaching differenzieren sollte – nach Reife, aber auch nach Lernen und Entwicklung. Gleichzeitig würde ich mir mehr Öffnung wünschen, das Coaching sollte wegkommen von einer dogmatischen Richtig-Haltung. In diesem Zusammenhang möchte ich Mut machen für ein freieres, ja, künstlerischeres Coaching.

Ich wollte ganz schön viel. Ob es mir gelungen ist, das alles zu vereinbaren, werden nur Sie mir sagen können. Als stiller Leser, als Besucher meiner Fanpage bei Facebook oder als Leser meines Blogs. Vielleicht auch als Teilnehmer an einem meiner Seminare und Ausbildungen? Näheres finden Sie unter www.svenja-hofert.de und www.teamworks-gmbh.de.

Ganz nebenbei wollte ich Sie auch anregen, in sich selbst hineinzuhorchen und auf Ihre eigene Reife zu schauen. Die Person des Coachs ist unendlich wichtig. Alle Wirksamkeitsstudien zu Therapie und Coaching bestätigen, wie bedeutsam die Beziehung ist. Wenn Sie in Ihre eigene Ich-Entwicklung investieren, werden Sie wirksamer, effektiver. Denn was Studien über Führung und Ausbildung ermittelt haben, dürfte auch für Coaching gelten.

Bei diesem Buch haben mir einige Menschen geholfen. Mit der Ich-Entwicklung kam ich erstmals 2001 im Rahmen einer Weiterbildung in Berührung. Damals konnte ich jedoch keine Faszination für das Modell entwickeln, die Zeit war wohl noch nicht reif. Irgendwann begegneten mir über die Beschäftigung mit Spiral Dynamics® und Ken Wilber auch die Arbeiten von Susanne Cook-Greuter, die ebenfalls zur Ich-Entwicklung forscht.

Dr. Andreas Huber von der MSA® Motivstrukturanalyse hat mich auf die Doktorarbeit von Dr. Thomas Binder aufmerksam gemacht. Deren mehr als 200 Seiten habe ich in einer Nacht durchgelesen. Anschließend habe ich mich für die Ausbildung bei Thomas Binder angemeldet und im Frühsommer 2016 daran teilgenommen. Die Buchidee entstand kurz danach.

Den Tipp mit dem Verlag verdanke ich meiner lieben Kollegin Carola Kleinschmidt. In der ersten Phase des Schreibens hat mir mein Kollege und Buchautor Tom Diesbrock sehr geholfen, vor allem bei der Struktur und dem Aufbau. Er hat die erste Version komplett zerrissen, und das war gut so! In der zweiten Phase war es Christina Löwe, die mir wertvollen Input und kritisches Feedback gegeben hat. So war Feinschliff möglich.

Allen sage ich ein herzliches Dankeschön!
Svenja Hofert

Anhang

Interview zum Mindset

Dieses Interview hilft Ihnen, sich ein Bild vom Mindset des Menschen zu machen, mit dem Sie zusammenarbeiten. Erklären Sie vor dem Einsatz die Bedeutung der Denk- und Handlungslogik (Mindset) für die persönliche Entwicklung und für das Coaching.

Erläutern Sie, dass dieses Interview hilft, den nächsten Entwicklungsschritt zu erkennen und weitere Maßnahmen davon abzuleiten. Beachten Sie, dass Sie die Antworten nur einschätzen können, wenn Sie selbst im Effektiv- oder besser noch im Flexibel-Modus agieren können. Andernfalls neigen Sie möglicherweise dazu, wesentliche Aspekte auszublenden. Machen Sie sich Gesprächsnotizen.

Wenn Sie den Umgang mit dem Interview üben wollen, fragen Sie Freunde und Bekannte. Zeichnen Sie das Gespräch auf. Das müssen Sie natürlich vorher ankündigen und besprechen! Nehmen Sie sich für das Interview eine Stunde Zeit. Frage 0 bezieht sich auf das grundlegende Mindset und ist für Sie wie ein Wegweiser für Ihre Fragen. Menschen, die unter diesem Punkt die Fragen 3 und 4 zustimmend oder stark zustimmend beantworten, glauben an Entwicklung, was – sofern dies nicht einer sozialen Erwünschtheit geschuldet ist – eher für eine Höherentwicklung spricht.

Frage 0

Aspekt: *Grundlegendes Mindset*

Fragen*

1. Menschen sind, wie sie sind, und können daran nicht viel ändern.
2. Jeder Mensch kann neue Dinge lernen, aber Intelligenz und Eigenschaften kann er nicht entscheidend beeinflussen.
3. Man kann sich als Mensch jederzeit grundlegend verändern.
4. Jeder Mensch kann selbst beeinflussen, wie er ist und auch wie intelligent er ist.

Interpretation

Geben Sie eine Skala vor: stimme stark zu – stimme zu – stimme wenig zu – stimme gar nicht zu.
Wenn jemand den Fragen 1 und 2 zustimmt, spricht das eher für eine frühere Entwicklung (Ego-, Wir- und Richtig-Modus), wenn jemand den Fragen 3 und 4 zustimmt für eine spätere (Effektiv- und Flexibel-Modus).

Die Antworten sprechen für ... (begründen!)

....

....

....

* Diese Fragen sind angelehnt an Carol Dweck, www.mindsetonline.com

Frage 1

Aspekt: *Selbstverständnis*

Fragen

Wann wissen Sie, was zu tun ist?
Wie genau gehen Sie an Ihre Arbeit heran?
Woran orientieren Sie sich, wenn Sie eine neue Aufgabe bekommen?
Was tun Sie als Erstes, wenn Sie in einer neuen Firma anfangen?

Interpretation

Je früher die Entwicklung, desto mehr werden Vorgaben gesucht: »Wie mache ich …?« Je weiter die Entwicklung, desto eher machen Menschen sich zunächst selbst ein Bild von etwas und holen möglichst viele Informationen ein. Die Bereitschaft, Verantwortung zu übernehmen, ist größer. Ein Mensch im Ego-Modus handelt nach eigenem Gutdünken, im Wir-Modus fragt er danach, was wie zu tun ist. Im Richtig-Modus möchte er die eigenen Vorstellungen einbringen, im Effektiv-Modus dagegen stehen Ziele im Vordergrund. Hier würde jemand also eher hinterfragen, was erreicht werden soll. Im Flexibel-Modus machen sich Menschen zunächst selbst ein Bild und finden dann Vorgehensweisen, die dem Kontext und der Situation entsprechen.

Achtung: Bei dieser Frage kann man sich leicht irren, denn Menschen, die in ihrer Arbeit kleingehalten werden, sind vielleicht nicht gewohnt, sich verantwortungsvoll zu verhalten, dazu aber prinzipiell durchaus in der Lage. Hier sollten Sie immer unterscheiden: Wie verhält sich jemand jetzt und was ist er gewohnt versus: Wie würde er sich verhalten, wenn die Bedingungen anders wären?

Die Antworten sprechen für … (begründen!)

……………………………………………………………………………………

……………………………………………………………………………………

Frage 2

Aspekt: *Erfolg*

Fragen

Was ist für Sie Erfolg?
Wann fühlen Sie sich erfolgreich?
Was ist für Sie ein Misserfolg?
Was macht für Sie einen erfolgreichen Menschen aus?
Wer ist für Sie ein erfolgreicher Mensch und warum?

Interpretation

Je früher die Entwicklung, desto eher ist Erfolg mit äußerem Status verbunden. Dabei kann der Status auch darin bestehen, keinen Status zu haben, z.B. im Wohnwagen zu leben. Je später die Entwicklung, desto mehr ist Erfolg auch ein Thema im übergeordneten Sinne und berücksichtigt die Wertschöpfung für andere.

Erfolg ist für Menschen in der Ego-Phase mit der Befriedigung eigener Bedürfnisse verknüpft. Dabei spielen extrinsische Faktoren eine Rolle (Reichtum als Status, aber auch bewusstes Armsein als Status) und das Siegen und Gewinnen an sich. Im Wir-Modus bedeutet Erfolg auch, einen Platz in einer Gemeinschaft errungen zu haben. Im Richtig-Modus wird Erfolg gern in Bezug mit Leistung gesetzt. Im Effektiv-Modus bedeutet Erfolg vor allem auch, eigene Vorstellungen umgesetzt zu haben. Im Flexibel-Modus gibt es ein komplexeres, individuelleres Verständnis von Erfolg. Erfolg hat weniger mit einem selbst zu tun, sondern auch mit Wertschöpfung für andere.

Die Antworten sprechen für … (begründen!)

....

....

....

Frage 3

Aspekt: *Reaktion auf Konflikte*

Fragen

Wofür lohnt es sich zu streiten?

Schildern Sie einmal einen Konflikt: Was haben Sie dabei wahrgenommen? Wie haben Sie sich verhalten?

Wie hätten Sie sich verhalten, wenn Sie Ihren Bedürfnissen gefolgt wären?

Interpretation

Je früher die Entwicklung, desto eher ist ein Konflikt mit Siegen und Gewinnen verbunden. Je später die Entwicklung, desto eher werden Widersprüche als eventuell unauflösbar akzeptiert. Konflikte sind für Menschen in der Ego-Phase Gelegenheiten zum Siegen oder Verlieren. Im Wir-Modus ist Konflikt unbeliebt, vor allem in der eigenen Gruppe wird er lieber unterdrückt. Im Richtig-Modus kann es dieses Verhalten auch noch geben, inhaltlich-sachliche Auseinandersetzungen werden aber eher begrüßt. Meist mögen Menschen in der Richtig-Phase keine Unternehmenspolitik, da sie diese als unsachlich wahrnehmen. In der Effektiv-Phase ist der Blick auf das Ziel gerichtet und Konflikte werden vor allem konstruktiv gelöst. In der Flexibel-Phase sind Konflikte notwendig für die Weiterentwicklung. Das Bestreben wird sein, diese respektvoll auszutragen, aber ohne dabei um jeden Preis zu einer Wahrheit (Lösung) zu kommen. Es geht z. B. eher darum, »im Moment die beste Lösung, die wir haben« zu finden.

Die Antworten sprechen für ... (begründen!)

....

....

....

Frage 4

Aspekt: *Umgang mit Kritik*

Fragen

Wann sind Sie einmal kritisiert worden?
Was war das für eine Situation?
Was hat das bei Ihnen ausgelöst?
Geben Sie selbst Feedback? Wie genau sieht das aus?
Was empfinden Sie dabei?

Interpretation

Je früher die Entwicklung, desto mehr erschüttert Kritik und wird vermieden. Je später die Entwicklung, desto weniger erschüttert sie und desto mehr wird Kritik als Chance begriffen, neue Perspektiven zu gewinnen und dazuzulernen.

In der Ego-Phase wird Kritik als Kampfansage bewertet. In der Wir-Phase ist Kritik verstörend, da sie das Signal »du bist falsch« setzt. In der Richtig-Phase wird sachliche Kritik akzeptiert, wenn sie von kompetenten Personen kommt. In der Effektiv-Phase beginnen Menschen, Kritik als Feedback zu begreifen, und wollen daraus lernen. In der Flexibel-Phase wird Feedback aktiv gesucht und kritisches Feedback offen und ohne Scham reflektiert. Rechtfertigungen gibt es nicht mehr oder kaum noch. Man gesteht problemlos ein, Fehler gemacht zu haben.

Die Antworten sprechen für ... (begründen!)

....

....

....

Frage 5

Aspekt: *Eigenes Feedbackverhalten*

Fragen

Wann haben Sie einem anderen Menschen einmal ein Feedback gegeben, ein kritisches oder lobendes?
Wie oft geben Sie Feedback?
In welchen Situationen geben Sie Feedback?

Interpretation

Je früher die Entwicklung, desto eher werden Menschen Details und Einzelaspekte sehen und beurteilen. Feedback ist auch ein Urteil. Je später die Entwicklung, desto eher werden Menschen den größeren Kontext sehen und unterschiedliche Aspekte verbinden.

Im Ego-Modus dient Feedback dem Selbstzweck (»Lob nützt mir«). Im Wir-Modus wird wenig Feedback gegeben und wenn doch, dann bezieht sich dieses eher auf Verhalten (»gut gemacht«). Im Richtig-Modus wird Feedback vor allem zu inhaltlichen Aspekten und Details gegeben. Erkennbar ist hier, dass ein »So ist es richtig« oder »So ist es falsch« angenommen wird. Im Effektiv-Modus ist Feedback konstruktiv und kontextbezogen. Im Flexibel-Modus ist Feedback komplex, offen und von dem Wunsch geprägt, anderen weiterzuhelfen.

Die Antworten sprechen für … (begründen!)

....

....

....

Frage 6

Aspekt: *Entscheidungen*

Fragen

Wie treffen Sie Entscheidungen?
Was/wen beziehen Sie bei Entscheidungen mit ein?
Stellen Sie sich eine Situation vor, in der Sie etwas entscheiden mussten. Wie sind Sie dabei vorgegangen?

Interpretation

Je früher die Entwicklung, desto eher wird aus dem »Bauch« entschieden oder an Regeln ausgerichtet. Je später die Entwicklung, desto mehr spielen Kriterien und später Prinzipien eine Rolle.

Im Ego-Modus werden Entscheidungen einfach getroffen. Im Wir-Modus werden Entscheidungen gern als Konsens verstanden, die Mehrheitsmeinung zählt. Im Richtig-Modus sind die fachliche Begründung und Pro/Contra wichtig. Im Effektiv-Modus werden die übergeordneten Ziele betont und der Nutzen. Im Flexibel-Modus liegen den Entscheidungen oft umfangreiche Recherchen und Analysen zugrunde. Flexible machen ihre Entscheidungskriterien oder -prinzipien transparent.

Die Antworten sprechen für ... (begründen!)

....

....

....

Frage 7

Aspekt: *Lebenssinn*

Fragen

Was ist für Sie Lebenssinn?
(*vertiefend:* Warum tun Sie die Dinge, die Sie tun?
Verfolgen Sie einen umfassenderen Lebensplan?
Worin sehen Sie Ihre Aufgabe auf dieser Welt?)

Interpretation

Je früher die Entwicklung, desto weniger wird Lebenssinn hinterfragt, je später, desto mehr.

Im Ego-Modus bedeutet Sinn letztendlich Überleben oder auch »gut leben«. Im Wir-Modus leiten Normen (z. B. Familie gründen), im Richtig-Modus Regeln (z. B. gut machen), im Effektiv-Modus Ziele (z. B. etwas erreichen) und Werte sowie im Flexibel-Modus und danach (höherer) Lebenssinn, oft auch spiritueller Sinn.

Die Antworten sprechen für ... (begründen!)

....

....

....

Frage 8

Aspekt: *Urteil über andere*

Fragen

Was finden Sie richtig? Was finden Sie falsch?
Wenn Sie sich einmal über andere geärgert haben – warum?
Was macht jemanden für Sie sympathisch?

Interpretation

Je früher die Entwicklung, desto eher gibt es eine Wahrheit. Je später die Entwicklung, desto weniger ist das der Fall. Damit verbunden ist der abnehmende Glaube an »richtig« und »falsch«.

Im Ego-Modus urteilt man, ob jemand einem nützlich ist oder nicht. In der Wir-Phase spielen Sympathie und das Verhalten eine große Rolle: Entspricht es den Gruppenerwartungen oder nicht? Im Richtig-Modus bewerten Menschen die Kompetenz von anderen. Im Effektiv-Modus wird vor allem auf eine erfolgreiche Verwirklichung von Zielen geachtet. Je später in der Entwicklung, desto weniger wichtig wird Sympathie im Sinne von Ähnlichkeit. Im Flexibel-Modus schätzt man eher jemanden, der einen eigenen Standpunkt vertreten kann, gern auch einen anderen als den eigenen.

Die Antworten sprechen für ... (begründen!)

....

....

....

Frage 9

Aspekt: *Reflexion*

Fragen

Wann haben Sie sich selbst zuletzt hinterfragt?
Was hat das ausgelöst?
Gibt es Dinge, die Sie grundsätzlich hinterfragen würden?
Von welchen Grundannahmen des Lebens gehen Sie aus?
Woran erkennen Sie, dass diese richtig sind?

Interpretation

Je früher die Entwicklungsphase, desto weniger selbstreflektiert ist der Mensch; je später, desto selbstreflektierter. Die Reflexion wird immer psychologischer und auf das Zusammenspiel mit anderen ausgerichtet.

Ein Mensch in der Ego-Phase reflektiert nicht. Ein Mensch in der Wir-Phase reflektiert über das, was ihn zugehörig macht und über sein Verhalten. Ein Mensch in der Richtig-Phase reflektiert zusätzlich auch über das, was er lernen muss, um »richtig« zu werden. Ein Mensch in der Effektiv-Phase reflektiert komplexer: über Lebensziele, Sinn, Motivationen. Ein Mensch in der Flexibel-Phase möchte sich entwickeln und seine Selbstsicht immer wieder aktualisieren und erneuern.

Die Antworten sprechen für ... (begründen!)

....

....

....

Frage 10

Aspekt: *Unterschiedlichkeit*

Fragen

Was ist für Sie Unterschiedlichkeit?
Welche Aspekte von Unterschiedlichkeit fallen Ihnen ein?
Wie gehen Sie mit Menschen um, die ganz anders ticken als Sie?

Interpretation

Je früher die Entwicklung, desto eher wird Unterschiedlichkeit auf einfache Aspekte reduziert. Es herrscht ein Schwarz-Weiß-Denken vor. Ist in der Gruppe die Akzeptanz von Unterschiedlichkeit die Norm, kann genau das zum Dogma werden. Je später die Entwicklung, desto eher wird Unterschiedlichkeit nicht als Dogma gesehen, sondern als in bestimmten Kontexten förderlich, in anderen nicht.

Im Ego-Modus schätzt man Unterschiedlichkeit, wenn sie nutzt, im Wir-Modus mag man Unterschiedlichkeit, wenn es in der Gruppe so gewollt ist – und sonst nicht, denn Andersdenken wird negativ bewertet. Im Richtig-Modus können sich unterschiedliche Fachgebiete gut ergänzen, seltener jedoch grundlegend unterschiedliche Lebensauffassungen. Dies wird eher im Effektiv-Modus geschätzt. Im Flexibel-Modus wird Unterschiedlichkeit explizit begrüßt, kann aber auch in einem bestimmten Kontext kritisch betrachtet werden.

Die Antworten sprechen für … (begründen!)

....

....

....

Frage 11

Aspekt: *Frustration*

Fragen

Woran könnten Sie verzweifeln?
Was hat zuletzt echten Frust bei Ihnen ausgelöst?
Wo fühlen Sie sich auch manchmal hilf- oder machtlos?

Interpretation

Je früher die Entwicklung, desto eher hat Frust mit der Verletzung der eigenen Person durch andere zu tun. Je später die Entwicklung, desto eher sind es grundsätzliche Fragestellungen.

Im Ego-Modus löst es Frust aus, wenn man nicht erfolgreich ist. Im Wir-Modus ist Frust angesagt, wenn man in der Bezugsgruppe nicht ankommt. Im Richtig-Modus frustriert am meisten, wenn man nicht für seine Kompetenz anerkannt wird. Im Effektiv-Modus ist das Nicht-Erreichen selbst gesetzter (Lebens-)Ziele frustreich. Im Flexibel-Modus frustrieren manchmal ein Fremdheitsgefühl und die Wahrnehmung, nicht in seiner Vielschichtigkeit gesehen zu werden oder zu viele Möglichkeiten zu haben.

Die Antworten sprechen für ... (begründen!)

....

....

....

Frage 12

Aspekt: *Führung*

Fragen

Was ist für Sie Führung?
Schildern Sie einmal eine schwierige Führungssituation: Worum ging es dabei?
Wenn Sie jemanden für gute Menschenführung bewundern, wer ist das, und wie versteht diese Person Führung?

Interpretation

Je früher die Entwicklung, desto eher geht Führung davon aus, dass die eigene Persönlichkeit diese prägt, also Führung ist wie »ich«: Ich bin entweder der Herrscher oder derjenige, der den Auftrag erfüllt.

Im Ego-Modus ist Führung autoritär bzw. hat dieses Selbstverständnis. Im Wir-Modus wird Führung dazu genutzt, Dinge und Menschen zu vereinheitlichen. Führung zielt darauf, Menschen an Normen und Regeln anzupassen. Im Richtig-Modus ist Führung vor allem geleitet von Kompetenz: Der Mehr-Wissende führt durch Wissen. Das kann er kollegial oder auch autoritär gestalten, mit dem Fokus auf Erfahrungs- oder Theoriewissen. Im Effektiv-Modus ist Führung darauf ausgerichtet, Ziele zu erreichen. Im Flexibel-Modus steht die Wertschöpfung für andere, das Unternehmen, die Gesellschaft und oft auch der gesamten Welt im Mittelpunkt. Führungskräfte in diesem Modus respektieren die Autonomie ihrer Mitarbeiter vollkommen.

Die Antworten sprechen für ... (begründen!)

....

....

....

Frage 13

Aspekt: *Umgang mit Veränderungen*

Fragen

Glauben Sie daran, dass sich Menschen wirklich verändern können?
Haben Sie sich in Ihrem Leben schon einmal stark verändert?
Wann hat sich in Ihrem Umfeld etwas geändert?
Wie haben Sie das erlebt?

Interpretation

Je früher die Entwicklung, desto weniger werden eigene Veränderungen gesehen und für möglich gehalten. Je später die Entwicklung, desto eher werden Menschen ihre Veränderung über den Lauf der Zeit erkennen und sich selbst als Prozess wahrnehmen.

Im Wir-Modus können Veränderungen zur Norm gehören oder aber sie werden abgelehnt. Im Richtig-Modus sind nur Veränderungen gewünscht, die sachlich-inhaltlich begründet sind. Man will sich auf etwas berufen. Im Effektiv-Modus sind Veränderungen geschätzt, sofern sie sinnvollen Zielen dienen. Im Flexibel-Modus initiieren Menschen Veränderung und treiben sie voran. Sie schätzen Veränderung als Chance, sich selbst und ein Unternehmen immer weiter zu entwickeln. Dabei geht es ihnen immer um nachhaltige Veränderung.

Die Antworten sprechen für … (begründen!)

....

....

....

Frage 14

Aspekt: *Umgang mit Zeit*

Fragen

Wie wirkt die Vergangenheit auf Ihr Leben heute?
Was unterscheidet Sie als Person heute von dem, wie Sie in der Vergangenheit waren?
Was unterscheidet Sie als Person heute von dem, wie Sie in der Zukunft sein werden?

Interpretation

Je früher die Entwicklung, desto eher erleben Menschen ihr »Ich« in Gegenwart, Vergangenheit und Zukunft als stabil. Die Zukunft schreibt die Gegenwart fort. Menschen denken auch, dass sie heute so sind, wie sie gestern waren. Vielleicht wissen sie etwas mehr, aber das eigene Denken haben sie nicht verändert. Je später die Entwicklung, desto mehr werden »Learnings« gesehen, und die Grenzen der Zeit lösen sich auf.

Im Ego-Modus ist nur das Jetzt wirklich wichtig. Im Wir-Modus wird eher Stabilität betont, im Richtig-Modus die Konstanz von Eigenschaften, Interessen o. Ä. Im Effektiv-Modus sieht man Veränderung als Selbstwerdung, im Flexibel-Modus ist das Verständnis von und für Zeit sehr komplex und bezieht oft auch die spirituelle Ebene ein.

Die Antworten sprechen für ... (begründen!)

....

....

....

Frage 15

Aspekt: *Satzbau*

Fragen

Beschreiben Sie einmal einen Kollegen/eine Kollegin.
Beschreiben Sie einmal eine Situation, die Sie erlebt haben.
Was wollen Sie über mich (den Coach) wissen?

Interpretation

Je früher die Entwicklung, desto eher beziehen sich Menschen auf das, was Sie direkt beobachten können. Je später die Entwicklung, desto mehr Aspekte des Kontextes und der Situation kommen zur Sprache. Je früher die Entwicklung, desto weniger offene Fragen stellen Menschen. Je später die Entwicklung, desto mehr erkunden sie. Sie wollen dann z. B. nicht nur wissen, was jemand gemacht hat, sondern auch, was ihn oder sie bewogen hat, etwas zu tun.

Im Ego-Modus ist der Satzbau einfach und beinhaltet viele Appelle, Aufforderungen, Befehle. Im Wir-Modus steht das Verhalten im Vordergrund: Was tut jemand, was muss jemand tun? Im Richtig-Modus geht es stark um Argumente, Kompetenzbeweise und inhaltliche Aspekte. Die Konjunktion »aber« kommt häufiger vor. Im Effektiv-Modus nutzen Menschen öfter die Konjunktion »und« sowie Fragen. Der Satzbau ist abwechslungsreich. Im Flexibel-Modus ist er komplex, ohne kompliziert zu sein. Fragen gehören jetzt ganz selbstverständlich dazu.

Die Antworten sprechen für ... (begründen!)

....

....

....

Fragebogen zur Fremdeinschätzung

Wenn Sie bereits länger mit einem Kunden zusammenarbeiten, ihn also schon kennen, nutzen Sie den Fragebogen statt des Interviews. Sie können damit erahnen, wo jemand steht. Aber Sie können es nie wissen. Suchen Sie immer nach Gegenbeweisen für eigene Annahmen!

1. Selbstverständnis:
Woher weiß der betreffende Mensch, was zu tun ist?

a. Er/sie folgt seinen/ihren Bedürfnissen. Regeln beachtet er/sie nur, wenn er/sie für deren Verletzung bestraft wird.
b. Er/sie sucht Hilfe oder Unterstützung bei anderen mit Fragen wie: »Wie soll ich das machen?«
c. Er/sie beruft sich auf sein/ihr Wissen oder seine/ihre Erfahrung bzw. sucht nach Wissen und Erfahrung bei anderen.
d. Er/sie denkt an das Ziel und arbeitet den Weg dahin für sich allein oder mit anderen gemeinsam aus.
e. Er/sie erkundet aktiv alle Möglichkeiten, bevor er/sie etwas vorschlägt oder entscheidet.

2. Erfolg:
Wie definiert die betreffende Person Erfolg?

a. Für ihn/sie ist Erfolg, wenn er/sie gewonnen oder verloren bzw. richtig oder falsch gelegen hat.
b. Für ihn/sie ist Erfolg, wenn etwas zwischenmenschlich in Ordnung ist.
c. Für ihn/sie ist Erfolg, wenn etwas »richtig« (korrekt, so wie es sein soll) umgesetzt worden ist.
d. Für ihn/sie bemisst sich Erfolg an der Frage, ob Ziele erreicht oder Wertvorstellungen umgesetzt worden sind.
e. Für ihn/sie ist Erfolg abhängig von der Frage, ob er/sie einen wirklich wertschöpfenden Output hatte, und zwar für viele.

3. Reaktion auf Konflikte:
Wie antwortet die betreffende Person auf Konflikte?

a. Er/sie muss um jeden Preis gewinnen.
b. Er/sie kittet die Beziehung.
c. Er/sie beruft sich auf etwas (Wissen/gelernte Methoden).
d. Er/sie folgt den eigenen Werten, nimmt z. B. konstruktive Kritik an oder gibt ehrlich gemeintes Feedback.
e. Er/sie wertschätzt Konflikte, um daraus zu lernen. Dabei kann er/sie verschiedene Meinungen stehen lassen, ohne nach der »wahren« zu suchen.

4. Umgang mit Kritik:
Wie reagiert die betreffende Person auf kritisches Feedback?

a. Er/sie ignoriert sie für sich und teilt ansonsten aus oder sagt nichts.
b. Er/sie schämt sich und fühlt sich grundsätzlich infrage gestellt.
c. Er/sie schämt sich, vor allem wenn er/sie etwas falsch gemacht hat, was er/sie besser hätte wissen können.
d. Er/sie schätzt konstruktive Kritik, grundsätzliches Infragestellen aber nicht.
e. Er/sie fordert Feedback ein und kann es problemlos und ohne Rechtfertigung annehmen und integrieren (oder auch nicht).

5. Eigenes Feedbackverhalten:
Wie gibt die betreffende Person Feedback und worauf fokussiert sie dabei?

a. Er/sie gibt kein Feedback, sondern (ver-)urteilt.
b. Er/sie gibt wenig ehrliches Feedback von sich aus. Man beurteilt Verhalten und das, was man sieht.
c. Er/sie gibt fachliches Feedback. Er/sie fokussiert auf Kompetenz.
d. Er/sie gibt auch dem Kontext angemessenes Feedback.

e. Er/sie gibt Feedback, das dem anderen helfen soll, sich wirklich weiterzuentwickeln.

6. Entscheidungen:
Wie entscheidet die betreffende Person?

a. Er/sie entscheidet danach, was den größten Vorteil für ihn/sie bringt.
b. Er/sie entscheidet nach den Regeln der Gruppe und schätzt oft Basisdemokratie sowie Gleichheit.
c. Er/sie entscheidet danach, was er/sie richtig findet und kann das begründen.
d. Er/sie bezieht bei seinen Entscheidungen den Kontext und die Situation mit ein.
e. Er/sie entscheidet nach Prinzipien, die auf moralisch-ethischen Vorstellungen basieren.

7. Lebenssinn:
Was ist der betreffenden Person im Leben wichtig?

a. Er/sie möchte z.B. reich oder erfolgreich sein und das Leben genießen. Der Lebenssinn hat nur mit ihm/ihr zu tun.
b. Er/sie möchte mit anderen im Einklang sein und Mitglied einer Gruppe.
c. Er/sie möchte zufrieden leben. Der Lebenssinn hat mit Arbeit, Familie oder Zugehörigkeit zu einer anderen Gruppe zu tun.
d. Er/sie spricht oft davon, dass er/sie übergeordnete und langfristige Vorstellungen von einem sinnvollen Leben oder der Erwerbsarbeit hat, denen er/sie gerecht werden will oder bereits gerecht geworden ist. Der Lebenssinn liegt in der Erfüllung eigener Vorstellungen.
e. Das, was ihm/ihr wichtig ist, hat einen überindividuellen Charakter. Der Lebenssinn ist mit dem Dasein auf dieser Welt verknüpft. Er/sie sieht eine »höhere« Aufgabe für sich.

8. Urteil über andere:
Wie beurteilt die betreffende Person andere Menschen?

a. Er/sie beurteilt andere danach, ob sie ihm/ihr genehm sind oder nicht.
b. Er/sie spricht davon, wie er/sie sich verhalten muss und wie andere sich verhalten. Er/sie reagiert eher negativ auf Verhalten, das von der Norm seiner/ihrer Gruppe abweicht. Dabei ist es egal, welcher Art diese Norm ist, entscheidend ist das Ausrichten daran.
c. Er/sie spricht oft davon, dass Kompetenz oder Fachkenntnis wichtig sei und man eine Sache gut machen muss. Er/sie schließt von Kompetenz auf Können.
d. Er/sie wertschätzt es, wenn andere aus eigener Kraft etwas erreichen. Tendenziell glaubt er/sie, dass jeder alle Möglichkeiten hat.
e. Er/sie beurteilt gar nicht. Er/sie hört zu und versucht zu ergründen, was andere bewegt.

9. Reflexion:
Was hinterfragt die betreffende Person?

a. Er/sie hinterfragt gar nichts, was mit ihm/ihr zu tun hat, sondern greift an oder ist beleidigt.
b. Er/sie hinterfragt keine grundsätzlichen Dinge, die die Gruppe ausmachen, der er/sie zugehört.
c. Er/sie hinterfragt die Dinge teilweise, vor allem, wenn er/sie sich auskennt. Dann sucht er/sie nach objektiver Richtigkeit.
d. Er/sie hinterfragt und akzeptiert verschiedene Auslegungen, orientiert sich aber an »Sinn« und/oder höheren Zielen, die tief in ihm/ihr verankert sind. Das können beruflicher Erfolg, Berufung oder ganzheitlicher Lebenssinn sein.
e. Er/sie hinterfragt viel und dauernd. Er/sie stellt öfters infrage, was andere für Wahrheit halten, überarbeitet und aktualisiert aber auch eigene Einstellungen, ohne sich zu rechtfertigen.

10. Unterschiedlichkeit:
Wie geht die betreffende Person mit Andersartigkeit um?

a. Er/sie sucht nach Ähnlichkeit in anderen bzw. nach Leuten, die ihn/sie unterstützen.
b. Er/sie strebt nach einer Konformität in Verhalten und Aussehen. (Bitte hier beachten, dass Konformität auch in Gestalt von Nonkonformität möglich ist, Beispiel sind Punker).
c. Er/sie lässt Individualität zu, wenn dies seiner/ihrer Wahrheit dient.
d. Er/sie strebt nach Individualität und befürwortet sie auch für andere, solange diese nicht seinen/ihren grundsätzlichen Überzeugungen zuwiderlaufen.
e. Er/sie schätzt Andersartigkeit aus tiefer Überzeugung und reflektiert dabei auch eigene Wahrnehmungen und Vorurteile.

11. Frustration:
Was sorgt für Frust bei der betreffenden Person?

a. Wenn er/sie frustriert ist, hat nicht geklappt, was er/sie wollte.
b. Wenn er/sie frustriert ist, hat das oft damit zu tun, dass er/sie nicht akzeptiert und anerkannt wird.
c. Wenn er/sie frustriert ist, kann es sein, dass sein/ihr Wissen/ Stärken/Erfahrung nicht geschätzt wird.
d. Wenn er/sie frustriert ist, kann es sein, dass er/sie eine zu große Verantwortung spürt und/oder seinen/ihren eigenen Werten und Maßstäben nicht gerecht wird.
e. Wenn er/sie frustriert ist, fühlt er/sie sich unverstanden in seiner/ihrer Differenziertheit oder etwas zwingt ihn/sie zu klaren Positionen, Haltungen und Entscheidungen, die ihm/ihr aber zu einseitig sind.

12. Führung:
Welches Führungsverständnis hat die Person, die Sie einschätzen?

a. Ihm/ihr ist wichtig, dass einer die Ansagen macht.
b. Ihm/ihr ist wichtig, dass alle gleich sind. Unterschiede sieht er/sie durch die Position begründet (einer ist eben Chef).
c. Ihm/ihr ist wichtig, dass alle ihren Job gut machen und Aufgaben pflichtgemäß erfüllen. Dabei hat er/sie oft genaue Vorstellungen davon, wie etwas gemacht werden soll.
d. Er/sie überträgt Verantwortung. Er/sie ist überzeugt, dass jeder seine Ziele auf seine Weise erreichen kann. Gleichzeitig glaubt er/sie an die Entwicklungsfähigkeit von Menschen und natürlich auch an die eigene Entwicklung.
e. Über das vorher Gesagte hinaus integriert er/sie viele verschiedene Aspekte und stellt gelegentlich auch grundsätzliche Annahmen infrage. Er/sie folgt dabei eigenen, überindividuellen Prinzipien (und nicht etwa Regeln).

13. Veränderungen:
Wie geht die Person, die Sie einschätzen, mit Veränderungen um?

a. Er/sie schätzt Veränderungen, die ihm/ihr nutzen.
b. Er/sie macht Veränderungen mit, wenn die Gruppe es so beschließt.
c. Er/sie unterstützt oder unterläuft Veränderungen.
Er/sie unterstützt, wenn sie aus seiner/ihrer Sicht sachlich und inhaltlich begründet werden.
d. Er/sie schätzt Veränderungen, sofern diese dazu dienen, etwas voranzubringen und Ziele zu erreichen.
e. Er/sie sieht das Leben als dauernde Veränderung, initiiert diese und treibt sinnvolle Veränderungen oft sogar führend voran.

14. Umgang mit Zeit:
Wie stellt die betreffende Person dar, was sie sagt?

a. Er/sie bezieht sich fast ausschließlich auf die Gegenwart.
b. Er/sie verwendet kaum zeitliche Bezüge, also Vergleiche von sich selbst oder anderen in der Vergangenheit, Gegenwart, Zukunft.
c. Er/sie nutzt erste zeitliche Bezüge, die zeigen, dass er/sie oder sein/ihr Umfeld sich verändert haben.
d. Er/sie nutzt zeitliche Bezüge und spricht auch darüber, wie er/sie etwas früher im Unterschied zu heute gesehen hat. Er/sie ist stark an der Zukunft orientiert.
e. Er/sie nutzt viele zeitliche Bezüge und spricht auch darüber, wie er/sie etwas früher im Unterschied zu heute gesehen hat. Er/sie hat oft gleichzeitig eine Gegenwarts- und Zukunftsorientierung. Zusätzlich steht er/sie zu eigenen Fehlern oder Fehlentscheidungen und beschönigt diese nicht.

15. Satzbau:
Wie spricht die betreffende Person?

a. Er/sie nutzt einen einfachen Satzbau, keine offenen Fragen, viele einfache Appelle und stereotype Verallgemeinerungen.
b. Er/sie nutzt einen einfachen Satzbau und Fragen, die auf »Wie mache ich …?« abzielen.
c. Er/sie nutzt einen komplexeren Satzbau, manchmal Fragen, die auch Hintergründe erschließen wollen, und viel »aber«.
d. Er/sie nutzt einen komplexeren Satzbau, öfter verbindendes »und« und streut oft Fragen ein, auch offene Fragen an sein Gegenüber.
e. Er/sie fragt sehr viel und hört bei den Antworten sehr genau zu. Er/sie ordnet die Antworten nicht vorschnell ein, sondern sichert das eigene Verständnis noch einmal ab. Er/sie verbindet viele Aspekte und spricht auch Gegensätze und Widersprüche offen an.

Auswertung

Frage	Aspekt	A	B	C	D	E
1	Selbstverständnis					
2	Erfolg					
3	Reaktion auf Konflikte					
4	Umgang mit Kritik					
5	Eigenes Feedbackverhalten					
6	Entscheidungen					
7	Lebenssinn					
8	Urteil über andere					
9	Reflexion					
10	Unterschiedlichkeit					
11	Frustration					
12	Führung					
13	Umgang mit Veränderungen					
14	Umgang mit Zeit					
15	Satzbau					

A = Ego-Modus

Wenn die meisten Antworten in den Bereich A fallen, spricht das für einen überwiegenden Ego-Modus. Was ist der Grund, aus dem dieser Mensch bei Ihnen Hilfe sucht? Sucht er Hilfe oder Selbstbestätigung? Zweifelt er bereits an der Richtigkeit seines Denkens und Handelns? Erkunden Sie dies, indem Sie seine Annahmen infrage stellen, aber auf eine nicht intellektuelle Weise. Spielen Sie vielmehr darauf an, dass mit seiner Haltung möglicherweise eigene Ziele nicht mehr erreicht werden können, er weniger erfolgreich oder möglicherweise mit dem Gesetz in Konflikt geraten könnte. Fördern Sie Regel- und Normenbewusstsein. Dabei geht es vor allem darum, dass diese Regeln und Normen integriert werden und nicht nur als notwendiges Übel akzeptiert werden. Sie nutzen auch dem Menschen selbst. Ermitteln Sie durch Fragen, welcher Gruppe sich der Mensch zugehörig fühlt. Fragen Sie, was dazu führen würde, dass er von dieser Gruppe nicht mehr akzeptiert würde – und welche Folgen das hätte.

Suchen Sie Hilfsangebote vor allem im Bereich »handeln«, weniger im »kognitiven« oder gar »intellektuellen« Bereich. Achten Sie sehr auf Körpersprache und nonverbale Botschaften. Passen Sie Ihre Sprache an, seien Sie so konkret und handlungsorientiert wie möglich. Erklären Sie Abläufe sehr genau, verzichten Sie auf theoretische Ausführungen. Nutzen Sie die Begriffe des Klienten, nicht Ihre eigenen. Suchen Sie vor allem nach positiv besetzten Begriffen wie Macht oder Einfluss, Status oder Erfolg. Fragen Sie auch immer, was jemand positiv mit etwas verbindet.

Haben Sie es mit Menschen zu tun, die sehr erfolgreich sind, also zum Beispiel Unternehmer, Vertriebler und Manager, stärken Sie das Bewusstsein für die Gruppe und deren Normen und Regeln – gerade auch dafür, diese einzuhalten. Möglicherweise reizt es die Person, hierbei eine tragende Rolle zu spielen.

Haben Sie es mit Menschen zu tun, die sich an der Grenze zum kriminellen Milieu bewegen, suchen Sie neue Bezugsgruppen mit gesellschaftlich akzeptierten Werten. Der soziale Boxclub ist im Zweifelsfall ein besseres Umfeld als die räuberische Straßengang – nur um ein Beispiel zu nennen.

B = Wir-Modus

Wenn die meisten Antworten in den Bereich B fallen, spricht dies für einen überwiegenden Wir-Modus. Was ist der Grund, aus dem jemand bei Ihnen Hilfe sucht? Gibt es ein Problem mit Zugehörigkeit oder Abgrenzung – vielleicht ein Gefühl von »Dazwischensein«? Dann könnte es sein, dass ein Mensch sich bereits auf dem Weg in den Richtig-Modus befindet. Fördern Sie in diesem Fall Abgrenzung. Schärfen Sie seine Wahrnehmung für das Anderssein (z. B. »Was macht denn Ihre Kollegin anders? Worin äußert sich das?«) und stärken Sie das Gefühl für sich selbst. Vielleicht geht es darum, Grenzen um sich zu ziehen: »Hier bin ich, da sind die anderen. Das will ich, das wollen die anderen.« In diesem Zusammenhang kann es sinnvoll sein, mit Stärken und Interessen zu arbeiten. Was habe ich mehr als andere? Was interessiert mich? Machen Sie einfache statische Unterschiede deutlich.

Suchen Sie Hilfsangebote vor allem im Bereich »emotional« und »handeln«, weniger im »kognitiven« oder gar »intellektuellen« Bereich. Achten Sie auf Körpersprache und Botschaften zwischen den Zeilen. Passen Sie Ihre Sprache an, seien Sie so konkret wie möglich. Erklären Sie Abläufe genau, verzichten Sie auf Theorie. Nutzen Sie die Begriffe des Klienten, nicht Ihre eigenen. Fragen Sie auch immer, was jemand positiv assoziiert (z. B. gute Kollegen sind …).

Haben Sie es mit Menschen zu tun, die stark in der Gruppe verhaftet sind, also zum Beispiel Jugendliche in der Berufsorientierung, stärken Sie die Selbsterfahrung durch Erleben und Üben. Ist die derzeitige Gruppenorientierung eher selbstschädigend, versuchen Sie Ihren Coachee mit anderen Menschen in Verbindung zu bringen. Auch das geht am besten über gemeinsame Erlebnisse.

C = Richtig-Modus

Wenn die meisten Antworten in den Bereich C fallen, so könnte Ihr Coachee im Richtig-Modus denken und agieren. Das bedeutet, er hat bereits Grenzen um sich selbst gezogen. Es kann dabei passieren, dass er sich damit auch ausgrenzt, beispielsweise wenn er so sehr auf seine Fachkenntnis und Erfahrung pocht, dass er berufliche Anforderungen als »falsch« ausblendet. Auch ein Versteifen ist möglich, da die eigene Wahrheit als absolut angesehen wird (z. B. »Das habe ich immer so gemacht und es war richtig so.«)

In diesem Fall hilft es oft, den Blick für die Perspektiven der anderen zu öffnen. Sie können jetzt die Zweiwertigkeit von Stärken betonen. Dabei verdeutlichen Sie, dass jede Stärke auch eine andere Seite hat, Regelorientiertheit etwa kontrastiert mit Regelfreiheit. Besprechen Sie, welche Seite wann hilft. Bei Konflikten, die auf das Nicht-Wahrnehmen einer der Seiten zurückzuführen sind, üben Sie einen Perspektivwechsel. Der Richtig-Modus zielt darauf, die Dinge effizient zu erledigen. Das bedeutet, dass Effektivität entwickelt werden muss. Hierbei geht es darum, einen eigenen Beurteilungsmaßstab zu etablieren. Was ist dem Klienten wichtig? Was treibt ihn an? An diesem Übergang kann die Arbeit mit Motiven helfen, um diese Aspekte des »Wollens« (statt nur des Könnens) bewusster zu machen. Greifen Sie dabei die Begriffswelt des Coachees auf, machen Sie ihn aber auch mit neuen Facetten vertraut. Ist der Coachee schon erfahrener und kennt er seine Stärken, können Sie auch mit der Zweiwertigkeit von Motiven arbeiten.

Stehen Verhaltensänderungen auf dem Programm, schärfen Sie die Wahrnehmung für die Erst- und Zweitreaktion: Was empfindet und denkt er in einer bestimmten Situation *zuerst*? Welches Gefühl kommt danach? Und wie handelt er dann? Stellen Sie das Üben in den Vordergrund, arbeiten Sie immer noch sehr konkret. Geben Sie dabei den Ball aber immer wieder an den Coachee zurück. Was war die spontane Reaktion? Wieso ist er ihr gefolgt/nicht gefolgt?

Menschen im Richtig-Modus können sehr intellektuell und lernbegierig wirken. Wichtig ist es immer wieder, sie weg von angelernten Überzeugungen hin zu eigenem Denken zu führen. Dabei ist es zentral, dass sie nicht nur verstehen, wie etwas ist, sondern dies auch für sich ins Handeln übersetzen können. Beispiel: Ein Berater hat intellektuell erkannt, dass es unterschiedliche Wahrheiten gibt, wendet das aber nicht in seiner Praxis an, sondern vermittelt nur einen Ansatz. Wenn er mit verschiedenen Ansätzen frei umgehen und sich von seinem bisherigen situationsabhängig lösen kann, hat er einen Entwicklungsschritt gemacht.

D = Effektiv-Modus

Wenn die meisten Antworten in den Bereich D fallen, denkt und handelt Ihr Coachee vielleicht überwiegend aus dem Effektiv-Modus. Mit welchen Fragestellungen kommt er zu Ihnen? Oft geht es um die Realisierung eines eigenen Lebensstils, um Überforderung durch ein zu hohes Verantwortungsgefühl für Familie und Mitarbeiter oder Frustration über das Nicht-Erreichen eigener Vorstellungen (beispielsweise wenn jemand sich als erfolgreicher Unternehmertyp à la Richard Branson oder Steve Jobs sieht, sich durch solche hohen Idole aber selbst bremst). Alles hat sehr viel mit erfolgter oder (noch) nicht erfolgter Selbstverwirklichung zu tun.

Am Übergang vom Effektiv- in den Flexibel-Modus sollten die Ziele und Werte selbst zum Thema werden. Oft geht es auch um eine neue Bewertung, etwa wenn die eigenen Werte nicht zur Persönlichkeit passen. Dazu sollten Sie sich noch einmal die Verbindung von Motiven und Werten bewusst machen. Werte liefern Handlungsimpulse und sie sind eher veränderbar als Motive. Wenn jemand den Wert »Unternehmertum« verfolgt, der aus dem Motiv »Unabhängigkeit« gespeist wird, dieser Wert aber eher bremst und blockiert, könnte er durch einen anderen Wert ersetzt werden. Es könnten auch gedankliche Verbindungen, also Glaubenssätze, aufgelöst werden. Zum Beispiel der Glaubenssatz: »Unternehmertum macht reich und unabhängig.« Helfen Sie dabei, solche Sätze neu zu deuten.

Für diese Zielgruppe können Sie aus allen Bereichen des Katalogs Hilfsangebote nehmen. Abhängig von der jeweiligen Fragestellung wird es mal mehr um kognitive Hilfestellungen gehen und mal mehr um emotionale. Auch handlungsorientierte Hilfen sind sinnvoll, etwa Rollenspiele. Intellektuelle Hilfen können zum Beispiel im »Inspirieren« liegen.

E = Flexibel-Modus

Wenn die meisten Antworten in den Bereich E fallen, denkt und handelt Ihr Coachee womöglich sehr flexibel. Er ist alles in allem ein Mensch, der viele unterschiedliche Aspekte wahrnimmt. Das bedeutet, dass er auch eine vielschichtige Hilfe bevorzugen könnte. Gut möglich, dass ihm Impulse und Dialog wichtiger sind als anderes. Methoden und Modelle mag er oft auch, allerdings dürfen diese nicht zu simpel sein (in der Regel wird er viel ausprobiert haben, fragen Sie danach!). Widersprüche und Ungereimtheiten entdecken Flexible schnell. Sie sollten deshalb differenziert bei diesen Menschen auftreten, da sie zu starke Vereinfachungen eher ablehnen. Diese Coachees schätzen kognitive und intellektuelle Hilfsangebote, sind aber im Grunde meist offen für alles.

Flexible, die sich weiterentwickeln, suchen oft nach neuen Maßstäben, die aber auf einer höheren Ebene zu suchen sind, etwa im gesellschaftlichen Kontext. Selbstverwirklichung ist für sie nicht mehr das primäre Ziel wie für viele Effektive, da sie diese oft schon für sich erreicht haben. Es kann auch sein, dass sie mehr danach streben, im

Hier und Jetzt zu leben. Eine höhere Spiritualität (keine Engel- oder einfache Gottgläubigkeit wie auf früheren Stufen) kommt bei vielen auf, die das vorher vielleicht sogar abgelehnt haben. Diese Spiritualität ist meist ganzheitlicher: Man beginnt, sich als Teil des Universums zu begreifen, und akzeptiert mehr und mehr auch nicht-rationale Erklärungen. Stellen Sie Menschen, bei denen Sie den Flexibel-Modus vermuten, Fragen zu ihrer Spiritualität. Was verstehen sie darunter? Was bedeutet es für sie Mensch zu sein? Was hat ihr Verständnis von Sinn mit der gegenwärtigen Lebenssituation und ihrer Aufgabe im Leben zu tun? Einige beginnen, stärker auf Signale des Körpers und der Seele zu hören, insgesamt spielt die Balance zwischen verschiedenen Lebensbereichen, die schon im Effektiv-Modus anfängt, eine zunehmende Rolle. Gleichzeitig entwickeln viele das Bestreben, das Beste aus sich selbst zu machen und darin Sinn zu finden.

Tipps

Für alle Phasen gilt: Menschen können am Anfang, in der Mitte oder am Ende einer Entwicklungsphase stehen. Es kann viele Facetten auch innerhalb eines Modus geben. Menschen in einer späteren Entwicklungsphase stehen immer alle Modi zur Verfügung, auch die früheren. Entscheidend ist also nicht, ob jemand in einem bestimmten Modus agieren kann oder manchmal so agiert, sondern ob er Gedanken und Handeln eines anderen Modus' selbst produzieren kann. Reflektieren Sie auch sich selbst: Was hat Ihre Einschätzung mit Ihrem eigenen Modus zu tun? Wie sehr bevorzugen Sie das eine oder andere? Sehen Sie etwas, was Sie sehen möchten? Oder blenden Sie bestimmte Aspekte aus, weil sie der eigenen Denk- und Handlungslogik fremd sind?

Literatur

Beck, Don / Gowan, Christopher (2007): *Spiral Dynamics – Leadership, Werte und Wandel: Eine Landkarte für das Business, Politik und Gesellschaft im 21. Jahrhundert.* Kamphausen Mediengruppe GmbH

Blickhan; Daniela (2015): *Positive Psychologie. Ein Handbuch für die Praxis.* Paderborn: Junfermann

Binder, Thomas (2016): *Ich-Entwicklung für effektives Beraten*, Kornwestheim: Vandenhoek und Ruprecht

Dweck, Carol (2007): *Mindset: The New Psychology of Success*, New York: Ballantine

Edelstein, W. (2001): *Moralische Erziehung in der Schule. Entwicklungspsychologie und moralische Praxis*, Weinheim: Beltz

Garz, Detlev (2008): *Sozialpsychologische Entwicklungstheorien. Von Mead, Piaget, Kohlberg bis zur Gegenwart*, Wiesbaden: VS Verlag für Sozialwissenschaften

Heckhausen, Heinz / Heckhausen, Jutta (1980): *Motivation und Handeln*, Berlin: Springer

Hofert, Svenja (2016): *Agiler führen*, Wiesbaden: SpringerGabler

Hofert, Svenja (2017): *Psychologie für Berater, Coachs, Personalentwickler*, Heidelberg: Beltz

Hofert, Svenja (2016): *Was sind meine Stärken? Entdecke, was in dir steckt*, Offenbach: Gabal

Hofert, Svenja (2013): *Meine 100 besten Tools für Coaching und Beratung*, Offenbach: Gabal

Kahnemann, Daniel (2012): *Schnelles Denken, langsames Denken*, München: Siedler Verlag

Kegan, Robert (1994): *The Evolving Self: Problem and Process in Human Development, Problem and Process in Human Development*, Cambridge: Harvard University Press

Kegan, Robert / Garz, Detlev (1984): *Entwicklungsstufen des Selbst*, 3. Aufl., München: Kindt

Kegan, Robert / Laskow Lahey, Lisa (2016): *An Everyone Culture. Becoming a deliberately developmental organization*, Brighton: Harvard Business Press

Kohlberg, Lawrence (1996): *Die Psychologie der Moralentwicklung*, Berlin: Suhrkamp

Laloux, Frederic (2016): *Reinventing Organizations*, München: Vahlen

Laske, Otto (2010): *Potenziale in Menschen erkennen, wecken und messen. Handbuch der entwicklungsorientierten Beratung*, Ort unbekannt: IDM Press

Loevinger, Jane (1976): *Ego Development*, Ort unbekannt: Jossy Bas Inc

Maslow, Abraham H. (1943): »A theory of human motivation«, in: *Psychological Review* 50, 370–396

McAdams, Dan (2006): »A new Big Five: Fundamental principles for an integrative science of personality«, in: *American Psychologist*, April 2006, 61(3): 204–217

McClelland, David (2009): *Human Motivation*, Cambridge: Cambridge University PressRogers, Carl R.: *Eine Theorie der Psychotherapie, der Persönlichkeit und der zwischenmenschlichen Beziehungen*, Köln: GwG.

Roth, Gerhard (2016): *Coaching, Beratung und Gehirn: Neurobiologische Grundlagen wirksamer Veränderungskonzepte*, Stuttgart: Klett-Cotta

Schein, Edgar H. (2016): *Humble consulting. How to provide real help faster*, New York: McGrawHill

von Schlippe, Arist (2016): *Lehrbuch der systemischen Therapie und Beratung I. Das Grundlagenwissen*, Göttingen: Vandenhoek und Ruprecht

Seligmann, Martin (1996): »The Effectiveness of Psychotherapy. The Consumer Reports Study«, in: *American Psychologist* 50 (12), 965–974

Stahl, Stefanie (2016): *Das Kind in dir muss Heimat finden. Der Schlüssel zur Lösung (fast) aller Probleme*, München: Kailash

Das Geheimnis weiser Menschen

Die Weisheitsforscherin Judith Glück präsentiert fünf Ressourcen für ein besseres Leben: Offenheit für neue Perspektiven, Einfühlungsvermögen, Reflektiertheit, ein kluger Umgang mit den eigenen Gefühlen und Selbstvertrauen. Nutzen wir diese Fähigkeiten, kann aus Lebenserfahrung Weisheit werden.

Kösel

www.koesel.de

Was uns
innerlich antreibt
Almut
Schmale-Riedel
Der
unbewusste
Lebensplan
Das Skript in der
Transaktionsanalyse
Typische Muster
und therapeutische
Strategien
Kösel
»Ich bin eh nicht so wichtig«, »Ich bin schuld«, »Ich glaub, ich bin zu blöd«: Drei typische Sätze, die wir schon früh verinnerlichen, unbewusst für wahr halten und mit denen wir uns das Leben schwer machen. Dieses Buch zeigt die häufigsten Muster, die dahinter stehen, und ihre Auswirkungen auf Lebensbewältigung, Partnerschaft und Beruf. Zugleich weist es Wege, die aus dem Bann dieser Muster herausführen.
Kösel
www.koesel.de

Die Familiengeschichte heilen – sich selbst heilen

Unverarbeitete traumatische Erfahrungen können sich von Generation zu Generation vererben. Sie äußern sich u.a. in unerklärlichen Gefühlen und in körperlichen Symptomen. Mark Wolynn zeigt in seinem Selbsthilfebuch einen Weg, dieses seelische Erbe zu identifizieren und zu integrieren. Eine großartige Chance, das eigene Leben zurückzugewinnen.

Kösel

www.koesel.de

Die eigenen Stärken erkennen

Ob es um Stress im Job, die Macken des Partners, Konflikte mit Freunden oder eine bessere Work-Life-Balance geht: In diesem Buch verrät Sabine Asgodom ihre besten Selbstcoaching-Tipps. Mit Übungen vom Alternativrad bis zum Stärkenprofil zeigt sie, wie man Denkalternativen entwickelt, eigene Stärken erkennt und ins Handeln kommt.

Kösel

www.koesel.de